D1431847

LE PARFAIT SECRÉTAIRE

300 modèles de lettres pour l'entreprise

GUIDES PRATIQUES
LAROUSSE

LE PARFAIT SECRÉTAIRE

300 modèles de lettres pour l'entreprise

LAROUSSE

21, RUE DU MONTPARNASSE 75283 PARIS CEDEX O6

Coordination éditoriale :
Roselyne Messager et Marie-Jeanne Miniscloux
Lecture-correction : Annick Valade, assistée de Édith Zha
Direction artistique : Emmanuel Chaspoul
Fabrication : Isabelle Goulhot
Réalisation : Studio Primart

Les textes des lettres sont de

Irène Stumm-Schwager
allemand

Liliane Hécart et Robert Halliday
anglais

Maria Elena Rodrígez-Nieto-Ilhe
espagnol

Adriana di Buono
italien

Distributeur exclusif au Canada :
Messageries ADP, 1751 Richardson, Montréal (Québec)

ISBN 2-03-560210-6

sommaire

Le courrier commercial

La création d'entreprise et la gestion du personnel

Les activités de l'entreprise

Opérations financières et démarches

Modèles de lettres

Annexes

le courrier commercial

La forme
de la lettre

Une entreprise est jugée par ses correspondants sur la qualité du courrier qu'elle envoie. Il faut donc bien veiller à apporter un soin particulier à l'esthétique de la lettre, tout autant qu'à la rédaction même du texte.

La mise en page doit être claire et attrayante pour le lecteur, et c'est pour cette raison que le courrier est toujours dactylographié. On peut rédiger rapidement certaines lettres selon le modèle d'une des deux formules classiques présentées en p. 17 et 18.

La lettre

Disposer d'un format avec en-tête facilite la communication tout en assurant lisibilité, clarté et gain de temps.

Le format

Le format le plus utilisé pour la lettre commerciale est le format «normalisé» de 210 x 297 mm. C'est la norme française N.F.Z. 11 001, format A4.

Il existe d'autres possibilités, notamment le format «mémo» pour les lettres très courtes : 210 x 135 mm si tout le texte tient au recto de la feuille. Il faudra alors des enveloppes correspondantes.

On a avantage à travailler avec des objets de dimensions standards (enveloppes, dossiers, meubles, etc.) et à adopter le format normalisé.

La qualité du papier

On est libre de choisir la qualité, le grammage, la couleur de son papier, mais, ce support de la correspondance étant l'emblème de la maison, il doit respecter son image de marque. En cas d'hésitation, choisissez la sobriété.

L'en-tête

Les entreprises ont en général du papier portant un en-tête imprimé ou gravé à l'avance. Il se compose des mentions jugées les plus utiles pour les correspondants :

– Logo

– Nom et adresse de l'entreprise

– Forme juridique et montant du capital

– Numéro d'immatriculation au registre du commerce (ou au registre des métiers) du département

– Intitulé du compte postal

– Numéros de téléphone, de fax et adresse E-mail

– Adresse télégraphique

– Boîte postale ou référence du cedex

– Numéro d'identification I.N.S.E.E.

Au-dessous, à gauche, peuvent figurer des renseignements complémentaires (adresse du siège administratif, des succursales, des maisons dont on est représentant ou concessionnaire) et des motifs publicitaires (par exemple, récompenses obtenues dans les concours et expositions).

La disposition du texte

Nous vous donnons des indications courantes à ce sujet. Il est bien entendu qu'il existe plusieurs solutions et que chaque service ou secrétaire choisit celle qui lui convient. Elle dépendra souvent de la situation que le logo ou l'en-tête occupent en haut de page. Il convient dans tous les cas de bien séparer chaque mention pour en faciliter la lecture.

Expéditeur

La plupart des entreprises possèdent un papier à en-tête. Dans le cas contraire, il suffit d'indiquer les nom et adresse de l'expéditeur en haut et à gauche du document.

Date

En haut et à droite. Souvenez-vous qu'un document sans date n'a pas de valeur légale, que ce soit une lettre, une notification, un avis, etc. Mentionner le lieu d'où l'on écrit, puis la date : quantième en chiffres, mois en toutes lettres, 4 chiffres de l'année. On n'indique pas le nom du jour.

Nom et adresse du destinataire

Plus bas et à l'alignement de la date. On n'abrège pas les mentions Monsieur, Madame, Société, etc. Le code postal se met avant le nom de la localité.

Initiales

On inscrit deux groupes de majuscules séparées par une barre oblique : d'abord les initiales de la personne qui a conçu le texte, puis celles de la personne qui l'a rédigé.

Références

On indique souvent le numéro d'enregistrement donné à la lettre à laquelle on répond, ou bien un numéro de dossier sous les initiales.

Marges

Respecter un équilibre de la mise en page. La marge de gauche doit toujours être assez large.

Objet de la lettre

C'est un résumé en quelques mots du sujet de la lettre, que l'on souligne. Il fait gagner du temps au lecteur et simplifie par la suite les recherches dans les dossiers.

Changement de feuille

Des points de suspension en fin de page, quelques interlignes au-dessous du texte indiquent le passage à la page suivante. Numéroter en haut les pages suivantes.

Signature

Elle doit toujours bénéficier d'un grand espace. Si nécessaire, penser à interrompre assez tôt un texte pour prendre une seconde feuille. Laisser la valeur de cinq à sept interlignes pour inscrire le nom de signataire en majuscules suivi de son titre.

Post-scriptum

Il est toujours rédigé au-dessous de la signature et annoncé par les initiales P.-S.

Mentions particulières

Si vous adressez une lettre en recommandé, mentionnez-le en toutes lettres en haut à gauche avec l'objet de la lettre.

Pièces jointes

Elles ont pour but de signaler au lecteur qu'il trouvera des documents accompagnant la lettre qu'il reçoit, et sont toujours indiquées au bas de la première page, précédées des initiales P.J.

Nous vous proposons, dans les pages suivantes, deux dispositions classiques pour vos lettres commerciales. Elles ont l'avantage d'être claires et de respecter pour chaque mention un emplacement qui lui est propre. Pour gagner du temps, il est préférable d'étudier une jolie mise en page en veillant au choix du caractère, afin d'établir un modèle standard : d'un courrier à l'autre, marges et tabulations seront toujours valables.

Nota : pour des raisons d'impression et de présentation, les modèles de lettres que l'on trouvera tout au long de l'ouvrage ne suivront pas exactement ces normes, notamment en ce qui concerne le nombre d'interlignes entre les paragraphes. Ils auront néanmoins tout à fait l'aspect d'une lettre dactylographiée.

L'enveloppe

Outre les aspects pratiques de présentation et de facilité d'utilisation, il est important de voir figurer sur l'enveloppe la provenance d'un courrier commercial ou administratif.

Format

Les formats courants correspondent à ce que l'on appelle l'enveloppe «carrée» et l'enveloppe «longue», c'est-à-dire respectivement de : 14 x 162 mm et 115 x 225 mm.

Enveloppe commerciale

Certaines enveloppes, réservées à l'usage commercial, sont très pratiques : elles sont munies d'une partie transparente à la place habituelle de l'adresse. On les appelle «enveloppes à fenêtre». Elles évitent de taper une seconde fois l'adresse et de faire une erreur de destinataire.

Nous rappelons qu'une feuille 21 x 29,7 pliée en trois doit être glissée dans l'enveloppe de manière que le destinataire voie l'entête de la lettre en l'ouvrant.

Rédaction de l'enveloppe

L'adresse du destinataire doit normalement être inscrite dans la partie droite de l'enveloppe et à mi-hauteur.

Voilà le moment d'utiliser votre machine à traitement de texte qui peut conserver en mémoire plusieurs fichiers d'adresses, puis en restituer le contenu sur demande. Il faut bien sûr songer à enregistrer toutes les modifications dont on a connaissance, pour maintenir les informations à jour. L'impression des adresses peut se faire sur des bandes d'étiquettes autoadhésives qu'il suffit ensuite de coller sur des enveloppes.

Remarques
sur le fond

La correspondance commerciale obéit à des règles plus formelles que celles qui régissent la correspondance ordinaire. Elle peut constituer, aux termes de l'article 109 du Code du commerce, une preuve ou un témoignage susceptibles d'être retenus en justice, ce qui n'est pas le cas pour les simples communications téléphoniques. Cela explique pourquoi on conserve systématiquement un double de toutes les lettres qui sortent de l'entreprise. En raison de ce caractère et du rôle qu'elle joue dans la pratique des affaires, la correspondance commerciale doit respecter un certain nombre de contraintes.

Pour être efficace, la lettre doit donc être claire, courte, exacte, prudente et courtoise.

La lettre commerciale doit être claire

Comme elle engage celui qui l'envoie et peut avoir des conséquences importantes pour celui qui la reçoit, elle ne peut donner place à aucune ambiguïté.

Il n'est pas bon d'y employer des formules vagues, même brillantes, telles que : « Le sol et les murs de l'entrée seront traités luxueusement. » Il faut préciser quels matériaux seront employés. Il ne faut pas dire : « Notre représentant passera vous voir incessamment », mais fixer la date précise, fût-ce à l'intérieur d'une fourchette de quelques jours.

M. Christian Morant
6, rue de la Croix-Rousse
69004 Lyon
Tél. : 04 78 40 00 00
Fax : 04 78 40 00 01   Lyon, le 25 novembre 20...
E-mail : chr@inter-net.fr

V/Réf. : 302   Société MORANEX
N/Réf. : 3554/88   Madame Claude LEBON
CM/BR   23, rue Delanges
                             75010 PARIS
Objet : A.G. du 10.1.20...

Madame,

Nous avons bien reçu votre lettre du 22 novembre dernier
et vous envoyons photocopie des documents qui vous intéressent.

Bien entendu, nous ne manquerons pas de vous adresser une
convocation pour notre Assemblée générale qui se déroulera le :
lundi 10 janvier prochain à 18 h 30.

D'ici là, et si vous souhaitez me rencontrer, vous pouvez
me contacter à mon bureau pour convenir d'un rendez-vous.

Nous vous prions d'agréer, Madame, l'expression de nos sentiments
distingués.

                             Christian MORANT
                             Directeur général

PJ : 3 photocopies conformes.

M. Christian Morant
6, rue de la Croix-Rousse
69004 Lyon
Tél. : 04 78 40 00 00
Fax : 04 78 40 00 01
E-mail : chr@inter-net.fr

V / Réf. : 302
N / Réf. : 3554 / 88
CM / BR

Société MORANEX
23, rue Delanges
75010 PARIS

Objet : A.G. du 10.1.20...

Lyon, le 25 novembre 20...

A l'attention de Madame Claude LEBON

Madame,

Nous avons bien reçu votre lettre du 22 novembre dernier
et vous envoyons photocopie des documents qui vous intéressent.

Bien entendu, nous ne manquerons pas de vous adresser
une convocation pour notre Assemblée générale qui se déroulera le :

LUNDI 10 JANVIER A 18 h 30

D'ici là, et si vous souhaitez me rencontrer, vous pouvez
me contacter à mon bureau pour convenir d'un rendez-vous.

Nous vous prions d'agréer, Madame, l'expression de nos sentiments
distingués.

C. MORANT
Directeur général

PJ : 3 photocopies conformes.

Toutes les imprécisions peuvent être source de réclamations ultérieures, de demandes de renseignements de la part du destinataire, qui amèneront l'expéditeur à préciser sa pensée ou à corriger son expression ; d'où des pertes de temps préjudiciables à la bonne marche des affaires. La clarté de la lettre résulte de la clarté de la pensée, mais aussi de sa formulation. Toute correspondance doit être rédigée en bon français. L'emploi de mots étrangers, même s'ils sont d'usage très courant, est à proscrire, car ils sont de nature à induire en erreur un lecteur peu averti. On peut, à la rigueur, employer l'expression « payer cash » au lieu de « payer comptant », pour adopter un style plus moderne, mais on remplacera l'expression « cash and carry », pas toujours comprise, par « commerce de gros en libre service ».

Si vous répondez à une lettre précise, vous devez en mentionner les références et reprendre point par point son contenu pour apporter les réponses attendues.

La lettre commerciale doit être courte

La loi suprême de la correspondance commerciale, c'est sa concision, puisqu'elle est lue ou parcourue par un lecteur pressé qui doit prendre une décision. Elle est un outil de travail. Dans tous les cas, ne traitez qu'un sujet par lettre.

Attention cependant à rester précis pour respecter le souci d'efficacité et penser à indiquer : les coordonnées complètes, le numéro de téléphone, le numéro de la résidence, du bâtiment, de l'escalier, l'étage, par exemple.

S'il s'agit d'une livraison à Paris, signaler à quelle gare et à quel service, sans oublier que certains d'entre eux se trouvent à des points éloignés de la gare elle-même.

La lettre commerciale doit être exacte

Un attachement rigoureux à la vérité est une nécessité absolue. L'inexactitude ou, a fortiori, le mensonge, même par omission, peuvent faire perdre la confiance de la clientèle. On n'annoncera pas, par exemple, qu'une marchandise livrée est de qualité supérieure, alors qu'elle est de qualité normale. Le client s'en apercevra très vite et n'appréciera pas l'exagération.

Ne dites pas « En réponse à votre dernière lettre », mais « En réponse à votre lettre du 14 juin ou du 14 courant », car la maison à laquelle vous écrivez a pu, dans l'intervalle, envoyer d'autres lettres que vous n'avez pas entre les mains. Ne dites pas « Nos conditions sont les mêmes que pour vos précédentes commandes du même article », car vous obligez ainsi le lecteur à se reporter aux factures antérieures, ce qui l'agace, surtout si son classement laisse à désirer. Au contraire, répétez le texte même des conditions, en indiquant, si c'est nécessaire, qu'elles n'ont pas changé.

La lettre commerciale doit être prudente

Le rédacteur d'une lettre ne doit pas donner d'armes à un rival ou à un adversaire éventuel, car la lutte commerciale est souvent très âpre. Il évitera donc de dévoiler, dans sa rédaction, les positions dernières sur lesquelles peut se rabattre sa maison ; par exemple, il ne révélera pas son dernier prix réel, mais il révélera seulement celui sur la base duquel il entend traiter. Ce n'est pas un manque de sincérité, c'est un souci tactique. Le rédacteur s'assurera toujours, avant de rédiger sa lettre, qu'elle est bien conforme à l'esprit et à la politique générale de la maison. En outre, il prendra toutes précautions pour se prémunir contre les procès possibles, en consultant, par exemple, le service juridique de la société. Ainsi se gardera-t-il d'annoncer qu'il s'engage à payer à une date déterminée alors qu'il n'est pas sûr de pouvoir tenir cet engagement. De même, il ne promettra pas avec assurance de livrer un produit à une date déterminée alors que celui-ci est encore en fabrication chez un industriel dont on ne peut être absolument sûr qu'il respectera les délais prévus.

La lettre commerciale doit être courtoise

Même si l'attitude de votre correspondant vous irrite, gardez-vous de le manifester : vous n'arriverez à rien de plus en le vexant. S'il tarde à répondre à une lettre urgente, ne l'accusez pas brutalement de mauvaise volonté. Laissez-lui le temps nécessaire pour que votre lettre, peut-être mal adressée mais portant extérieurement votre propre adresse, ait pu vous être retournée par la poste. Écrivez alors une seconde fois la lettre que, par politesse, vous supposerez avoir été égarée. Pour montrer votre bonne foi, envoyez une photocopie. Si c'est la bonne foi de votre correspondant que vous suspectez, envoyez la lettre en recommandé avec accusé de réception. Il est d'ailleurs parfaitement possible d'envoyer une lettre énergique sans enfreindre les règles de la courtoisie. Sans vous emporter par exemple contre un payeur récalcitrant, vous pouvez lui faire entendre que l'affaire sera prochainement portée en justice.

N'envoyez pas le jour même un courrier sous l'effet de la contrariété.

Comment rédiger une lettre commerciale ?

Que l'on rédige son courrier seul ou en compagnie de son patron, il est préférable de s'y consacrer pendant un moment calme de la journée. On demande parfois au standard de limiter, voire de suspendre les communications.

Organisation pratique

Il faut commencer par les lettres les plus urgentes. On expédie ensuite les plus faciles pour réserver le temps qui reste à celles qui sont longues ou compliquées.

En ce qui concerne les réponses courantes, on note dans la marge de la lettre à laquelle on doit répondre les indications qui suffiront à rédiger un texte. On peut aussi s'inspirer d'exemples choisis dans le « chrono » pour gagner du temps.

Le « chrono » est un classeur à larges broches dans lequel on conserve tous les doubles du courrier classés dans leur ordre chronologique de départ.

Pour les lettres qui demandent une recherche plus importante, il vaut mieux être sûr de son texte avant la frappe. Pour cela, inscrire sur un brouillon les articulations de sa pensée, les éléments de son argumentation et rédiger l'essentiel des paragraphes en ordre logique, ou bien le texte intégral.

Une base mal préparée fait perdre un temps précieux. Il ne faut pas oublier d'écrire lisiblement si l'on ne veut pas être dérangé par une secrétaire qui n'a pas compris la phrase ou qui risque de faire une faute d'orthographe. Il est bon d'avoir à portée de main un ou deux dictionnaires de la langue française.

Le titre

Il est choisi en tenant compte de deux éléments : qui est le destinataire de la lettre et quel type de relation on entretient avec lui. Rappelez-vous deux règles simples :

– lorsqu'on hésite, l'emploi de « Monsieur » ou « Madame » est toujours correct et de toute façon préférable à une erreur ;

– quand une personne a plusieurs titres, on choisit normalement le plus important.

Si l'on s'en tient à l'usage, un homme écrivant à un autre homme l'appellera « Monsieur », ou « Cher Monsieur » s'il le connaît bien, un homme écrivant à une femme dira seulement « Madame ». Ne jamais employer « Mon cher Monsieur » ou « Cher Monsieur Untel », ni « Chère Madame » ou « Chère Madame Unetelle ».

Il faut cependant signaler une tendance nouvelle qui se manifeste surtout dans les circulaires publicitaires telles que nous en recevons tous les jours dans notre boîte aux lettres. Leur argumentation psychologique consiste à émouvoir la clientèle en traitant le futur acheteur comme s'il s'agissait d'un ami ou d'un proche. Dans ce cas précis, toutes les formules déconseillées sont utilisées : le marketing préfère l'impact à la rigueur linguistique ou à l'élégance du style. Vous devez alors successivement et selon les marques : « Cher Client et Ami », « Chère Madame Durand », « Chère Amie », etc.

Si le destinataire a un titre important, il faut le mentionner : « Monsieur le Ministre », « Monsieur le Président », etc. Les notaires, avocats, avoués, artistes célèbres sont appelés « Maître ». Le mot « Madame » ou « Monsieur » n'est jamais abrégé dans le titre.

Quelques formules toutes faites pour gagner du temps

Un service commercial expédie souvent des courriers semblables. On emploie dans ce cas certaines phrases qui sont toujours les mêmes. Nous les avons regroupées selon trois catégories :

Formules d'introduction

Pour accuser réception

« Nous accusons réception de votre courrier du »

« Votre lettre du… nous est bien parvenue »

« Nous avons pris bonne note du désir exprimé par votre lettre du »

Pour confirmer

« Nous vous avons informé par notre lettre du »

« Comme suite à notre conversation téléphonique de ce jour »

« Nous vous confirmons notre lettre du… courant par laquelle »

Pour passer commande

« Pourriez-vous m'expédier le plus tôt possible »

« Veuillez nous adresser par retour du courrier »

« Nous vous prions de prendre note de la commande suivante »

Pour répondre à une commande

« Nous acceptons les conditions proposées dans votre lettre »

« En réponse à votre lettre du… nous vous prions de trouver ci-joint »

« Nous avons bien reçu votre commande du… et vous en remercions »

Formules qui situent l'objet de la lettre

Pour demander un renseignement

« Pourriez-vous me faire savoir »

« Nous vous serions obligés de nous indiquer »

Pour réclamer un paiement

« L'examen de votre compte montre que vous restez redevable de la somme de »

« Sauf erreur de notre part, nous vous rappelons que notre facture »

Pour envoyer des fonds

« Vous trouverez ci-joint un chèque bancaire (ou chèque postal ou mandat-lettre) n°..., de... F, et nous vous serions obligés pour la bonne règle de nous en accuser réception »

« En règlement de votre facture, nous vous prions de trouver »

« En règlement de votre relevé de compte du..., j'ai fait virer à votre compte n°... à..., la somme de »

Pour reconnaître une erreur, s'excuser, refuser

« Nous regrettons vivement l'erreur qui s'est glissée »

« Nous avons le regret de vous informer »

Formules de politesse

La règle veut que l'on reprenne exactement le titre dans la formule de politesse. Signalons que cela n'est plus toujours respecté dans les circulaires publicitaires, qui ont adopté un ton plus humoristique et plus léger de plus en plus personnalisé pour flatter le futur acheteur. On y trouvera par exemple le titre de « Chère Madame », puis la lettre s'achèvera par « À bientôt ! ».

Parmi les plus courantes, on peut citer :

« Sentiments distingués », formule passe-partout employée pour les personnes que l'on ne connaît pas.

«Sentiments les meilleurs», formule plus familière employée d'égal à égal ou par l'échelon hiérarchique supérieur.

«Sentiments dévoués», de fournisseur à client, d'employé à employeur.

«Respect», de plus jeune à plus âgé.

«Très haute considération», réservée à des lettres solennelles, pour un haut fonctionnaire, un ministre, etc., que l'on doit intégrer dans une phrase du type : «Veuillez agréer, Monsieur le Ministre, l'expression de ma plus respectueuse considération.» Sachez que l'emploi du mot «expression» marque la déférence et peut s'employer dans tous les cas alors que le mot «assurance» doit être évité par un inférieur vers un supérieur.

On écrit parfois des phrases très brèves comme «Sincèrement vôtre», «Avec nos salutations» ou «Salutations distinguées», dans les lettres qui ont un caractère impersonnel, telles les commandes. Mais, s'il s'agit d'une réclamation, utilisez la phrase : «Recevez, Messieurs, l'expression de notre vive déception.»

La signature

Après avoir vérifié que le sens de son texte atteint le but fixé, on inscrit le titre exact et complet de l'auteur (Le Président, Le Directeur, etc.), ainsi que ses nom et prénom. En principe, l'auteur signe lui-même son courrier, mais il arrive qu'en son absence la secrétaire reçoive délégation pour signer certaines lettres urgentes. En ce cas, dactylographier normalement le titre du responsable en le faisant précéder de la mention «Pour» ou «p.o.» (par ordre), et indiquer au-dessous ses titre et nom personnels, puis signer la lettre.

En général, on réunit les courriers à signer dans un cahier ou classeur à feuillets cartonnés munis de perforations superposées afin de laisser voir s'il reste une lettre à signer sans tourner les pages. On nomme ce cahier «parapheur».

Rappels pour un style plus léger

Le style

Le but de votre courrier est d'être rapidement compris, ce qui laisse peu de place aux tournures alambiquées.

Les termes techniques ou compliqués feront perdre du temps à un destinataire qui en ignore la signification.

Il est préférable de choisir des phrases simples et variées.

Les phrases longues prêtent à confusion : ne pas abuser des adverbes et ne pas enchaîner les pronoms relatifs (que, qui, etc.).

Les phrases qui présentent une double négation et qui pourtant ont un sens positif comme «Vous n'êtes pas sans savoir» s'emploient par euphémisme et sont peu utiles dans les échanges courants.

Il est d'usage, par contre, de commencer une lettre autrement que par «je» ou un participe présent. On peut utiliser une formule impersonnelle («Il m'est facile de...») ou une formule toute faite («Comme nous étions convenus...» , «C'est avec plaisir...», «Compte tenu de...»).

La ponctuation

Elle est là pour aider le lecteur à suivre le fil de votre pensée, elle rythme votre texte, il faut donc la respecter.

Les alinéas et paragraphes

Ne craignez pas d'aller souvent à la ligne, votre lettre sera plus agréable à lire. Rappelez-vous la règle suivante : une idée par alinéa ou par paragraphe, selon les cas.

On peut les multiplier et leur donner un titre ou un numéro, afin d'offrir à une lettre longue et compliquée le maximum de clarté. Pour répondre à un courrier de ce type, on reprend le numéro ou le titre de chaque alinéa ou paragraphe.

Utiliser correctement les formules

Sachez combiner les formules de politesse

Théoriquement, dans une formule de politesse classique, on croit à ce qui ne se voit pas (un sentiment, le respect, le dévouement), et on reçoit ou agrée ce qui est extériorisé (les salutations, l'expression des sentiments).

Optez pour un vocabulaire courant

Ne vous obligez pas à utiliser des termes commerciaux ou un langage technique si vous ne les maîtrisez pas. Remplacez-les par un vocabulaire vivant et que vous connaissez.

Repérez le sujet

On oublie parfois que le sujet doit être le même dans la proposition principale que dans la ou les propositions subordonnées. La formulation « En vous remerciant, je vous prie d'agréer mes sentiments distingués... » est correcte, car c'est l'auteur de la lettre qui, à la fois, remercie et prie le destinataire d'agréer ses sentiments distingués. Par contre, la construction « En vous remerciant, veuillez agréer... » est incorrecte, car le sujet n'est pas le même dans la proposition principale « veuillez agréer » et dans la proposition participe « En vous remerciant ».

la création
de l'entreprise
et la gestion
du personnel

Créer
une entreprise

Créer sa propre entreprise est le moyen de concrétiser son désir d'autonomie, d'invention et de créativité personnelle. C'est pouvoir aussi développer des capacités et activités variées, comme le goût pour la gestion, l'encadrement d'une équipe, le lancement d'un produit de sa conception à sa mise en vente, etc. On recule souvent devant l'ampleur de l'investissement à fournir. Pour celui qui veut se lancer, l'équilibre familial, le soutien du conjoint, des relations et l'attitude du milieu professionnel jouent un grand rôle dans la prise de décision. Il est alors important de se sentir épaulé, aidé, de compter éventuellement sur un conseil ou un avis.

Lorsqu'un salarié quitte son travail d'employé pour assumer la charge d'une entreprise, il abandonne du même coup un peu de sa tranquillité d'esprit, de son sentiment de sécurité. Il y a un côté aventureux dans la libre entreprise, qui en fait aussi l'attrait.

Ce sont ceux qui connaissent tous les rouages de l'organisation qui prennent le plus facilement cette responsabilité, comme les chefs de chantier créateurs de leur propre entreprise de bâtiment. Afin de lutter contre le chômage, le gouvernement a pris des dispositions pour encourager la création et le développement économique des entreprises. C'est pourquoi il a décidé d'alléger les charges sociales qui pèsent sur les sociétés.

Par ailleurs, l'État permet aux chefs d'entreprise de transformer leur épargne ou leurs emprunts en fonds sociaux. Il a également modifié les choix antérieurs quant aux exonérations d'impôts sur les sociétés pour les entreprises nouvelles, le congé création d'entreprise ainsi que le livret d'épargne entreprise issu du livret d'épargne entreprise manuelle.

L'ouverture d'un fonds de commerce est subordonnée à un certain nombre de formalités définies par la loi et la réglementation. Dans le souci de les centraliser, le gouvernement a créé un organisme spécialisé : la chambre de commerce et d'industrie.

Les chambres de commerce et d'industrie

Les chambres de commerce et d'industrie, les chambres de métiers, les chambres d'agriculture sont baptisées « compagnies consulaires » parce que les plus anciennes d'entre elles étaient formées de membres élus par leurs collègues marchands et appelés « consuls ». Ce sont des organismes officiels mais non fonctionnarisés ; ce sont des établissements publics chargés de représenter les intérêts économiques de leur circonscription.

Il ne faut donc pas les confondre, comme on le fait parfois, avec les tribunaux de commerce, ni croire qu'ils sont chargés de tenir le registre du commerce. Les membres des chambres de métiers sont élus par les artisans et comprennent de droit des représentants des organisations syndicales artisanales.

Les chambres de commerce et d'industrie sont chargées de contribuer à la définition du cadre dans lequel s'exercent déjà ou s'exerceront demain les activités professionnelles, de veiller à l'adaptation des équipements commerciaux et artisanaux, aux besoins réels des consommateurs, de fournir aux commerçants et artisans tous renseignements nécessaires pour la pratique de leur profession et d'organiser des stages de courte durée d'initiation à la gestion ainsi que des cours de formation et d'enseignement. Les commerçants ont donc intérêt à rester en contact avec leur chambre dont les services, souvent, sont gratuits.

Les organisations professionnelles sont des associations privées et volontaires dans lesquelles les commerçants peuvent se rencontrer pour défendre leurs intérêts, discuter de leurs problèmes, chercher à promouvoir l'image de marque de leur profession, de leur quartier ou de leur ville (animation des rues, quinzaine commerciale, etc.).

Les intéressés ont donc la possibilité de s'adresser à ces organismes pour approfondir leurs connaissances en matière de gestion, de comptabilité, de fiscalité, de jurisprudence, etc.

Des stages gratuits de courte durée offrent une initiation à la gestion. Pour les techniques commerciales (étalage, par exemple), des stages peuvent être organisés à la demande par l'A.T.C. (assistant technique du commerce) en liaison avec les organisations professionnelles.

Les démarches préliminaires

Pour mener votre projet à bonne fin, constituez un dossier complet que vous pourrez par la suite présenter lors de vos démarches. Tous les éléments qui concourent à la description de votre nouvelle entreprise doivent s'y trouver réunis, notamment :

– une étude commerciale approfondie qui situe clairement le secteur d'activité, l'emplacement, la forme juridique, le nombre d'associés, le régime fiscal choisis ;

– une étude de marché qui décrit le produit à proposer, la clientèle visée, l'implantation de la concurrence et la qualité de sa production ;

– un curriculum vitae personnel.

Ce dossier doit aussi comporter une étude financière qui concerne vos investissements, vos charges d'exploitation et votre chiffre d'affaires. Vous pouvez constituer un dossier financier pour solliciter une subvention auprès de votre conseil régional ou d'organismes spécialisés.

Étude de marché

On peut faire son étude de marché soi-même : il s'agit de connaître les acheteurs, leur consommation quotidienne, puis d'examiner la concurrence et son implantation sur le marché.

L'Institut national de la statistique et des études économiques, les services spécialisés des ministères, les chambres de commerce, les organisations professionnelles peuvent vous renseigner. On peut aussi commander une étude de marché, mais le prix est élevé et tous ne peuvent avoir recours à ce type de solution.

Il est donc utile qu'un commerçant s'adresse au président de la C.C.I. pour s'informer sur la situation des commerces dans la région.

Choix de la forme juridique

Il est important, lorsqu'on crée une entreprise, d'opter pour la structure juridique qui correspond le mieux à ses moyens, à ses motivations et à son tempérament. Voici les principales :
– l'entreprise individuelle,
– la société en nom collectif,
– l'E.U.R.L. (entreprise unipersonnelle à responsabilité limitée),
– la S.A.R.L. (société à responsabilité limitée),
– la S.A. (société anonyme).

Ces types de société présentent des différences parfois importantes en matière de responsabilité légale, d'obligations fiscales et d'avantages sociaux. (Voir tableau pages 36 et 37.)

Les chambres de commerce, par l'intermédiaire de leur centre de formalités des entreprises, tiennent à votre disposition des tableaux permettant de comparer les caractéristiques juridiques, fiscales et sociales des différentes formes de société.

Le financement

Lorsqu'on souhaite obtenir des fonds pour financer la création ou la transformation d'une entreprise, on peut s'adresser à une

banque pour obtenir un prêt. Certains organismes bancaires, dits
«banques de crédit», sont plus spécialisés dans l'attribution de
ces prêts. On peut citer : le Crédit Agricole, le Crédit Industriel
et Commercial, le Crédit Foncier, etc.

En outre, des conditions particulières peuvent être consenties
dans certains cas après réunion d'un dossier.

Choix d'une dénomination commerciale

Lorsqu'on veut créer une entreprise, avant de lui donner un nom,
il est bon de s'assurer qu'il est encore disponible.

Le nom commercial, la dénomination sociale ou l'enseigne s'ac-
quièrent par l'usage. Leur choix est libre si le nom retenu ne fait
pas déjà l'objet de droits détenus par des tiers (par exemple, être
déposé comme marque par un tiers).

La propriété de la dénomination commerciale est acquise par le
premier usage personnel et public. L'inscription au registre du
commerce ne peut suffire à constituer le droit. Est constitutif
d'usage pour le nom commercial le fait d'être indiqué sur l'en-tête
du papier à lettres, des factures, etc.

Il faut effectuer une recherche sur les noms commerciaux déjà utilisés ainsi que sur les marques déposées. L'I.N.R.I. met gratuitement à la disposition du public des *Bulletins officiels de la propriété
industrielle* dans lesquels sont indiqués les noms enregistrés. L'informatique permet d'étendre cette étude au cadre international.

Les locaux

Pour créer une entreprise ou l'agrandir, on est amené à chercher
des locaux. Si l'achat et la location sont les cas les plus fréquents,
d'autres possibilités se présentent :

**On désire construire un local dont la surface s'élève à plus de
20 m^2**

Sur simple appel, la mairie vous envoie un formulaire de permis
de construire à remplir avec précision.

Choix de la forme juridique

Formes	Patrimoine	Fondateur	
		Statut du fondateur	Responsabilité
Entreprise individuelle	• Patrimoine personnel de l'entrepreneur • Bénéfices nets d'exploitation	• Commerçant • Artisan • Profession libérale	Responsable personnellement et indéfiniment sur ses biens propres et sur les biens de la communauté
S.A.R.L.	composé : • du capital social • des comptes courants d'associés	• Gérant assimilé à un commerçant • Salarié selon sa participation	Responsable personnellement et indéfiniment sur ses biens propres et sur les biens de la communauté sur décision du juge en cas de faillite
S.A.	• des bénéfices nets d'exploitation non distribués	• Président assimilé à un salarié	

Associés	Régime fiscal	Pérennité de l'entreprise
La responsabilité des gérants est totale sur leurs biens personnels	• I.R. sur bénéfices d'exploitation • Taux selon tranche d'imposition • Abattement possible de 20 % sur le bénéfice imposable en cas d'adhésion à un centre de gestion agréé	• Taxation de l'apport en société • Taxation des plus-values • Droits successoraux sur la valeur du fonds de commerce (paiement sur 10 ans)
Les associés sont responsables dans la limite de leurs apports, sauf si le juge les assimile à des gérants de fait	• De la société : I.S. sur les bénéfices d'exploitation, réel, normal ou simplifié • Des dirigeants et associés : I.R. sur rémunération et dividendes	• Cession de parts soumises à formalisme • Enregistrement (4,8 %) et agrément de la majorité des associés (3/4 des parts sociales) • Droits successoraux sur la valeur des parts sociales --- • Actions nominatives ou au porteur. Cession sans formalisme • Possibilité d'opérations de partage • Droits successoraux sur valeur des actions nominales

I.R. : impôt sur le revenu
I.S. impôt sur les sociétés

Vous y trouverez clairement indiquée la liste des pièces à joindre éventuellement pour compléter votre dossier.

On veut réaliser l'extension de locaux existants ou des travaux

Il faut également téléphoner à la mairie qui vous envoie un formulaire de « déclaration de travaux exemptés de permis de construire », à remplir et à retourner de la même façon.

Veillez lors des travaux à ce que les normes actuelles de sécurité soient bien respectées, si les locaux doivent être ouverts au public.

Les formalités d'installation

Vous êtes commerçant sédentaire

Immatriculation

> au registre du commerce,
> au greffe du tribunal de commerce.

Déclaration

> à l'URSSAF, aux ASSEDIC,
> à une caisse d'assurance maladie,
> à une caisse d'allocation vieillesse,
> à une caisse d'assurance maladie-maternité,
> à la caisse d'allocations familiales,
> au service des contributions indirectes,
> à la Direction départementale du travail,
> au centre des impôts.

En cas d'embauche

> immatriculation à la Sécurité sociale,
> déclaration à l'Inspection du travail.

Vous êtes commerçant non sédentaire

Ajoutez

carte d'identité de commerçant non sédentaire (préfecture),
autorisation (mairie).

Vous êtes forain

Ajoutez

livret spécial de circulation (préfecture).

Vous exercez une profession libérale

Déclaration

auprès des services fiscaux, à la caisse d'allocations familiales.

Immatriculation

à une caisse d'assurance maladie,
à une caisse d'assurance vieillesse-retraite,
à une caisse interprofessionnelle.

En cas d'embauche

immatriculation à l'Inspection du travail.

Le centre de formalités des entreprises

Afin de faciliter ces nombreuses démarches, éviter cet imposant courrier, les sources d'erreurs et une perte de temps importante, vous pouvez maintenant vous adresser à un organisme spécialisé, le C.F.E. (Centre de formalité des entreprises).

Créés par décret du 18 mars 1981, les C.F.E. permettent au chef d'entreprise d'effectuer gratuitement et en une seule fois les déclarations qui concernent la création, la modification, la transformation et la cessation d'activité de son entreprise.

Après avoir transmis ces déclarations aux organismes cités ci-dessus, le C.F.E. remet un récépissé de dépôt au demandeur.

Vous pouvez vous adresser au C.F.E. pour :

– la création d'entreprise,
– la création d'établissements secondaires,
– les modifications qui concernent l'exploitant individuel (changement de nom, de situation matrimoniale), la personne morale (dénomination, forme juridique, capital),
– la modification des dirigeants, gérants, associés,
– la modification de l'activité (changement, extension), du mode d'exploitation (exploitation directe, location, gérance),
– le transfert d'établissement ou de siège social,
– la fermeture d'établissement,
– la cessation d'activité,
– la dissolution de société,
– la radiation.

À qui s'adresser ?

Pour la création ou la reprise d'une entreprise artisanale, commerciale, industrielle ou agricole
au service d'accueil des entreprises de la préfecture,
à l'A.P.C.E. (Agence pour la création d'entreprise).

Pour les formalités obligatoires de création, reprise, modification ou cessation d'activité
au centre de formalités des entreprises (C.F.E.) du lieu de l'entreprise,
à la chambre de commerce et d'industrie,
à la chambre d'agriculture,
à la chambre de métiers,
à l'URSSAF,
à votre employeur.

**Pour obtenir un congé pour création d'entreprise
ou des aides à la création d'entreprise**

à la préfecture du lieu de l'entreprise,

à la Direction départementale du travail et de l'emploi

à l'A.P.C.E.

**Pour protéger un procédé de fabrication,
une invention ou une marque**

à l'I.N.P.I. (Institut national de la propriété industrielle).

Pour l'aide à l'entreprise

Pour les entreprises qui veulent se moderniser dans le cadre du fonds régional, à la direction régionale de l'industrie et de la recherche.

Pour celles qui exportent, à la direction régionale du commerce extérieur.

Pour la réglementation de la concurrence

Pour tous renseignements sur les refus de vente, pratiques discriminatoires, abus de position dominante…,

à la direction départementale de la concurrence, de la consommation et de la répression des fraudes.

Modèles de lettres

1. Demande de documentation sur des stages de formation

Monsieur,

Sur le point de reprendre un commerce d'équipement électroménager, je souhaiterais me perfectionner dans le domaine de la comptabilité et de la gestion.

J'ai appris que vous organisez des stages intensifs à l'intention des « professionnels demandant pour la première fois l'immatriculation d'une entreprise commerciale ou artisanale », ce qui est mon cas.

Pourriez-vous me faire parvenir une documentation complète sur ces stages, indiquant notamment leurs programmes et leurs tarifs ?

J'aimerais aussi savoir si, en plus de l'enseignement de la gestion et de la comptabilité, vous dispensez des cours d'étalage. Les demandeurs d'emploi et les jeunes sont-ils les seuls à pouvoir bénéficier de leur gratuité ?

Je vous remercie de votre amabilité et vous prie d'agréer, Monsieur, l'expression de mes sentiments distingués.

2. Demande d'une revue d'information

Monsieur,

Un de mes collègues, M. ..., m'a fait savoir qu'il avait reçu votre visite et qu'il avait été fort intéressé par la description que vous lui avez faite des activités de votre organisme.

J'ai appris qu'une revue d'information était éditée par vos soins. Pourriez-vous m'indiquer vos conditions d'abonnement ?

Pourriez-vous aussi me faire parvenir des renseignements sur les services que votre organisme est susceptible de rendre aux petits commerçants, à titre individuel, et plus particulièrement sur les plans juridique et fiscal ?

Vous remerciant par avance pour l'ensemble de ces renseignements, je vous prie d'agréer, Monsieur, l'expression de mes sentiments distingués.

3. Demande d'inscription à la C.C.I.

Monsieur le Président,

Nouvellement installé à Mâcon, où j'exerce, 17, rue Lamartine, la profession de vendeur d'équipements de radio et télévision, j'ai l'honneur de solliciter mon inscription sur les listes des ressortissants de votre chambre.

Je suis inscrit au registre du commerce sous le n°… J'ai le vif désir de participer aux prochaines élections consulaires et je vous serais fort obligé de me faire parvenir toute documentation nécessaire sur les activités de votre compagnie.

En vous remerciant à l'avance, je vous prie d'agréer, Monsieur le Président, l'expression de ma considération distinguée.

4. Demande sur l'opportunité d'ouvrir un commerce

Monsieur le Président,

Après avoir travaillé une dizaine d'années dans l'industrie du livre, j'ai pris la décision d'ouvrir une librairie dans votre ville. J'ai pris contact avec plusieurs agences, qui m'ont proposé des emplacements jugés par elles intéressants. Mais je ne connais pas assez Carcassonne pour me fier entièrement à leurs informations. Je préférerais recevoir de vos services des renseignements parfaitement objectifs.

Pourriez-vous donc me faire savoir :

– le nombre et l'importance des librairies déjà installées ;
– leur localisation et les conditions de la concurrence ;
– l'opportunité d'ouvrir une librairie dans les zones d'aménagement différé et les délais probables de réalisation.

On m'a également parlé d'un grand centre commercial qui serait prochainement réalisé par vos soins. L'emplacement d'une librairie y est-il prévu ou possible ? Si oui, je serais heureux de connaître les conditions dans lesquelles pourrait se réaliser l'installation et, en particulier, si l'emplacement doit être acheté ou loué.

D'avance, je vous remercie des précisions que vous voudrez bien me communiquer et je vous prie d'agréer, Monsieur le Président, l'expression de mes sentiments distingués.

5. Demande de prêt au C.E.P.M.E.

Madame,

Souhaitant ouvrir prochainement un magasin d'alimentation situé dans les Yvelines, je m'adresse au Crédit d'Équipement des P.M.E. afin d'obtenir un prêt dans le cadre de la création d'un commerce.

Avant de vous écrire, j'ai bien sûr pris conseil auprès de mon banquier, Monsieur X..., de l'agence de la B.N.P. de La Celle-Saint-Cloud, où je réside.

Les conditions requises étant remplies, j'ai suivi ses indications et réuni les pièces nécessaires à la préparation du dossier de demande de prêt que vous voudrez bien trouver ci-joint. Je pense qu'un entretien avec vous serait utile pour examiner les points délicats.

Je reste à votre disposition pour tout renseignement complémentaire, et vous prie d'agréer, Madame, l'expression de mes sentiments les meilleurs.

PJ : 1 dossier de demande de prêt

6. Demande à l'I.N.P.I.

Monsieur,

Souhaitant ouvrir dans un mois un magasin d'articles de sport, j'ai choisi plusieurs noms commerciaux dont voici les principaux :

« SUPERFORME »

« DÉTENTE »

« RELAX »

Pourriez-vous me guider dans ma recherche d'antériorité en m'indiquant si ces appellations sont disponibles ou préférez-vous que je me rende à vos bureaux pour mener cette étude ?

Je vous prie de croire, Monsieur, à l'assurance de mes sentiments les meilleurs.

7. Demande d'un livret de circulation

Monsieur,

Commerçant forain en étoffes, je viens de m'installer à Beaune.

Ayant accompli toutes les formalités qui concernent les commerçants sédentaires, puis celles qui concernent les commerçants qui ont une activité ambulante, je vous demande de bien vouloir me faire parvenir un livret spécial de circulation qui sera valable pendant deux ans. Vos services ont eu l'obligeance de m'indiquer les pièces à réunir pour traiter ma demande.

Je vous envoie donc :
– un extrait d'immatriculation au registre du commerce,
– une attestation de droit de place,
– les factures d'achat des marchandises,
– un certificat d'agrément sanitaire.

Recevez, Monsieur, avec mes remerciements, mes sentiments distingués.

PJ : 3 documents légaux
n factures

8. Demande de contrôle de sécurité à la mairie

Monsieur le Maire,

Les travaux que nous avons entrepris pour installer notre magasin de... seront achevés le...

Sachant, comme vous me l'avez signalé en m'adressant le formulaire du permis de construire, qu'une équipe de sécurité doit prendre connaissance de ces locaux avant leur mise à la disposition du public, je propose un rendez-vous avec ces spécialistes, le..., à... heures.

Je vous informe que nous comptons ouvrir cette boutique le... prochain.

Veuillez agréer, Monsieur le Maire, l'assurance de ma considération distinguée.

9. Demande de certificat d'installation

Monsieur le Maire,

Je viens d'acquérir un fonds de commerce situé 17, rue Lamartine, à Mâcon. Je compte l'exploiter pour la vente d'appareils de radio-télévision, mais il était exploité en quincaillerie par mon prédécesseur. Auriez-vous l'amabilité de me faire savoir si, en raison de ce changement d'affectation, je dois solliciter de vos services l'attribution d'un certificat d'installation ?

D'avance, je vous en remercie et vous prie d'agréer, Monsieur le Maire, l'assurance de ma considération distinguée.

PJ : un dossier

10. Demande d'ouverture d'un compte en banque

Monsieur le Directeur,

Nous vous prions de bien vouloir ouvrir un compte au nom de la S.A. Cofitex, domiciliée 15, rue Hallouin, 59100 Roubaix.

Conformément à nos accords de ce jour, nous vous confirmons que ce compte constituera un compte courant, comportant la possibilité de remises réciproques et dont toutes les opérations se traduiront en articles de crédit et de débit destinés à se répartir, lors de l'arrêté du compte, en un solde qui fera seul apparaître une créance ou une dette exigible.

Vous voudrez bien trouver ci-joint :

– un extrait du registre du commerce ;

– un exemplaire du journal d'annonces légales indiquant la création de notre société ;

– une copie certifiée des statuts ;

– le texte des délibérations de l'assemblée générale et du conseil d'administration donnant pouvoir pour demander l'ouverture du compte ;

– les pièces d'identité de toutes les personnes autorisées à signer.

Dès que notre compte aura été ouvert par vos soins, nous vous prions de nous faire parvenir un carnet de 100 chèques barrés avec souche.

Veuillez agréer, Monsieur le Directeur, l'expression de nos sentiments distingués.

PJ : 4 documents légaux
n pièces d'identité

11. Constitution d'une société commerciale

Monsieur,

J'ai le plaisir de vous informer que, suivant acte reçu par Me Verger (notaire à Marseille), j'ai constitué une société en commandite simple pour continuer l'exploitation de fonds de commerce de l'imprimerie Marius Marchand dont la raison sociale est :

Vve M. Marchand et Cie.

Mon fils, Monsieur Patrick Marchand, titulaire d'une maîtrise de droit, dirige la maison depuis trois ans, il en sera seul gérant.

Je souhaiterais que vous lui accordiez la confiance dont vous avez toujours fait preuve à mon égard, et vous prie d'agréer, Monsieur, l'assurance de mes sentiments les meilleurs.

PJ : un dossier

12. Désignation d'un gérant

Monsieur,

J'ai le plaisir de vous informer que j'ai été désigné gérant de la société en commandite simple Vve M. Marchand et Cie.

Nous avons embauché de nouveaux salariés spécialisés et renouvelé notre matériel pour un équipement performant. Cette nouvelle organisation nous permettra d'obtenir un travail plus fidèle au goût de la clientèle et des livraisons plus rapides.

Souhaitant garder votre confiance, je vous prie d'agréer, Monsieur, l'expression de mes sentiments distingués.

13. Changement d'adresse

Monsieur,

L'extension considérable de nos affaires depuis quelques années ainsi que l'augmentation importante de notre clientèle nous ont amenés à transférer nos bureaux et nos magasins dans de nouveaux immeubles situés à l'adresse suivante :

24, rue Lafayette
75009 Paris
Tél. :.. .. .. ..

L'ouverture de ces locaux aura lieu le :
5 janvier prochain.

Cette décision nous permet de regrouper nos locaux pour une plus grande rentabilité. Production et livraisons y seront plus rapides et plus soignées.

Nous serons heureux de vous accueillir et de vous faire bénéficier de ces améliorations.

Veuillez croire, Monsieur, à l'assurance de nos sentiments les meilleurs.

14. Changement de domiciliation bancaire

Monsieur,

L'extension de nos affaires et notre nouvelle installation à Paris nous amènent à recourir aux services d'une nouvelle banque :

Banque nationale de Paris,

Agence Opéra
25, rue Lemoine
75020 Paris
Compte 47/822195

Veuillez croire, Monsieur, à l'assurance de nos sentiments les meilleurs.

15. Avis d'établissement d'une succursale

Cher client,

Nous avons le plaisir de vous informer que, devant le développement qu'a connu notre société ces dernières années, nous venons d'ouvrir une succursale en région parisienne pour répondre à l'attente de nos clients. Retenez dès maintenant son adresse :

Société X...,

14, rue du 11-Novembre

94000...

Ce nouvel établissement sera facilement accessible : par l'autoroute A6 (sortie...), autobus 202, 203, R.E.R.

Tous les articles que nous vous proposons habituellement seront à votre disposition dans ces nouveaux locaux.

Nous avons en outre particulièrement développé notre rayon hi-fi, électroménager.

Nous sommes heureux de vous convier à l'inauguration qui aura lieu le :

samedi 12 juin, à 15 heures.

Nous consentons à nos clients une remise de 10 %, pendant les deux premières semaines, sur tout le matériel hi-fi.

Nous vous remercions de votre fidélité, et vous prions de croire, cher client, à l'assurance de nos sentiments les meilleurs.

16. Avis d'ouverture d'un rayon nouveau

Monsieur,

L'extension de nos affaires et les vœux souvent exprimés par notre clientèle nous ont décidés à établir dans nos magasins de nouveaux rayons de vente consacrés à tout ce qui concerne la radio et la télévision.

Vous trouverez donc chez nous, dès le 1er décembre prochain, une gamme très étendue des appareils des meilleures marques à des prix défiant toute concurrence et un service après-vente aussi rapide que précis.

Nous espérons donc que vous nous ferez la faveur de visiter bientôt ces nouveaux rayons où, selon les habitudes de notre maison, le meilleur accueil vous sera réservé. Pendant la période d'ouverture, des facilités spéciales de crédit vous seront accordées.

Agréez, Monsieur, nos sincères salutations.

17. Avis de succession

Monsieur,

Je cède mon atelier de photographie et photogravure, ainsi que mon magasin de photographe, à Monsieur L. Berger, mon représentant et fondé de pouvoir.

Vous pourrez comme auparavant lui confier vos travaux à cette adresse.

Je vous demande d'accueillir mon successeur avec la confiance que vous m'avez toujours accordée et, vous en remerciant par avance, je vous prie de croire, Monsieur, à l'assurance de mes sentiments les meilleurs.

18. Avis de reprise

Monsieur,

Comme vous l'annonce la circulaire ci-jointe, M. P. Darbois m'a cédé la suite de son commerce, dans lequel il laisse une partie de ses capitaux.

J'espère que vous voudrez bien m'accorder la même confiance qu'à mon prédécesseur. Soyez assuré que tout sera fait pour que vous obteniez satisfaction quant à la qualité de nos services.

Veuillez agréer, Monsieur, l'expression de mes sentiments dévoués.

P.J. : circulaire

19. Avis de dissolution d'une société

Monsieur,

Nous avons le regret de vous annoncer la mort de M. Émile Schwartz, décédé à Berne le 21 janvier dernier.

M. Schwartz ne laissant que des héritiers mineurs, la société Schwartz et Cie a été dissoute aujourd'hui, par arrangement à l'amiable.

Pour la liquidation des marchandises et le règlement des dettes, vous aurez avantage à prendre contact avec :

Monsieur R. Vogt, notaire,

14, Wagnerstrasse, Berne.

Vous remerciant de la confiance que vous avez témoignée à notre ancienne société, nous vous prions d'agréer, Monsieur, l'expression de nos sentiments distingués.

20. Demande d'autorisation de liquidation de stock

Monsieur le Maire,

Le mois prochain je cesserai d'exercer ma profession de commerçant en prêt-à-porter, et je fermerai la boutique « Chic et pas Cher » située au centre de votre ville.

Mes démarches légales pour cessation de commerce sont en cours, et je vous demande de bien vouloir m'accorder l'autorisation indispensable afin que je puisse mettre mon stock en liquidation.

Vous trouverez ci-joint un dossier dans lequel sont réunis :

– une lettre précisant le motif et les dates prévues pour cette liquidation,

– deux exemplaires de l'inventaire chiffré qui établit avec précision la quantité et le prix des articles à liquider, le montant total de la vente prévue,

– copie de la cession de bail.

Vous remerciant, je vous prie d'agréer, Monsieur le Maire, l'expression de mes sentiments distingués.

PJ : 4

21. Demande d'indemnité de départ lors de la cessation de commerce

Monsieur,

À la suite du décès de mon mari, j'ai pris la décision de cesser prochainement mon activité commerciale et de fermer ma librairie.

Je suis âgée de 63 ans, immatriculée à la caisse d'assurance vieillesse des commerçants et artisans, à laquelle je verse ma cotisation depuis plus de quinze ans. La nature de ce commerce est restée inchangée dans sa totalité depuis plus de cinq ans.

J'aimerais donc toucher l'indemnité de départ allouée aux personnes âgées dans cette situation.

Renseignements pris auprès de vos bureaux, je joins à cette lettre les documents qui serviront à la constitution de mon dossier.

Si ma demande est agréée, une commission doit statuer pour décider le montant de l'allocation qui me sera attribuée. Vous serait-il possible de m'indiquer vers quelle date la décision sera prise, afin que je puisse procéder à la radiation ?

Je vous en remercie par avance et vous prie de croire, Monsieur, à l'assurance de mes sentiments les meilleurs.

P.J. :
– feuilles d'imposition des cinq dernières années
– certificat d'immatriculation au R.C.
– attestation de première indemnité de départ

22. Demande d'allocation du Fonds national de solidarité pour un commerçant

Monsieur,

Respectivement âgés de 68 et 70 ans, ma femme et moi désirons vendre notre boutique d'épicerie.

Notre revenu mensuel global est inférieur à… Nous sommes retraités de la caisse d'assurance vieillesse et voudrions bénéficier de l'allocation du Fonds national de solidarité.

Pourriez-vous nous indiquer les documents que nous devons vous adresser pour établir notre dossier ?

Nous pourrons ainsi demander à la chambre de commerce et d'industrie de nous aider à vendre notre magasin.

Nous vous prions d'agréer, Monsieur, l'expression de nos sentiments distingués.

Gérer le personnel

Gérer correctement le personnel implique des connaissances dans des domaines aussi divers que les règles de fonctionnement d'une entreprise, la manière d'établir un bulletin de paie, les avantages sociaux auxquels ont droit les salariés, les règles de l'embauche, les différents types de congés possibles, le départ d'un salarié, volontaire ou non.

Le fonctionnement de l'entreprise

Avant d'aborder les modèles de courriers dans ce domaine, nous avons cru bon d'introduire le chapitre par le rappel des principes qui régissent le fonctionnement d'une entreprise et les avantages sociaux des salariés.

Le règlement intérieur d'entreprise

Le règlement intérieur est obligatoire dans toute entreprise employant habituellement au moins 20 salariés. C'est l'employeur qui l'élabore après consultation du comité d'entreprise ou, à défaut, des délégués du personnel, ainsi que du comité d'hygiène, de sécurité et des conditions de travail, pour les matières relevant de sa compétence. Le règlement, accompagné des observations des comités, est transmis à l'inspecteur du travail. Celui-ci s'assure qu'il ne contient que des dispositions conformes à la loi, c'est-à-dire qu'il est limité :

– aux mesures d'application de la réglementation en matière d'hygiène et de sécurité ;

– aux règles générales et permanentes relatives à la discipline, notamment la nature et l'échelle des sanctions ;

– aux dispositions relatives aux droits de la défense des salariés, dans le domaine disciplinaire ou de l'application de la convention collective, et à la protection des victimes et témoins de harcèlement sexuel.

Certaines dispositions antérieurement prévues par le règlement intérieur ne peuvent plus y figurer, par exemple toutes celles qui relèvent désormais de la négociation (mesures concernant le préavis, l'ordre des licenciements en cas de licenciement collectif, le contrat de travail, l'embauche, la paie et les congés).

La convention collective

Une convention collective est un accord conclu entre un employeur (ou un groupement d'employeurs) et une ou plusieurs organisations syndicales représentatives des salariés. La convention de branche vise la totalité ou une partie d'une activité économique (métallurgie, chimie, etc.). L'accord collectif est professionnel ou interprofessionnel, c'est-à-dire qu'il s'applique à une ou plusieurs branches d'activité.

Cet accord peut avoir une durée indéterminée (et peut donc être dénoncé à tout moment par l'une des parties) ou bien une durée déterminée qui ne peut excéder cinq ans. Mais les organisations liées par celui-ci doivent se réunir au moins une fois par an pour négocier sur les salaires et au moins une fois tous les cinq ans pour examiner la nécessité de réviser les classifications professionnelles.

La convention collective a vocation à traiter de l'ensemble des conditions d'emploi et de travail et des diverses garanties sociales des salariés (les clauses particulières prévues pour chaque catégorie professionnelle figurent dans des annexes spécifiques). Elle s'applique à tous les membres du personnel de l'entreprise, même à ceux qui ne font pas partie de l'organisation syndicale signataire.

Ce compromis contient des dispositions sur :
– le libre exercice du droit syndical et la liberté d'opinion ;
– le salaire minimal et les coefficients hiérarchiques ;
– les conditions spéciales de salaire (majoration pour travaux pénibles, égalité des salaires entre salariés français et étrangers, entre hommes et femmes, conditions d'emploi et rémunération des salariés à domicile, conditions d'emploi des travailleurs temporaires) ;
– les conditions d'embauchage et de licenciement ;
– les représentants du personnel et le financement des œuvres sociales.

Les dispositions de la convention collective doivent être plus favorables aux travailleurs que celles du Code du travail.

Le texte des conventions collectives étendues (c'est-à-dire s'appliquant à toute une branche professionnelle par décision du ministre du Travail) est publié au *Journal officiel*.

Les représentants du personnel

Ces représentants sont les délégués du personnel – dans toute entreprise comprenant au moins 11 salariés – et les membres du comité d'entreprise – obligatoirement formé dans toute entreprise comprenant au moins 50 salariés.

Tout salarié français ou étranger, âgé de 16 ans au moins ou travaillant depuis 3 mois dans l'entreprise et non exclu du droit de vote, est électeur.

Pour être éligibles, les représentants du personnel doivent avoir 18 ans révolus et justifier d'un an de présence sans interruption dans l'entreprise. Ils sont élus au scrutin secret.

Le nombre des délégués du personnel varie de 1 à 9 jusqu'à mille personnes employées dans l'entreprise. Il y a, ensuite, un délégué du personnel supplémentaire par tranche de 250 salariés.

Ils sont chargés de faire connaître aux employeurs, aux syndicats et à l'Inspection du travail les réclamations individuelles ou collectives des salariés en matière de salaire, d'application du Code du travail, d'hygiène, de sécurité, des conventions et accords collectifs de travail applicables dans l'entreprise.

Le *comité d'entreprise* comprend des élus du personnel (en nombre croissant suivant les effectifs de la société), le chef d'entreprise ou son représentant et un représentant de chaque organisation syndicale. Lorsque l'entreprise comporte plusieurs établissements distincts, il est créé des comités d'établissement et un *comité central d'entreprise* qui se réunit au moins une fois tous les six mois.

Le comité d'entreprise est un organe consultatif dont l'objet est d'assurer une expression collective des salariés. Il doit être informé et consulté sur toutes les questions concernant la production et la productivité, les conditions de travail, les programmes de production et de situation de l'emploi, les activités de l'entreprise et la comptabilité sociale, les licenciements pour motif économique.

Il jouit de la personnalité civile et dispose d'un patrimoine qui lui sert à gérer les œuvres sociales (prévoyance, entraide, cantine). Il dispose souvent de moyens suffisants pour lui permettre d'organiser des loisirs à tarifs réduits pour le personnel : sorties culturelles, voyages, vacances pour les enfants, activités sportives, etc.

L'activité syndicale

Une section syndicale peut désormais se constituer sans qu'il y ait d'effectif minimal, mais il ne peut y avoir de délégué syndical dans une entreprise comptant moins de 50 salariés (dans ce dernier cas, un délégué du personnel peut en faire fonction).

Les délégués syndicaux sont désignés par leur syndicat. Ils participent de droit à la négociation des accords d'entreprise. Ils exercent librement leur activité dans l'entreprise et disposent pour cela d'un crédit d'heures croissant avec l'effectif.

Faute de respecter les dispositions législatives concernant les représentants du personnel, les délégués syndicaux et les droits des salariés, l'employeur s'expose à des sanctions pénales.

Les 35 heures

Un projet de loi appelé « loi Aubry » a été voté le 19 mai 1998 à l'Assemblée nationale, pour réduire la durée légale du temps de travail de 39 à 35 heures par semaine.

On espère ainsi diminuer le nombre croissant de chômeurs en aidant les entreprises à créer de nouveaux emplois.

Jusqu'au 31 décembre 1999, l'adoption de cette nouvelle disposition restera facultative. Elle deviendra obligatoire, pour les entreprises de plus de 20 salariés, à partir du 1er janvier 2000, et, pour les entreprises de moins de 20 salariés, à partir du 1er janvier 2002.

Les entreprises qui se sont déjà engagées dans ce processus sont, pour certaines, passées à l'annualisation de la durée du travail, qui consiste à travailler un faible nombre d'heures lorsque la demande des consommateurs est faible (par exemple une trentaine d'heures par semaine) et à travailler jusqu'à 48 ou 49 heures dans les périodes où la demande est élevée. On peut également s'orienter vers la récupération des heures libérées sous forme de congés supplémentaires.

En réalité, les salariés peuvent être présents pendant 39 heures d'après les accords passés avec la direction, étant rémunérés en heures supplémentaires au-delà de la 35e heure.

Les accidents du travail

Tout salarié victime d'une blessure ou d'un accident sur le lieu du travail et pendant le travail, c'est-à-dire alors qu'il est placé sous l'autorité et la surveillance normale du chef d'entreprise, peut être considéré comme victime d'un accident du travail. Il en va de même lorsqu'il effectue le trajet entre son domicile ou la cantine et le lieu de travail. Toutefois, comme les conditions dans lesquelles s'est produit l'accident sont extrêmement variables et complexes, la victime a toujours intérêt à se mettre le plus tôt possible en contact avec le service social de l'entreprise ou avec les représentants du personnel.

Que faut-il faire en cas d'accident ?

La victime informe l'employeur dans les 24 heures, oralement ou par lettre recommandée. Celui-ci déclare l'accident dans les 48 heures, par lettre recommandée avec A.R. à la caisse primaire d'assurance maladie dont dépend la victime. Il remet au salarié une feuille d'accident en trois volets (le salarié conservera le volet 1, où le médecin a indiqué les soins qu'il donne ; il remettra le volet 3 au pharmacien pour obtenir des remèdes ; le médecin enverra le volet 2 à la caisse).

Tous les frais sont pris en charge par la caisse, qui doit donner son accord dans les mêmes conditions que pour l'assurance maladie, mais ils sont réglés directement : la victime n'a donc aucune avance à faire.

Le salarié reçoit une indemnité journalière égale à 60 % du salaire journalier de base pendant les 28 premiers jours, à 80 % à partir du 29e et jusqu'à guérison complète ou décès, avec revalorisation au bout de 3 mois. Une rente peut être versée en fonction du taux d'incapacité permanente. En cas de décès, le conjoint a droit à une rente de réversion égale à 30 % du salaire annuel, majorée en fonction du nombre d'enfants mineurs.

Il existe un régime spécial pour les maladies professionnelles contractées sur le lieu de travail.

Le travail temporaire ou intérim

Celui qui veut utiliser ce système doit passer un contrat avec une société d'intérim (entreprise de travail temporaire) ; c'est elle qui l'engage, souvent après des tests, et lui verse son salaire. Ensuite, il est mis à la disposition d'une entreprise utilisatrice et soumis, comme tout autre salarié, au règlement intérieur de l'entreprise. Il n'a pas à exécuter d'heures supplémentaires si l'utilisateur n'y a pas été autorisé pour son personnel stable. Il peut faire intervenir les représentants du personnel si des difficultés se présentent.

À la fin de chaque mission, il a droit à une indemnité de fin de mission égale à 10 % de sa rémunération totale brute et à une indemnité compensatrice de congé payé d'un montant minimum de 10 % de sa rémunération brute totale.

Le travail à temps partiel

Depuis quelques années, le travail à temps partiel s'est développé. Sa souplesse dans la répartition des horaires intéresse plusieurs catégories sociales : les femmes ayant des enfants qui ne sont pas encore autonomes ; les personnes qui n'ont pu trouver un emploi à temps complet et à qui cette formule permet parfois, en cumulant deux activités à temps partiel, de toucher un salaire plus important ; les entreprises qui ont besoin de personnel mais hésitent à embaucher à plein temps pour des raisons financières ; ceux qui poursuivent des études, etc.

Le salaire des employés

Dans les entreprises de petites dimensions, la secrétaire comptable est fréquemment chargée de la paie des employés. Dans les grandes entreprises, c'est le service du personnel qui assure l'ensemble de la paie.

On entend par personnel l'ensemble des personnes employées par l'entreprise, qui fournissent leur travail en échange d'une rémunération convenue. L'emploi de personnel impose à l'entreprise des charges diverses, essentiellement la rémunération proprement dite (salaires des ouvriers, appointements des cadres, commissions des représentants, éventuellement la majoration pour heures supplémentaires, les primes et gratifications) et les charges accessoires imposées par la législation sociale (indemnités de congés payés, de préavis, de licenciement, cotisations patronales de Sécurité sociale, cotisations aux Assedic, aux mutuelles et aux caisses de retraite, parfois frais entraînés par le fonctionnement d'œuvres sociales).

Tout employeur est tenu de remettre à chaque salarié, lors du paiement de sa rémunération, un bulletin de paie présentant le calcul détaillé de la somme payée.

La présentation peut varier, mais doivent figurer obligatoirement sur le bulletin :

– le nom, la qualification et le numéro de Sécurité sociale du salarié ;

– le nom, l'adresse, le n° de siret et le code APE (activité principale de l'entreprise) de l'employeur ;

– la rémunération brute (heures normales, heures supplémentaires ou salaire mensuel, primes de rendement, primes d'ancienneté, congés payés, etc.) ;

– les retenues (assurances sociales – maladie, vieillesse, chômage –, caisse de retraite et de prévoyance) ;

– le nom et l'adresse de l'URSSAF (auquel sont versées les cotisations sociales) ;

– la rémunération nette ;

– la déduction éventuelle des acomptes ;

– la période travaillée et la date de paiement ;

– le cachet de l'entreprise.

Les mentions à signaler sont nombreuses et la réalisation du travail assez longue, d'autant que l'on ne peut se permettre d'oublier une indication. Pour plus de facilité et de sécurité, on utilise beaucoup les formulaires préimprimés que l'on trouve en carnets à souches dans le commerce ou que l'entreprise fait imprimer pour son propre usage.

De nouveaux outils informatiques, et plus particulièrement les logiciels de gestion des Ressources humaines, calculent et établissent les bulletins de salaire automatiquement à partir des informations qui sont fournies pour chaque salarié.

NOM

Adresse

S. S.

Emploi

Position (Niv. Cat. Coef)

BULLETIN DE PAYE du

au

N° Pointage

Convention(s) Collective(s) de Branche

N^{bre} d'hres :	Taux N^{al}	Sup.	Autres :	Taux N^{al}	Taux Maj^{ées}	Total

1	Salaire de base pour	Heures à	
2			
3	Heures Suppl^{ées}	% N^{bre}	H à
4	Heures Suppl^{ées}	% N^{bre}	H à
5			
6			
7	Salaire au forfait ou autre nature :		
8	Autres majorations de Sal.		
9	Accessoires de Sal.		
10			
11			
12	Déduction pour frais prof. %	**SALAIRE BRUT**	
13	**Bases** % Cotis.^{ions} Pat.^{les} %	**Retenues Salarié**	
14		C.S.G. Déductible	
15		C.S.G. Non Déduc.	
16		C.R.D.S.	
17		C.R.D.S. Rég. Pré.	
18		S.S. Mal	
19		Veuvage	
20		S.S. Vieil. Plaf.	
21		S.S. Vieil. Déplaf.	
22		Accidents Travail	
23		Allocations famil.	
24	**Réduction bas salaires**		
25		Retraite Compl.	
26			
27		Retraite Cadres	
28			
29		Prévoyance Div.	
30			
31		Ass. Chômage	
		Ass. Chômage	

Repos Compensateur		
Crédit d'heures	**TOTAL COT. PAT^{les}**	**TOTAL RETENUES**
Cumul des heures	Net Fiscal	SAL. A PAYER (avant Ind. et Acpte)
	Cumulé	NET IMPOSABLE (SAL A PAYER + C.S.G. N.D. + C.R.D.S.)
Nbre de droits	Som^{es} et Indem^{tés} Div. non soumises à Cot.^{ions}	
SALAIRE EN EUROS		
SALAIRE BRUT		**TOTAL**
NET IMPOSABLE	Avantages en nature et acomptes	
NET A PAYER		
	PAYÉ LE Mode de paiement	**NET A PAYER**

Durée congés payés

Durée délais préavis

Conservez ce bulletin de paye sans limitation de durée

COTISATION S.S. VERSÉE A :

NOM ET ADRESSE DE L'EMPLOYEUR

N° SIRET :

N° URSSAF :

EXACOMPTA
Réf. 13094

CODE APE :

2

BULLETIN DE PAIE

DATE DE PAIEMENT
PERIODE   DU :
           AU:
N° DE SALARIE :
N° DE SECURITE SOCIALE :
DEST :

N° SIRET :   N° APE :
CONVENTION COLLECTIVE :

Lieu de paiement des cotisations assurances sociales :

AFFECTATION :	MINIMUM COEFF. :	HORAIRE :
EMPLOI :	SALAIRE MENSUEL:	TAUX HORAIRE :
COEFFICIENT		SAL. MENS. REF. :
CLASSIFICATION:		

DESIGNATION	NOMBRE OU BASE	TAUX OU %	MONTANT A AJOUTER	MONTANT A DEDUIRE	COTISAT. PATRONALES TAUX OU %	MONTANT	

	du mois	depuis le			
BRUT IMPOTS (1)			NET A PAYER 1-2+3-4		
dont avantage nature					
NET FISCAL (1-2)					

Nous vous recommandons de conserver votre bulletin de paie, sans limitation de durée

Les avantages sociaux

Si la législation est soucieuse du bien de l'entreprise, elle veille aussi sur celui de ses salariés. C'est la raison pour laquelle elle leur garantit certains avantages, appelés « avantages sociaux ».

Réservés aux jeunes couples

Lors de son mariage, tout salarié bénéficie d'un congé de 4 jours payés qui ne sont pas défalqués des congés annuels.

Les conventions collectives ou le règlement intérieur accordent souvent des conditions plus favorables.

Les père et mère des mariés, s'ils sont salariés, ont droit à un congé d'un jour.

• Pour louer un appartement, le couple peut bénéficier :

– de l'aide personnalisée au logement ; se renseigner auprès de la caisse d'allocations familiales ;

– du prêt d'équipement aux jeunes ménages, qui permet de régler les premiers frais de location, de s'équiper en mobilier et appareils ménagers. Adresser la demande à la caisse d'allocations familiales dès la publication des bans.

• Pour acheter un logement ou faire construire, le jeune couple peut obtenir de l'État des prêts ou subventions jusqu'à concurrence de 80 %. Pour les 20 % qui constituent son apport personnel, il peut obtenir un prêt au titre du 1 % patronal ou un prêt d'épargne-logement.

Se renseigner soit auprès du Centre d'information du Crédit Foncier, soit auprès d'une délégation régionale du Crédit Foncier, soit auprès d'un centre d'information logement.

La naissance d'un enfant

La naissance d'un enfant donne droit à un certain nombre d'avantages et de privilèges que tend à augmenter l'actuelle politique visant à freiner la régression démographique. Il faut prévenir son employeur pour lui indiquer son état de grossesse et donner la date présumée de l'accouchement.

Les futures mères reçoivent d'importantes garanties :

– Pendant la grossesse, la femme ne peut être licenciée par son employeur, sauf en cas de faute grave, que celui-ci doit prouver. Elle peut démissionner sans préavis.

– Elle a droit à un congé de maternité de 16 semaines (6 semaines avant la date présumée de l'accouchement et 10 semaines après) pour les deux premiers enfants. Lors de la naissance d'un troisième enfant, la loi prévoit 26 semaines d'arrêt, c'est-à-dire 8 semaines de repos prénatal et 18 semaines après la naissance.

– La loi prévoit que l'employée touchera pendant ce temps 84 % de son salaire, mais la plupart des conventions collectives lui en accordent l'intégralité.

Après la naissance, le père ou la mère peut prendre un congé parental d'éducation, de 1 an à 3 ans, non payé mais avec maintien de l'emploi. Cette formule n'est applicable que si le salarié a un an d'ancienneté.

– Les femmes qui allaitent ont droit à 1 heure de repos par jour, prise sur place, et sur les heures de travail, pendant un an au maximum.

– La mère touche légalement une allocation pour jeune enfant et des allocations familiales, celles-ci à partir de 2 enfants. Se renseigner auprès de la caisse d'allocations familiales. Elle peut recevoir aussi une allocation de rentrée scolaire si ses ressources ne dépassent pas un certain plafond.

Le logement

La loi oblige le chef d'une entreprise de plus de 10 salariés à investir annuellement dans la construction 1 % du montant des salaires qu'il a payés dans l'année précédente. Une partie de cette somme peut être prêtée, au taux de 3 %, aux salariés intéressés par l'achat d'un logement. Une étude de la composition de la famille et de ses revenus permet de juger de la localisation du logement et du coût final de l'opération. Une convention qui établit la durée du prêt et les conditions de remboursement est établie avec l'employeur.

Il peut aussi passer par l'intermédiaire d'un organisme collecteur habilité à recevoir les redevances patronales pour les investir dans la construction. Ces organismes vous fourniront tous les renseignements nécessaires. On peut s'adresser, par exemple, à l'O.C.I.L. (Office central interprofessionnel du logement) ou à l'U.N.I.L. (Union nationale interprofessionnelle du logement).

Le salarié bénéficiaire d'un prêt ne peut louer son logement. S'il le vend, le remboursement restant dû sera versé par anticipation à moins d'avoir souscrit une assurance supplémentaire. En cas de chômage, ce versement peut être suspendu pendant un an.

Le montant du prêt est fixé par l'entreprise dans la limite d'un plafond réglementaire allant jusqu'à 10 %.

La retraite

La mise à la retraite peut procurer à celui qui en bénéficie un certain nombre d'avantages non négligeables, bien que moins importants qu'on ne le dit souvent. Ce sont :

– la pension de retraite proprement dite, si vous avez cotisé à une ou plusieurs caisses de retraite (il vaut mieux s'adresser à l'avance à la dernière caisse où l'on a cotisé pour permettre une reconstitution de carrière qui peut être parfois complexe) ;

– la pension de retraite complémentaire versée, le cas échéant, par une caisse de retraite et de prévoyance privée (obligatoire pour la majorité des entreprises) ;

– diverses allocations : le minimum, assuré par la Sécurité sociale ; l'allocation supplémentaire du Fonds national de solidarité (si les ressources ne dépassent pas un certain plafond, fixé annuellement par le gouvernement) ; l'aide sociale, pour les personnes qui n'ont pas de retraite ;

– une indemnité de départ en retraite, si elle est prévue dans la convention collective ;

– l'aide médicale gratuite, sous certaines conditions de revenus, qui doit être demandée au bureau d'aide sociale de la mairie, de même qu'une aide ménagère en cas de maladie ;
– la priorité pour obtenir le téléphone ;
– des cartes de gratuité ou de réduction (carte senior) sur les transports en commun et l'accès aux salles de cinéma (dans certaines conditions) ;
– quelques dégrèvements sur la taxe foncière et la taxe d'habitation pour les personnes bénéficiant du Fonds national de solidarité.

L'emploi

L orsqu'une société veut embaucher du personnel, le moyen le plus sûr pour elle consiste à s'adresser à une agence de recrutement ou à passer une annonce dans un journal.

L'offre d'emploi

Pour être efficace, on choisit de préférence un grand quotidien vendu à de nombreux exemplaires, le journal local le mieux diffusé ou une revue professionnelle. La plupart d'entre eux ont une rubrique intitulée « annonces classées », dont une partie est réservée à l'emploi, pour l'offre comme pour la demande.

Ils recevront votre demande sur simple appel téléphonique, de 8 h 30 à 18 h 30. Elle paraîtra soit le lendemain matin, soit le jour de publication des annonces dans le journal.

Il existe aussi des bureaux de recrutement qui collectent les demandes auprès des employeurs, en rédigent le texte qu'ils font publier dans le ou les journaux de leur choix. Lorsqu'ils ont reçu et trié les réponses, ils les transmettent au demandeur.

Ce travail peut également être réalisé par certains journaux.

Le prix du texte est généralement calculé à la ligne, et les gros caractères ou caractères gras comptent pour plusieurs lignes en raison de la place qu'ils occupent.

Les annonces peuvent être présentées en colonne et en encadré.

Les annonces en colonnes

Les annonces en colonnes sont plus discrètes, utilisées sans distinction de professions.

On rédigera un texte simple court, qui devra supporter les abréviations, en restant clair et précis.

URGENT Société de Services cherche pour VÉLIZY **J.-F. ACHETEUSE** **dynamique** Formation assurée Sens cial. INITIATIVE Écrire : 3, rue Lebon 75001 Paris Tél. 01.12.34.56.78	Recherche **DIRECTEUR** Prox. Défense **Pour Grands Magasins** Expérience indispensable C.V. lettre manuscrite sous réf. 201 à DURAND S.A., 15, rue Dupot 75015 Paris, qui transmettra.

En règle générale, on choisit un caractère gras ou plus important que celui du corps de l'annonce pour signaler la profession recherchée. Cela fait gagner un temps considérable au lecteur lorsqu'il est obligé de dépouiller quotidiennement la rubrique « emploi » de plusieurs journaux.

On indique ensuite la région d'implantation de l'employeur de manière visible, ce qui permet au candidat de passer directement à la zone qu'il a élue pour ses investigations, là aussi, pour faciliter le dépouillement.

Suivent les caractéristiques de l'emploi proposé, les exigences de la demande et souvent une courte liste des avantages sociaux dont bénéficient les employés. Enfin, les coordonnées de l'entreprise.

L'encadré

Il remplit deux rôles : en signalant l'offre d'emploi, il attire l'attention et donne une image de marque favorable de l'entreprise qui embauche. Il réalise presque une publicité. On l'utilise de préférence pour les sociétés qui ont un logo.

Son texte est accrocheur et relativement peu abrégé. L'employeur n'hésite pas à décrire le poste à pourvoir et à préciser exactement le profil du personnel recherché. Il donnera le maximum de renseignements utiles afin d'éviter un afflux de candidatures ne correspondant pas au poste.

Dans les encadrés ci-après, on profite de la recherche d'un candidat pour donner au lecteur éventuel une bonne opinion de l'entreprise. On embauche ici des candidats de niveau élevé.

PRALON S.A. PAPIERS PEINTS
cherche
CHEF DES VENTES

Professionnel de la vente,
à vous d'encadrer une équipe de commerciaux
formés aux techniques de vente
les plus performantes

Une équipe dynamique vous attend pour poursuivre sa réussite

Écrivez-nous à notre siège : M. X...
PRALON S.A., 4-8, rue Sainte-Anne, 75001 Paris

Imprimerie d'édition et de labeur
50 personnes à Lille
En vue du développement de son service pré-presse cherchons un
OPÉRATEUR SYSTÈME ET PAO (H/F)

Vous assurerez la gestion et le bon fonctionnement des matériels
en liaison avec le service informatique.
Chargé(e) de différents logiciels, vous aurez pour mission
de suivre l'évolution du marché concernant ces matériels.
Si vous avez une formation supérieure
en Communication graphique et une expérience de 2 ou 3 ans,
merci d'adresser votre dossier de candidature à :
Imprimerie Inc BP 2154, 59000 Lille Cedex

La filiale d'un groupe important (1 000 personnes), spécialisée dans la distribution alimentaire, cherche :

RESPONSABLE DES VENTES

Chargé de l'organisation des ventes et de leur animation auprès des grandes surfaces et des magasins à succursales multiples, il aura pour mission de rentabiliser le secteur, éventuellement en le restructurant, et de participer à l'élaboration de la stratégie commerciale de la Société en liaison avec les autres membres de la direction.

Âgé de moins de 35 ans, le candidat sera diplômé d'une E.S.C. ou d'une école équivalente et aura déjà une bonne expérience de la gestion commerciale. La connaissance de l'allemand est exigée.

La demande d'emploi

On distingue la demande d'emploi spontanée, venant d'un particulier qui a pu faire paraître une annonce pour trouver du travail, de la réponse à une offre retenue dans un quotidien ou communiquée par une agence. Dans ce dernier cas, le demandeur adresse à l'entreprise une lettre de candidature à laquelle il joint son curriculum vitae.

Rédaction de la candidature

Il est d'usage d'envoyer une lettre manuscrite personnelle et assez courte pour entrer en contact avec un éventuel employeur. À l'heure actuelle, on estime souvent que l'écriture est révélatrice d'une personnalité, et qu'il est intéressant de la connaître. Mais ne cherchez pas à la transformer pour l'occasion, un graphologue remarquera vite le subterfuge.

C'est aussi le moment de se rappeler que celui qui a diffusé une petite annonce va voir affluer les demandes dans son courrier, surtout dans une période où l'emploi est en crise. Il va donc parcourir l'ensemble des lettres pour une première lecture afin de sélectionner celles qui retiendront son attention. Il est vraisemblable que toutes celles qui seront mal rédigées, difficiles à lire ou sans intérêt seront éliminées.

Il faut donc savoir faire sa propre publicité, faire valoir son image de marque, ne pas avoir de prétentions exagérées, sans pour autant se dévaloriser, et rester fidèle à la vérité.

Lorsqu'on a attentivement composé sa demande, on s'attache à la réalisation de l'indispensable curriculum vitae qui l'accompagne. On écrit encore C.V.

Le curriculum vitae est un court résumé de votre bagage scolaire ou universitaire, de vos atouts et de votre expérience professionnelle. Il accompagne la demande écrite de candidature, et l'employeur qui le lit doit être suffisamment motivé pour vous proposer un entretien. Comme il s'agit de l'énoncé détaillé de votre histoire professionnelle (ce mot latin resté dans notre langue courante signifie en réalité « carrière de la vie » !), l'essentiel réside dans sa clarté et sa précision. Il est dactylographié sur un feuillet séparé.

Rédaction du curriculum vitae

On peut adopter plusieurs méthodes pour le mettre au point. L'essentiel est que sa clarté, sa précision et, si on le peut, son contenu retiennent l'attention du lecteur.

Il présente trois parties :

– La première concerne votre état civil ; on y inscrit dans l'ordre :

Nom en capitales, prénoms

Date et lieu de naissance

Nationalité

Adresse actuelle

Numéro de téléphone

Situation de famille

Situation au regard des autorités militaires (pour un homme) On indique dans la dernière mention, « situation de famille », si l'on est célibataire, marié, divorcé, et le nombre de ses enfants.

– La deuxième partie fera état de vos études et diplômes obtenus, stages de perfectionnement, séjours prolongés à l'étranger, spécialisation. Si vous en avez la possibilité, joignez les photocopies de certains diplômes, elles peuvent avoir du poids auprès de l'employeur.

– La troisième partie sera réservée à l'énumération des emplois que vous avez déjà occupés. Ils seront cités chronologiquement, en mentionnant leurs adresses. Il peut être utile d'ajouter les photocopies des certificats de vos anciens employeurs.

L'embauche

Les demandes de renseignements

Les activités commerciales ou l'exercice de certaines professions exigent souvent l'embauche d'un personnel de confiance : trésoriers, caissiers, gardiens, équipes de surveillance, etc.

L'employeur est donc amené à se renseigner sur le compte des candidats avant de les employer. Même si le telephone offre plus de souplesse qu'un courrier dans ce genre de communication, l'utilisation de plus en plus fréquente du fax oblige parfois à rédiger la demande de renseignements.

On s'efforcera d'adopter le ton le plus neutre possible dans la demande pour éviter d'influencer la réponse par sa propre opinion.

Les renseignements demandés peuvent porter sur la compétence, l'honnêteté, la loyauté. Pour obtenir ces indications, on peut s'adresser :

– à des agences de recrutement ;

– à la banque de la personne (mais il faut signaler que les banques n'acceptent pas toujours de répondre) ;

– auprès d'anciens employeurs ;

– à des relations communes.

La communication de renseignements

En général, on n'indique pas dans la lettre elle-même les coordonnées de la personne en question, mais on y joint une fiche qui porte ces indications de manière que la lettre reste inutilisable contre le tiers concerné.

Si les renseignements sont bons, la lettre de réponse est facile à rédiger.

S'ils sont mauvais, évitez de porter des jugements téméraires, fondés sur les apparences ou sur vos propres réactions de sympathie ou d'antipathie. Quelqu'un peut vous déplaire et être cependant un excellent employé.

On ne peut témoigner que de faits dont on est personnellement au courant, dont on sait qu'ils sont exacts. Apportez des preuves pour tout ce que vous direz ; si vous n'en avez pas, dites-le aussi. On ne confie ce type de renseignements qu'à des gens qui en ont besoin pour une raison sérieuse. Mais il n'est pas possible d'induire le correspondant en erreur ; il faut le mettre en garde avec mesure et discrétion.

Les banques et les agences ajoutent parfois à la fin de leur lettre les initiales « S.G.N.R. », ce qui signifie « sans garantie ni responsabilité ».

Parfois, les personnes qui souhaitent obtenir un crédit ou se faire embaucher fournissent elles-mêmes leurs références ; il faut toujours les vérifier.

Le contrat de travail

Une fois les candidatures étudiées, et les renseignements pris, l'employeur convoque le postulant pour un entretien qui permet aux deux parties de se mettre d'accord sur les conditions d'exécution et de rémunération du travail envisagé.

Pour officialiser par la suite cet accord verbal, l'entreprise adresse à son futur salarié son contrat de travail ou une lettre d'engagement qui en précise au préalable les principaux points.

Lien important qui unit employeur et salarié, le contrat de travail impose des obligations aux deux parties quant au montant du salaire, aux horaires de travail, aux périodes d'essai et de préavis. Le Code du travail met à la disposition de l'employeur différents types de contrats, tous soumis à une législation stricte. Depuis une directive européenne de 1991, ces contrats doivent être obligatoirement écrits, qu'il s'agisse d'un contrat à durée indéterminée (CDI) ou d'un contrat à durée déterminée (CDD). Ce dernier, de plus en plus utilisé par les employeurs mais maintenant le salarié dans un statut précaire, ne doit jamais servir à pourvoir un emploi permanent. Son recours est strictement réglementé.

Il y a plusieurs types de contrats qui intéressent les jeunes en particulier, qui comportent une part de formation, une part de travail en entreprise. Ce sont les contrats d'apprentissage, d'adaptation et de qualification, d'orientation, Emploi-Jeunes, Emploi-Solidarité, Emploi-Consolidé, Initiative-Emploi. On peut se renseigner à ce sujet auprès de l'ANPE de son domicile.

Le congé

L e congé est un droit garanti aux salariés par la législation. Il a été soigneusement étudié et adapté aux différentes situations que rencontrent les salariés : les vacances ; la maternité, puis l'éducation ; la formation ; le congé sans solde ou la mise en disponibilité pour convenance personnelle peuvent être accordés dans certaines circonstances qu'il appartient à l'employeur de préciser suivant le cas.

Congé annuel

Il est toujours préférable de préparer ses vacances à l'avance. L'employeur peut ainsi s'organiser pour combler l'absence temporaire de son ou ses salariés. L'employé, lui, doit souvent s'occuper de ses demandes de visas, de ses réservations de transports et d'hôtels longtemps avant la date prévue.

Un formulaire peut aisément être conçu dans un secrétariat en prenant soin de l'adapter aux besoins du service. Cette méthode permet de réunir des informations précises sur les absences de l'ensemble des salariés, puis, en les comparant, d'établir le planning des congés pour organiser leur rotation.

Congé pour raisons familiales

La législation du travail autorise le salarié à rester auprès des siens dans certains cas. En effet, si le décès de son conjoint ou celui de l'un de ses enfants survient, il peut s'absenter deux jours. S'il s'agit du père ou de la mère, il aura droit à un jour ouvrable. Il bénéficiera également d'une journée à l'occasion du mariage d'un enfant.

Congé parental d'éducation

Cet acquis est important pour les salariés puisqu'il leur permet de s'absenter à partir de la naissance d'un enfant ou de l'adoption d'un enfant de moins de seize ans pendant une durée renouvelable de un à trois ans sans perdre leur poste. Seuls peuvent bénéficier du congé parental le père ou la mère employés depuis un an au moins dans l'entreprise.

Formation professionnelle

Un salarié en activité peut bénéficier de stages de formation professionnelle, qu'il y soit envoyé par son employeur en accord avec lui, ou qu'il sollicite de lui-même un congé-formation. L'employeur ne peut refuser cette demande si le salarié remplit toutes les conditions spécifiques dans le Code du travail. Cependant, si l'absence du futur stagiaire est préjudiciable à la bonne marche de l'entreprise, il peut modifier la date.

Le départ du salarié

Un salarié a trois raisons principales de quitter le poste qu'il occupe au cours de sa vie professionnelle.

Parce que sa vie privée se modifie profondément (mariage, divorce, arrivée d'un enfant, changement de domicile ou de région…) ou parce que, tout simplement, il vient de découvrir un autre emploi plus intéressant ou mieux rémunéré. Pour faire part de son initiative, il peut expédier une lettre de démission à son patron ou le lui dire oralement.

Parce que le salarié a commis une « faute grave », retards fréquents et absences sans justification, vol sur le lieu de travail, voie de fait…, l'employeur décide de se séparer de lui : il le licencie.

Il peut aussi arriver qu'une entreprise en difficulté ne puisse plus assumer la rémunération de ses employés ou ne se trouve plus en mesure de leur confier un travail dans des conditions normales. Elle est obligée de se séparer d'eux, c'est le licenciement pour motifs économiques.

Dans les trois cas, les échanges de courrier vont être différents.

La démission

Quand on rédige un courrier de ce type, on inscrit lisiblement sur la lettre elle-même la mention « Recommandé avec accusé de réception », ou R.A.R. L'enveloppe, expédiée de cette manière, et le justificatif remis par La Poste faisant foi, le destinataire ne pourra nier l'avoir reçue.

La durée et les modalités du préavis peuvent faire l'objet d'un compromis entre les parties.

Un certificat de travail devra être remis à l'employé le jour de son départ.

Le licenciement

Le licenciement est une décision difficile à prendre. Son application obéit à des règles rigoureuses.

L'employeur notifie son intention de procéder à un licenciement par lettre recommandée avec accusé de réception. La date de l'entretien préalable figure également dans ce courrier qui tient lieu de convocation et doit être envoyé au moins 10 jours avant la date fixée.

L'employeur expose ses motifs au cours de l'entretien afin d'éviter de prononcer un licenciement sans cause réelle et sérieuse. La notification écrite du licenciement doit être envoyée par lettre

R.A.R. au moins un jour franc après l'entretien ; l'employeur ne peut y alléguer d'autres motifs que ceux qu'il a exposés au salarié dans l'entretien.

Au cours de l'entretien préalable, le salarié peut se faire assister par un délégué du personnel ou par un conseiller de son choix salarié de l'entreprise.

Les conflits du travail

En cas de litige entre employeur et salarié, il est préférable que la personne qui s'estime lésée consulte l'inspecteur du travail en premier lieu. Il connaît les structures de la société, son encadrement et son règlement intérieur et il a, bien sûr, la compétence pour vous répondre. Si, malgré ses conseils avisés, le litige se durcit, on peut faire appel au conseil de prud'hommes par lettre recommandée. Il peut être fait appel du jugement rendu devant un conseil prud'homal différemment constitué.

La perte d'emploi

Tout salarié peut s'inscrire à l'A.N.P.E. En revanche, le versement des allocations A.S.S.E.D.I.C. est soumis à conditions.

Vous aurez ainsi le droit de bénéficier selon votre cas :

– des allocations d'aide publique ;

– des allocations de chômage versées par l'État ;

– des allocations des Assedic ;

– des allocations supplémentaires d'attente pour les travailleurs licenciés pour motif économique.

Vous conservez aussi vos droits aux prestations de Sécurité sociale et aux allocations familiales.

Vous pouvez enfin demander un stage pour la formation professionnelle des adultes en vous adressant à l'A.N.P.E.

Pour mémoire, nous rappelons que les relations avec les caisses d'allocations familiales sont le plus souvent réduites à des échanges de formulaires pour des raisons de gain de temps et de précision.

À qui s'adresser :

Pour la recherche d'emploi dans le secteur privé

Dans tous les cas s'adresser :

à l'A.N.P.E. (Agence nationale pour l'emploi) du domicile.

Pour les emplois de cadre,

à l'A.P.E.C. (Association pour l'emploi des cadres).

Pour les emplois de cadre ou de technicien agricole,

à l'A.P.E.C.I.T.A. (Association pour l'emploi des cadres, ingénieurs et techniciens de l'agriculture).

Pour les étrangers en France,

à la sous-préfecture.

Pour les personnes handicapées,

à la C.O.T.O.R.E.P. (Commission technique d'orientation et de reclassement professionnel).

Pour les Français souhaitant travailler à l'étranger,

à l'A.N.P.E. du domicile,

au S.E.F.R.A.N.E. (Service pour l'emploi des Français à l'étranger).

Pour la réglementation du travail

Le contrat de travail

Pour toute information sur la durée du travail, le S.M.I.C., les congés payés, le licenciement, la démission,

à la Direction départementale du travail et de l'emploi,

à l'Inspection du travail du lieu de travail.

Congés maladie, maternité ou adoption d'un enfant,

à la caisse primaire d'assurance maladie.

Congé parental d'éducation,

à votre employeur.

Conflit concernant le contrat de travail,

aux représentants du personnel de votre entreprise,

au conseil de prud'hommes.

Les conventions collectives

Pour savoir si votre entreprise bénéficie d'une convention collective ou pour en connaître le contenu,

à la Direction départementale du travail et de l'emploi.

Pour consulter et acquérir le texte,

à la Direction des journaux officiels.

Les conflits collectifs

à l'Inspection du travail du lieu de travail.

Pour la formation professionnelle des jeunes

Stages d'insertion professionnelle

Contrats spéciaux (mesures en faveur de l'insertion des jeunes)

– contrat d'apprentissage,
– contrat de qualification,
– contrat d'adaptation,
– contrat d'orientation,
– nouveaux services emplois-jeunes,
– contrat emploi-solidarité (CES),
– contrat emploi consolidé (CEC),
– contrat initiative-emploi

à la Direction départementale du travail, de l'emploi et de la formation professionnelle.

Stages d'initiation à la vie professionnelle,

à l'A.N.P.E. (Agence nationale pour l'emploi) du domicile, et demander les coordonnées du Service académique d'information et d'orientation (S.A.I.O.), qui dépend de l'Éducation nationale ou de la mission locale la plus proche.

Formation dans le cadre du contrat de travail

à la chambre de commerce et d'industrie,

à la chambre de métiers.

Le contrat de qualification et le contrat d'adaptation

à l'A.N.P.E. du domicile.

Les stages de formation professionnelle

en plus des organismes cités ci-dessus,

à la Direction départementale du travail et de l'emploi,

à la chambre d'agriculture,

à l'Association pour la formation professionnelle des adultes (A.F.P.A.),

à tout organisme de formation, à caractère public ou privé.

Modèles de lettres

23. Lettre de candidature

Madame, Monsieur,

Votre annonce parue dans le journal … du … a retenu toute mon attention car le poste que vous proposez correspond tout à fait à mes aspirations.

Secrétaire depuis plusieurs années, je cherche maintenant un poste stable, qui soit pour moi l'occasion de mettre mon expérience à profit et de participer réellement à la marche d'une entreprise.

Je suis donc intéressée par des activités variées et souhaiterais travailler en collaboration avec une équipe dynamique.

Par ailleurs, comme vous pourrez le constater dans le curriculum vitae ci-joint, je connais bien votre spécialité puisque j'ai été employée dans les sociétés … et … J'ai suivi un stage de perfectionnement sur Word et Excel.

Voici à combien s'élèvent mes prétentions : … (brut) par mois.

Je suis à votre disposition pour vous fournir plus de détails au cours d'un entretien.

En attendant votre réponse, je vous prie d'agréer, Madame, Monsieur, l'expression de mes sentiments distingués.

PJ : 1 C.V.
photocopies de 2 diplômes.

24. Curriculum vitae

DUPONT Isabelle
Née le 5.01.65 à Bordeaux (Gironde)
Nationalité : française
Demeurant 3, rue du Pont-Colbert,
33000 Bordeaux
Téléphone : 05 56 48 22 10
E-mail : idupont@wanadoo.fr
Mariée, deux enfants de 10 et 7 ans

ÉTUDES ET DIPLÔMES

Baccalauréat série A ;

B.T.S. de secrétariat de direction bilingue (anglais) 19..

Séjour d'un an en Angleterre 19..

Diplôme de la Chambre de commerce 19..

Sténographie anglaise 19..

EMPLOIS PRÉCÉDENTS

Import-Export Cie, 22, bd Exelmans, Bordeaux sept. 19.. à oct. 20..

Office du tourisme, place du Docteur-Schweitzer, Nantes.

Export S.A., 55, rue Laporte, Bordeaux.

Eurocommerce, 16, rue de Longchamp, Bordeaux.

Stage de recyclage sur traitement de texte.

Stage de formation permanente d'informatique.

25. Lettre de candidature

Monsieur,

Votre offre d'emploi pour un poste d'analyste-programmeur, dans une société de Béthune, parue dans *le Monde informatique* du ..., m'a beaucoup intéressé.

Étant moi-même originaire de cette région, et actuellement sans travail du fait de la fermeture de la société Polivin, dans laquelle j'étais employé depuis quatre ans, je vous propose ma candidature pour ce poste.

Vous trouverez dans le curriculum vitae ci-joint le détail de mes études et de mes activités professionnelles. Le montant de mes prétentions s'élève à ... brut, par mois.

Je vous prie d'agréer, Monsieur, l'expression de mes sentiments distingués.

PJ : curriculum vitae, 3 certificats de travail.

26. Curriculum vitae
ÉTAT CIVIL
DUCHESNE Jean-Claude
Né le 10.9.65 à Limoges
Nationalité : française
Adresse : 15, rue des Fougères, 27000 Évreux
Téléphone : 01 12 34 56 78
Divorcé, 3 enfants de 5, 8 et 11 ans
E-mail : jelduchesne©hot.mail.com

ÉTUDES ET DIPLÔMES
Baccalauréat G
Études d'informatique à l'université de Lille (programmation et analyse)
D.U.T. d'informatique obtenu en 19..
Études de comptabilité et de gestion
Pratique aisée du langage cobol et d'un langage transactionnel sur I.B.M.
Étude et mise au point de différents logiciels d'application de contrôle pour diverses sociétés.

EMPLOIS
Société MARATON de 19.. à 19..
Société DUPLING de 19.. à 19..
Société POLIVIN de 19.. à 20.., pour laquelle j'ai travaillé sur un projet de gestion concernant la commande, la livraison et le stock, sur I.B.M. 3090, sous MVS-XA.

27. Lettre de candidature
Madame,

Installée depuis peu dans votre ville, et intéressée par son dynamisme évident, je souhaiterais réaliser rapidement mon insertion.

Madame X..., qui occupe le poste de ... dans votre entreprise, est l'une de mes amies et m'a conseillé de prendre contact avec vous pour poser ma candidature à l'emploi de ... que vous souhaitez pourvoir. Elle ne m'a bien sûr décrit le profil de ce poste que dans les grandes lignes. Je serais donc heureuse d'avoir plus d'informations à ce sujet. Ce sont les raisons pour lesquelles je me permets de vous écrire et de vous faire parvenir le curriculum vitae ci-joint.

Vous remerciant par avance de bien vouloir me faire connaître votre avis, je vous prie d'agréer, Madame, l'expression de mes sentiments distingués.

PJ : 1 C.V.

28. Demande de renseignements sur un caissier
Monsieur,

L'employé dont vous trouverez le nom sur la fiche ci-jointe sollicite un poste de caissier qui va se trouver vacant dans l'une de mes succursales.

Il affirme que votre entreprise l'a employé pendant quatre ans ; puis qu'il a travaillé pendant trois ans pour une société qui vient de faire faillite.

Le poste dont il s'agit est important et les mouvements de fonds y sont souvent considérables. C'est pourquoi je me permets de vous demander une appréciation détaillée sur votre ancien employé et les raisons de son départ de chez vous.

Je vous en remercie, et vous prie d'agréer, Monsieur, l'expression de mes sentiments distingués.

PJ : 1 fiche.

29. Réponse défavorable
Monsieur,

Voici les renseignements que je suis en mesure de vous fournir concernant un caissier qui a travaillé dans notre société.

C'était un employé ponctuel, consciencieux et compétent, mais sa nervosité l'a desservi et il n'a pas pu s'intégrer correctement à son équipe de travail.

Il nous a quittés libre de tout engagement à notre égard et de sa propre volonté en invoquant des raisons familiales. Après avoir cherché un emploi plus proche de son domicile, il a trouvé un poste qui devait être légèrement mieux payé. Malheureusement pour lui, son employeur a fait faillite pour des raisons que j'ignore.

En espérant que ces éléments vous seront utiles, je vous prie d'agréer, Monsieur, l'expression de mes sentiments distingués.

30. Demande de renseignements sur un représentant

Monsieur,

Nous avons l'intention de confier la promotion de notre entreprise au représentant dont vous trouverez le nom et les coordonnées sur la fiche ci-jointe.

S'agissant de votre secteur, pourriez-vous nous renseigner quant à la réputation de cet agent, au crédit dont il dispose et même à son caractère, car nous travaillons avec une clientèle difficile et parfois pointilleuse.

Nous vous en remercions par avance et vous prions d'agréer, Monsieur, l'expression de nos sentiments distingués.

PJ : 1 fiche.

31. Réponse favorable

Monsieur,

Nous avons entretenu d'excellentes relations avec ce représentant pendant toute la durée de son service. Il a su faire preuve de vivacité, de compétence et de souplesse de caractère.

C'est avec regret que nous l'avons vu partir. Nous savons pourtant que son état de santé ne lui permet plus de visiter une clientèle dispersée. Nous sommes persuadés qu'il saura s'adapter à la vôtre, qui est plus concentrée, même si elle est plus exigeante.

Cette personne jouit d'une très bonne réputation et gagnera encore à représenter une marque connue comme la vôtre.

Très heureux de le voir entrer à votre service, nous vous prions d'agréer, Monsieur, l'expression de nos sentiments distingués.

32. Demande de renseignements sur un agent

Monsieur,

Votre agent de Londres, M. A. Taylor, qui sollicite notre représentation pour les pays scandinaves et l'Angleterre, nous a donné votre maison comme référence.

Lors de sa visite, ce monsieur a produit la plus favorable impression et nous sommes sur le point d'agréer ses services ; toutefois, nous vous serions reconnaissants de nous communiquer sur son caractère et ses capacités tous renseignements en votre possession. Possède-t-il une bonne clientèle dans les pays indiqués et est-il en mesure de mener de front nos deux représentations ?

En vous assurant que l'usage le plus discret sera fait de votre réponse, nous vous prions d'agréer, Monsieur, nos bien sincères salutations.

33. Réponse favorable

Monsieur,

En réponse à votre lettre du 10 …, c'est avec un grand plaisir que nous vous conseillons d'accueillir favorablement la demande de M. A. Taylor.

Voilà dix ans qu'il nous représente et nous ne pouvons que nous louer de son savoir et de ses capacités. Il possède une expérience complète du commerce de commission en gros, visite une clientèle solide, qu'il a beaucoup développée par lui-même et dont la confiance et l'amitié lui sont acquises. Il parle plusieurs langues et vient de rentrer d'une tournée en Suède et en Norvège, pays qu'il a visités avec un succès sans précédent.

Nos articles ne se faisant pas concurrence, nous n'avons aucune objection à formuler au choix de M. Taylor comme votre représentant ; cela nous procurera au contraire la plus vive satisfaction.

Nous vous prions d'agréer, Monsieur, l'assurance de nos sentiments distingués.

34. Refus de candidature

Mademoiselle,

Nous avons examiné avec attention la lettre du 20 septembre 20... par laquelle vous sollicitez un emploi de secrétaire de direction dans notre maison.

Malheureusement, d'autres candidates présentaient un profil plus conforme que le vôtre à ce que nous recherchions. Dans le cas où un autre poste viendrait à se libérer, nous conservons votre nom dans notre fichier. Nous vous retournons vos certificats et votre photographie.

Veuillez agréer, Mademoiselle, avec nos regrets, nos sentiments distingués.

PJ : 2 certificats, 1 photo.

35. Proposition d'entretien d'embauche

Madame,

Nous avons bien reçu votre candidature pour un emploi de secrétaire.

Votre curriculum vitae nous semble satisfaisant, c'est pourquoi nous vous demandons de téléphoner à notre secrétariat pour fixer dès que possible une date pour un entretien.

Nous vous prions d'agréer, Madame, l'expression de nos sentiments distingués.

36. Contrat et lettre d'accompagnement

Monsieur,

Comme suite à notre entretien du ..., nous avons le plaisir de vous confirmer votre engagement au sein de notre société à compter du ...

Vous trouverez, ci-joint, votre contrat en double exemplaire. Vous voudrez bien nous confirmer votre accord en signant ces deux exemplaires après avoir porté la mention « lu et approuvé », accompagnée de la date, et nous en retourner un.

Comme convenu, vous exercerez votre activité professionnelle conformément aux articles prévus dans la convention collective dont vous avez pris connaissance, et selon les dispositions du contrat énumérées ci-après.

Recevez, Monsieur, nos sincères salutations.

Contrat

1. Vous exercerez, dans le cadre de notre établissement sis à ..., les fonctions de ... en qualité de ... à l'indice ... Vos attributions seront les suivantes ... Vous vous conformerez à l'horaire de travail de notre entreprise, à savoir actuellement ...

2. En rémunération de vos fonctions, vous bénéficierez des avantages bruts suivants :

– un salaire mensuel fixé à ... (mentionner éventuellement le cas des heures supplémentaires) ;

– (éventuellement) un treizième mois de rémunération versé le ... de chaque année et égal au salaire mensuel fixe du mois de ... (généralement novembre).

– les congés payés et avantages sociaux des employés de notre entreprise, soit actuellement ...

3. Le présent contrat est conclu pour une durée indéterminée. En conséquence, chacun de nous aura la possibilité d'y mettre fin à tout moment, à charge de respecter les procédures légales et conventionnelles et notamment de prévenir l'autre de ses intentions par lettre recommandée avec accusé de réception au moins ... mois à l'avance.

4. Vous vous engagez à consacrer toute votre activité à l'entreprise, l'exercice de toute autre activité professionnelle étant interdit.

Vous observerez le règlement intérieur et les instructions qui vous seront données, ainsi que la plus grande discrétion sur les activités de l'entreprise.

Fait à ...,
en double exemplaire,
le ...

Le salarié   Le directeur des ressources humaines

37. Engagement d'un V.R.P.

Monsieur,

Nous vous confirmons que nous avons retenu votre candidature comme V.R.P. aux conditions suivantes :

1. L'engagement part du 1er septembre prochain ;
2. Nous vous accordons les … F (ou … €) par mois d'appointements fixes que vous nous avez demandés ;
3. Vos frais de déplacement seront calculés à raison de … F (ou …€) par jour de voyage ;
4. Vous recevrez en outre une commission de …% sur toute affaire traitée par votre intermédiaire et menée à bonne fin ;
5. Votre région comprendra le nord de la France (liste de départements ci-incluse) et toute la Belgique ;
6. Vous nous enverrez deux comptes rendus par semaine ;
7. Vos commissions seront liquidées à la fin de chaque trimestre ;
8. Nous nous chargeons de l'encaissement des factures de tous nos clients ; un acquit de vous serait donc nul ;
9. Vous vous engagez à ne traiter qu'avec des clients parfaitement solvables, à représenter exclusivement notre maison et à ne jamais chercher à faire d'affaires pour votre compte personnel.

Si ces conditions vous agréent, veuillez signer les deux exemplaires ci-joints de votre contrat et nous les retourner avec la mention « lu et approuvé ». Par le courrier suivant, nous vous en ferons parvenir un revêtu de notre signature.

Nous vous prions d'agréer, Monsieur, l'expression de nos sentiments distingués.

PJ : 2 exemplaires du contrat
1 liste des départements concernés.

38. Demande de convention collective

Monsieur,

Employé depuis le … dans la société X en qualité de …, je vous serais reconnaissant de me faire savoir si cette entreprise bénéficie d'une convention collective.

Dans l'affirmative, je souhaiterais en recevoir copie ou, éventuellement, connaître la référence et la date de publication au Journal officiel.

Je vous remercie par avance et vous prie d'agréer, Monsieur, l'expression de mes sentiments distingués.

39. Demande d'augmentation par une secrétaire

Monsieur,

Vous m'avez engagée dans votre société le … en tant que secrétaire du service …

Comme vous le savez, Mme X a quitté votre service depuis plusieurs mois et j'assume seule une grande partie de son travail, qui s'ajoute au mien.

Cela signifie que j'ai pris à ma charge les relations avec les représentants de la région Est, leur fichier et sa mise à jour, leur planning, la correspondance et les communications téléphoniques qui les concernent. Je m'occupe aussi de leurs déplacements, c'est-à-dire de leur organisation et des réservations de véhicules, de chemin de fer et d'hôtellerie.

Ces nouvelles initiatives m'ont permis de mieux évaluer l'impact de nos produits dans la région et de suivre la courbe des ventes avec plus d'intérêt.

J'ai d'ailleurs la satisfaction de constater que mes relations avec les V.R.P. sont bonnes, ce qui nous a permis de remédier dans l'ensemble à l'absence de Mme X qu'ils connaissaient bien.

Cette situation dure depuis longtemps et je vous demande, après l'avoir examinée, de m'accorder un traitement plus en rapport avec les responsabilités qui me sont confiées et donc de faire passer mon salaire de … F à … F par mois.

Je vous remercie par avance de votre compréhension et vous prie d'agréer, Monsieur, l'expression de mes sentiments distingués.

40. Réponse favorable

Mademoiselle,

Par votre lettre du ..., vous nous rappeliez le contexte dans lequel vous exercez votre emploi depuis quelques mois.

Votre chef de service nous a fait part à plusieurs reprises de la qualité de votre travail, de la rapidité de votre adaptation à vos nouvelles tâches et nous avons le plaisir de vous accorder l'augmentation que vous avez sollicitée.

Le montant de votre salaire mensuel passera donc de ... F (ou ... €) à ... F (ou ... €), à partir du 30 janvier prochain.

Nous vous prions d'agréer, Mademoiselle, l'expression de nos sentiments distingués.

41. Réponse défavorable

Mademoiselle,

Vous nous avez demandé dans votre lettre du ... une augmentation de ... par rapport à votre salaire actuel.

Il s'agit d'une somme substantielle. Sachant que vous êtes entrée dans notre entreprise il y a six mois, dont trois mois de période d'essai et que vous avez déjà eu trois absences et plusieurs retards, nous vous demandons d'attendre quelques mois avant de prendre cette décision.

Satisfaits cependant de la qualité de votre travail, et de votre rapidité d'adaptation à l'entreprise, nous conservons votre lettre pour examiner votre situation ultérieurement.

Veuillez agréer, Mademoiselle, l'expression de nos sentiments distingués.

42. Demande d'augmentation d'un V.R.P.

Monsieur,

Vous m'avez engagé en tant que représentant de votre société le ... dans un secteur où certains de nos produits n'étaient pas encore bien implantés sur le marché local.

Nous étions convenus que ma rémunération s'élèverait à ... par mois et que le montant de mes commissions serait de ... %.

Vous n'aurez pas manqué de constater que le chiffre des ventes est en progression régulière depuis que je m'y suis consacré. Je connais aussi la satisfaction d'avoir acquis la confiance de la clientèle, ce qui me permet d'envisager un accroissement des commandes.

C'est pour ces raisons, et après avoir attendu plusieurs mois, que je vous demande aujourd'hui s'il vous serait possible d'augmenter le montant de mes commissions de … % à … %.

Vous remerciant par avance de votre réponse, je vous prie de croire, Monsieur, à l'assurance de mes sentiments dévoués.

43. Réponse

Monsieur,

Nous avons bien reçu votre demande du … dernier qui a retenu toute notre attention.

Afin d'examiner avec vous les modalités de cette augmentation, je souhaiterais vous recevoir le … prochain à … heures à mon bureau, et vous serais donc obligé de bien vouloir confirmer ce rendez-vous auprès de ma secrétaire.

Je vous prie d'agréer, Monsieur, l'expression de mes sentiments distingués.

44. Formulaire de congé

DEMANDE

NOM :

Service :

sollicite l'autorisation de s'absenter du … au … inclus,

soit … jours ouvrables.

MOTIF :

congés annuels :

5e semaine :

récupération :

congé sans solde :

Préciser le motif de l'absence et joindre une pièce justificative si nécessaire :

Date :

Signature du chef de service :

(Cette demande doit être remise au service du personnel 8 jours à l'avance.)

RÉPONSE

M., Mme ... est autorisé(e), n'est pas autorisé(e) à s'absenter du ... au ...

Reprise du travail le ...

Congés autorisés :

Puis, y compris la présente demande :

Reste à prendre :

45. Déclaration de maternité

Recommandé avec accusé de réception

Monsieur,

À la suite de notre conversation, je tiens à vous confirmer officiellement et conformément à la loi que j'attends un enfant à naître le ..., la garantie de l'emploi m'étant assurée car je suis employée dans votre entreprise depuis deux ans.

Mon congé prénatal de six semaines ira du ... au ..., date présumée de l'accouchement. Mon congé postnatal prendra donc effet le ... et s'achèvera le ...

Comme vous me l'avez demandé, vous trouverez ci-joint le certificat médical qui servira d'attestation de ma grossesse actuelle.

Je vous prie d'agréer, Monsieur, l'expression de mes sentiments distingués.

PJ : 1 certificat médical

46. Demande d'un congé parental d'éducation

Recommandé avec accusé de réception

Monsieur le Directeur,

Le congé postnatal qui m'est accordé prendra fin le ... prochain et je vous informe que je ne compte pas reprendre mon travail à cette date.

En effet, j'ai l'intention de prendre, comme la loi me le permet, un congé parental d'éducation sans solde, afin d'élever mon enfant.

J'ai bien noté que cette décision ne remet pas en question le contrat de travail qui me lie à votre société et que je retrouverai mon poste à l'issue de cette période si je le souhaite.

Je vous prie d'agréer, Monsieur le Directeur, l'assurance de ma considération distinguée.

47. Réponse à la demande de congé parental d'éducation

Madame,

En réponse à votre lettre du ..., je vous informe qu'un congé parental d'éducation vous est accordé pour une durée de un an à compter du ...

Je précise que, aux termes de la réglementation en vigueur, le congé parental est accordé par périodes de un an, renouvelables par tacite reconduction pour une période maximale de trois ans.

Il vous appartiendra, si vous souhaitez écourter ce congé, d'en avertir notre service du personnel par lettre recommandée, un mois au moins avant l'expiration de la période de six mois en cours.

De même, si vous désirez être réintégrée dans vos fonctions au terme du congé parental, il vous appartiendra d'en formuler la demande par lettre recommandée au plus tard un mois avant ce terme.

Je vous prie d'agréer, Madame, l'expression de mes sentiments distingués.

48. Demande d'un congé-formation

Monsieur,

Conformément à la loi, je me permets de solliciter un congé-formation, ce qui entraînera mon absence pendant trois mois du ... au ..., période de l'année pendant laquelle nous avons peu de travail.

Ce stage aura lieu du 1er octobre au 31 décembre 20.. Il est organisé par la chambre de commerce et d'industrie de ... et présente donc toutes garanties de régularité. Il est d'ailleurs agréé par la commission paritaire de l'emploi de votre profession.

En conséquence, je vous serais très obligé de me faire savoir pendant combien de temps vous estimez devoir maintenir mon salaire, avant de demander le complément au Fonds d'assurance-formation.

Veuillez croire, Monsieur, que ce stage n'a pas d'autre objet que d'améliorer mes compétences professionnelles afin d'accroître les services que je puis rendre à votre entreprise.

Agréez, Monsieur, l'expression de mes salutations distinguées.

49. Demande d'un congé de formation permanente

Monsieur le Directeur,

Dans le cadre de la formation permanente, je vous confirme ma demande d'heures disponibles pour achever mon diplôme de gestion, à l'université de Paris-X, soit :

100 heures réparties sur 25 semaines, entre le ... et le ..., à raison d'une demi-journée par semaine (sauf pendant les périodes de congés universitaires).

Ces heures me permettraient d'assister au séminaire obligatoire de M. Y, professeur dirigeant mon mémoire.

En cas d'accord de votre part, le service « congé-formation » de l'université de Paris-X demande la participation de la Société aux frais de conseil, accueil et suivi du salarié, pour la somme de ...

Vous remerciant par avance de la suite que vous voudrez bien accorder à ma demande, je vous prie d'agréer, Monsieur le Directeur, l'expression de mes sentiments distingués.

50. Lettre de démission

R.A.R.

Monsieur le Directeur,

Employé au service ... de votre entreprise, je vous présente ma démission du poste que j'occupe en qualité de ... depuis le ...

Sachant que la durée de mon préavis est de ... mois, je quitterai le service de votre entreprise le ...

Étant à l'heure actuelle à la recherche d'un emploi, je souhaiterais, comme il est prévu dans notre convention collective, m'absenter chaque jour pendant deux heures pour faciliter mes démarches.

Je vous en remercie et vous prie d'agréer, Monsieur le Directeur, l'expression de mes sentiments distingués.

51. Réponse

M...

En réponse à votre lettre du ..., nous vous informons que nous avons pris acte de votre démission du poste de ... que vous occupez dans notre société.

Comme cela est prévu par la convention collective de l'industrie ..., vous avez la possibilité de vous absenter chaque jour pendant deux heures pour rechercher du travail et cela pendant la durée des plages fixes de l'horaire variable, horaire en vigueur dans notre entreprise.

Vous devez par ailleurs, en application de l'article ... du règlement intérieur de l'horaire variable, régulariser votre situation avant votre départ de façon à n'être ni débiteur ni créditeur d'heures.

Nous vous prions d'agréer, M..., nos salutations distinguées.

52. Démission avec demande de préavis raccourci

Monsieur le Directeur,

Employée au service ... de votre entreprise, je vous remets ma démission du poste que j'occupe en qualité de ... depuis le ...

La durée théorique de mon préavis est de un mois. Le poste qui m'est proposé exigeant une prise d'activité dans trois semaines, me serait-il possible de cumuler en une semaine les deux heures quotidiennes légalement prévues pour la recherche d'un emploi, afin de raccourcir mon préavis d'autant ?

En vous assurant que je garderai un bon souvenir de votre société, je vous remercie par avance de la suite que vous donnerez à ma demande et vous prie d'agréer, Monsieur le Directeur, l'expression de mes sentiments distingués.

53. Réponse avec accord

Mademoiselle,

En réponse à votre lettre du ..., nous avons pris acte de votre démission du poste de ... que vous occupez dans notre société depuis le ...

En application de l'article ... des clauses générales et de l'article ... de l'annexe « employés » de la convention collective nationale de l'industrie ..., vous avez l'obligation d'effectuer un délai-congé d'une durée de un mois.

Toutefois, à la suite de votre demande et à titre exceptionnel, nous acceptons de vous dispenser, sans vous réclamer l'indemnité prévue, d'une partie de ce délai-congé et de vous libérer de tout engagement le ... au soir.

Comme cela est prévu par la convention collective nationale de l'industrie ..., vous avez la possibilité de vous absenter chaque jour pendant deux heures pour chercher du travail et vous pouvez vous absenter pour ce motif pendant la durée des plages fixes de l'horaire variable, horaire en vigueur dans notre entreprise.

Vous avez par ailleurs l'obligation, en application de l'article ... du règlement de l'horaire variable, de régulariser votre situation avant votre départ de façon à n'être ni débitrice ni créditrice d'heures.

Nous vous prions d'agréer, Mademoiselle, nos salutations distinguées.

54. Certificat de travail

Je, soussigné X, Directeur de la Société ..., certifie que Monsieur D... a bien été employé dans mon entreprise en qualité de ... du ... au ...

Il a toujours fait preuve d'une grande régularité dans son travail ainsi que d'une honnêteté irréprochable.

C'est au demeurant une personne dynamique, capable de prendre des initiatives.

Fait pour valoir ce que de droit

Date

Signature

55. Convocation pour licenciement

Monsieur,

Notre société envisageant de procéder à votre licenciement, vous voudrez bien vous rendre le ... à ... heures dans le bureau de M... afin que nous ayons un entretien sur le sujet.

Vous avez le droit de vous faire assister au cours de cet entretien par une personne de votre choix appartenant au personnel de notre entreprise.

Nous vous prions d'agréer, Monsieur, l'expression de nos sentiments distingués.

56. Explication du licenciement

Monsieur,

Vous avez demandé, comme c'était votre droit, à recevoir par écrit l'explication de votre licenciement.

Le motif en est le même que celui que je vous avais exposé lors de notre entretien préalable. Vous avez eu à trois reprises des altercations violentes avec un contremaître, ce qui constitue, aux termes de la loi, une cause réelle et sérieuse.

Croyez, Monsieur, à nos sincères salutations.

57. Demande de stage à l'A.N.P.E.

Monsieur le Directeur,

Ayant été licencié pour raisons d'ordre économique de l'entreprise dans laquelle je travaillais en qualité de magasinier, je me suis inscrit comme demandeur d'emploi à l'A.N.P.E., le ...

Mais je me rends compte que j'ai peu de possibilités de trouver un nouvel emploi étant donné que je ne possède aucune spécialisation. C'est pourquoi je sollicite mon inscription à un stage de formation professionnelle conduisant à un emploi du niveau d'ouvrier qualifié.

Je ne manifeste pas de préférence spéciale pour une profession ou une autre, mais je pense que votre orienteur jugera plus à propos de me diriger vers un emploi réclamant une grande force physique, ce qui est mon cas.

Je me tiens à votre disposition pour répondre à toute convocation de votre part et, en vous remerciant à l'avance, je vous prie d'agréer, Monsieur le Directeur, l'expression de mes sentiments distingués.

58. Demande d'arbitrage aux prud'hommes

Lettre recommandée

Monsieur,

Pourriez-vous, après examen des éléments ci-dessous, m'aider à faire respecter mes droits ?

Employée comme … depuis trois ans dans la société X, j'ai pris un congé de maternité du … au …, soit 26 semaines légales pour un 3e enfant.

J'ai pris soin de prévenir mon employeur par lettre recommandée de ma prochaine maternité en lui adressant l'attestation médicale indispensable.

Devant mes difficultés de santé, le médecin qui me suivait a prolongé mon congé d'un mois.

Mon employeur a engagé une remplaçante.

Lors de ma réintégration dans cette société, il a déclaré que c'était en surnombre qu'il me reprenait, en prétextant que cette jeune femme faisait un meilleur travail que le mien. On lui confie maintenant les tâches que j'assumais antérieurement ce qui a modifié mon profil de poste.

Sachant que mon employeur ne se fonde ni sur une faute professionnelle ni sur une insuffisance de rendement, pourriez-vous me rétablir dans mes fonctions précédentes, que j'ai temporairement laissées pour prendre un congé légal ? Pourriez-vous également m'indiquer quelles démarches je dois entreprendre ?

Je vous remercie par avance de la suite que vous voudrez bien accorder à ma demande et vous prie d'agréer, Monsieur, l'expression de mes sentiments distingués.

les activités
de l'entreprise

La publicité
par circulaire

La publicité, c'est l'art d'attirer le public, de le motiver, pour l'inciter à acheter. Pour cela il faut annoncer ce qui doit être considéré comme un événement commercial, organiser des campagnes, utiliser tous les moyens techniques et psychologiques pour toucher une clientèle éventuelle.

Le consommateur est devenu très sensible à la publicité : affichage, magazines, cinéma, télévision. Les enfants s'amusent à mimer et réciter des passages télévisés comme des comptines, et les adultes enregistrent maintenant les « pubs » sur leur magnétoscope.

Dans ce contexte, les commerçants ne peuvent plus laisser de côté un moyen aussi efficace et universel pour maintenir le contact avec leurs clients.

De plus, le développement du commerce électronique – achat et vente sur Internet – abolit les distances et offre aux entreprises de nouvelles opportunités de développement commercial.

Voici les principales actions publicitaires mises en œuvre par les entreprises.

– Les campagnes qui s'appuient sur l'audiovisuel par l'intermédiaire de la radio, de la télévision, du Minitel et du réseau Internet.

– Celles qui sont publiées dans la presse (journaux et magazines).

– Les moyens simples, d'usage courant : on envoie des échantillons, des listes de prix, des spécimens, des catalogues, etc., sur lesquels le client pourra fixer son choix en toute liberté et à tête reposée. On peut accompagner ces expéditions d'une simple lettre d'envoi ou d'une explication technique.

– La distribution de prospectus dans les boîtes aux lettres.

– La persuasion orale : elle sera développée par un courtier ou un représentant. La lettre annoncera alors simplement sa visite.

Les différents types de circulaires

Les grosses entreprises peuvent financer des opérations d'envergure, elles possèdent généralement leur propre service de publicité, qui leur demande des budgets importants, pour leur proposer des campagnes à travers les médias.

Un petit commerce ne peut se permettre de telles dépenses. En effet, une entreprise commerciale ou artisanale qui exerce son activité sur un marché où la concurrence est vive n'a pas les moyens de multiplier les démarches publicitaires. Elle peut cependant envoyer des courriers pour établir un contact avec sa clientèle, système qui a dû faire ses preuves, puisque tous, petits et grands, l'ont adopté. On enverra donc une lettre qui sera très complète et très précise, afin de rentabiliser ce travail.

C'est ce type de courrier que nous appellerons « la circulaire publicitaire ».

Il s'agit de lettres types qui vont être envoyées à de nombreux correspondants pour transmettre une information identique. Elles sont donc intéressantes et font gagner beaucoup de temps à un secrétariat. Elles permettent également un investissement accessible.

Une circulaire est toujours moins personnelle qu'un courrier classique, mais on distingue cependant plusieurs catégories de circulaires publicitaires.

Pour renseigner le client

Elles ont pour but de faire connaître et acheter des objets, des produits ou des services. Leurs qualités essentielles sont donc l'efficacité. Elles doivent être bien présentées et intéressantes.

Quand on le désire, on leur donne l'aspect d'une lettre personnelle : date, nom et adresse du destinataire, titre (ces mentions sont souvent ajoutées par « repiquage » après duplication de la circulaire), imitation d'une signature. Le repiquage doit être fait avec les mêmes caractères et la même couleur d'encre que le corps de la lettre.

La première phrase d'une circulaire doit frapper l'attention du lecteur, susciter son intérêt, lui donner le désir de poursuivre sa lecture. Pour cela, on s'efforcera d'évoquer une de ses préoccupations, d'éveiller sa curiosité, sans toutefois confondre « circulaire » (c'est une lettre) et « prospectus ».

Puis il faut décrire clairement ce que l'on propose (objet, produit, service, etc.) sans termes trop techniques ou difficiles.

Enfin, présenter ses arguments pour convaincre : qualités de ce que l'on propose, perfectionnements apportés, etc. Indiquer les avantages qui seront consentis (démonstration, période, prix).

Le simple avis

C'est une circulaire d'information que l'on envoie à toutes les personnes concernées pour leur annoncer un changement, un nouveau tarif, un événement. On la présente sous forme de lettre, ou bien on la rédige comme un simple avis, sans titre, ni formule de politesse, ce qui est surtout le cas pour des échanges entre professionnels du commerce.

En général, elle n'entre pas dans les détails. Elle est faite pour éveiller l'attention du destinataire, pour l'inciter à être attentif.

La circulaire documentaire

Il est assez rare que le commerçant détaillant ou l'artisan fasse ses offres de service par lettre. Il utilise le plus souvent (en dehors de la publicité visuelle) des prospectus qu'il fait distribuer dans les boîtes aux lettres du voisinage.

Ces prospectus, de lecture très rapide, annoncent généralement une vente à des prix avantageux ou bien des activités de réparation et de dépannage. Le commerçant les remplacera parfois par une circulaire plus précise qui apporte des renseignements supplémentaires au consommateur.

Pour motiver le client

En « ciblant » sa clientèle on choisit les destinataires susceptibles d'acheter le produit que l'on cherche à implanter sur le
marché. Là où l'on procédait à un arrosage publicitaire, tous
publics confondus, on va choisir désormais la clientèle avec soin.
On change de ton pour transformer un acheteur éventuel en individu privilégié, en connaisseur, voire en ami : c'est ce que l'on
appelle la lettre de publicité directe. On se conforme donc à des
critères sociaux, économiques et financiers : à la profession et aux
habitudes d'achat du client éventuel.

On constitue tout d'abord des listes ou un fichier en consultant
les annuaires. Le plus souvent, on évite ce travail fastidieux en
achetant à des agences spécialisées des fichiers que l'on peut
retoucher. On dresse ensuite un répertoire sur fiches des adresses
qu'on a utilisées. Il est indispensable de tenir ce répertoire à jour.
Mais vous gagnerez un temps précieux en confiant votre fichier à
la mémoire d'une machine à traitement de texte, qui effectuera
toutes les corrections que vous lui indiquerez par la suite.

La circulaire personnalisée

On l'appelle encore « lettre de publicité directe » parce que le ton
employé est beaucoup plus personnel que celui qui caractérisait les
circulaires précédentes. Nous donnerons quelques indications sur
le fond, des idées de base qu'il faut adapter au cas qui se présente.

Rédaction de la lettre de publicité directe

Il ne s'agit plus d'envoyer un avis, ni même un courrier détaillé
et souvent technique. On adopte cette fois la méthode indiquée
dans *Circulaires d'information et détaillées* d'une manière plus
sophistiquée. Cette lettre sera efficace si on peut la confondre
avec une communication personnelle. Elle sera donc nominative
et affranchie normalement.

Pour son introduction, le rédacteur peut composer une partie informative dans laquelle il se fait connaître à son destinataire. Il peut aussi donner une image de son entreprise, son activité ou son produit. Lorsqu'on s'adresse à un ancien client, on lui rappelle les affaires traitées ensemble.

L'auteur va maintenant construire son argumentation autour de l'article ou du service qu'il désire vendre. C'est ici que le choix des critères psychologiques jouera le rôle le plus important. Il faut savoir convaincre et devancer les objections éventuelles.

Si l'objet proposé existe déjà sur le marché, on peut insister sur les avantages commerciaux que l'on accorde : prix ou conditions de livraison intéressants.

Si l'article présente des nouveautés, on les valorise pour affirmer sa supériorité sur la concurrence, sans pour autant la dénigrer. Quand on vend des produits de luxe, la dépense fait souvent reculer un client pour qui elle n'est pas justifiée. Le but est donc de le persuader que son achat sera un investissement à long terme : il peut être financier, pour un bijou de prix, ou culturel, pour une collection d'ouvrages luxueusement reliés.

Dans d'autres occasions, on fera appel à son désir d'évasion, de détente. D'autres tactiques sont habiles et fort courantes, qui touchent nos frustrations de toutes sortes, comme le désir de plaire, de briller en société, ou de s'affranchir socialement. La publicité des magazines est révélatrice à cet égard.

Les avantages financiers prennent ici toute leur valeur, facilités, crédit et autres. Ainsi, parmi les numéros d'une commande, certains seront tirés au sort et rapporteront au bénéficiaire une somme plus ou moins importante.

On constate dans les courriers publicitaires que l'on reçoit que le ton employé est accrocheur, vif et parfois piquant.

La circulaire suivie de relances

Ce type de courrier, pour être encore plus efficace, est souvent suivi d'une relance. On le désigne par plusieurs noms : le « mailing », ou « follow up system », ou « chaîne de lettres ».

On entend par là démarchage répétitif par voie postale. Ce qui consiste à envoyer des lettres à intervalles calculés de manière à maintenir la curiosité du client.

Si le démarchage est efficace, on tient le client en haleine en lui adressant régulièrement catalogues et dépliants.

Si le client ne se manifeste pas au bout de quatre ou cinq relances, il est préférable de le supprimer du fichier, pour éviter de l'importuner et limiter les frais d'envoi.

Le succès de l'opération dépend de la qualité de la rédaction et de son argumentation.

L'expérience prouve que l'on peut tenter cette expérience plusieurs années de suite.

Modèles de lettres

59. Annonce de publicité par la presse et les médias

Notre campagne publicitaire de l'an dernier, qui a utilisé la radio, le cinéma, la télévision, la presse et les affiches, a largement sensibilisé l'opinion, et la vente de notre shampooing Crac a dépassé de 10 % nos prévisions les plus optimistes. Vous avez certainement apprécié, dans votre chiffre d'affaires, les retombées de cette campagne.

Nous allons recommencer l'opération au mois de juin en faveur d'un produit nouveau, mieux étudié encore, la laque B.K.S. La qualité de cet article et la masse de crédits que nous allons consacrer à sa promotion nous laissent espérer un très vaste succès public.

Vous aurez donc à cœur de ne pas vous laisser dépasser par l'événement et de vous pourvoir en temps utile des quantités suffisantes. Passez dès maintenant vos ordres, car l'afflux des commandes risque de provoquer certains retards dans les livraisons.

60. Avis de campagne publicitaire à un commerçant

Madame,

Vous connaissez le renom de la marque Rex.

Nous voulons favoriser l'implantation d'un nouveau modèle de soutien-gorge sur le marché : c'est pourquoi nous diffuserons pendant six mois un message publicitaire centré sur une gamme de bas, collants et soutiens-gorge.

Ce programme sera diffusé sur R.T.L., et des flashes publicitaires passeront à la télévision aux heures de grande écoute.

Cette campagne va multiplier la demande, ne vous laissez pas démunir.

Vous trouverez ci-joint notre catalogue dans lequel deux pages sont consacrées aux produits que nous citons plus haut.

Pour faire bénéficier nos clients de notre effort d'information, nous portons pour les trois prochains mois votre ristourne de 33 à 35 %.

Merci de bien vouloir passer votre commande à l'avance.

PJ : 1 catalogue.

61. Avis d'une campagne d'affichage et de radio

Dans son numéro du…, *Un jour chez vous* consacre trois pages à votre ville !

Cette parution sera soutenue par une importante campagne d'affichage et de radio.

À cette occasion, nos services seront majorés pour faire face à la demande.

Nos promoteurs passeront vous rendre visite afin de vous aider à optimiser vos ventes.

Merci de votre attention et de l'espace que vous accordez à notre publication.

62. Avis de passage d'un représentant

Madame, Monsieur,

Nous vous annonçons que notre représentant, Monsieur…, aura, vers la fin de la semaine, le plaisir de vous rendre visite.

Il vous soumettra les échantillons de nos nouveautés les plus avantageuses. Nous attirons votre attention sur nos articles pure laine peignée pour tailleurs dames : les dessins nouveaux sont dans la ligne de la mode de cet hiver, mais restent classiques.

Nous comptons que vous voudrez bien examiner attentivement nos échantillons et nous sommes persuadés qu'ils vous convaincront de la qualité et de l'originalité de nos tissus dont l'attrait est toujours très grand auprès de la clientèle.

Nous tenons à vous remercier de votre confiance et nous vous prions d'agréer, Madame, Monsieur, nos sentiments distingués.

63. Avis de passage d'un représentant

Monsieur,

Nous vous informons que Monsieur Leroux, notre représentant, vous rendra visite le mois prochain et prendra contact avec vous pour savoir quand vous rencontrer.

Nous espérons que vous voudrez bien lui réserver, comme d'habitude, la faveur de vos ordres.

Vous en remerciant par avance, nous vous prions d'agréer, Monsieur, l'assurance de nos sentiments les meilleurs.

64. Avis de passage d'un représentant

Monsieur,

Nous avons le plaisir de vous informer que nous avons pris la succession de Dulieu Frères, et vous signalons la prochaine visite de Monsieur Lesire, représentant qui reste accrédité auprès de notre société.

Nous souhaitons conserver votre clientèle et apporterons nos soins les plus attentifs à vos ordres.

Monsieur Lesire vous contactera bien entendu pour organiser ce rendez-vous.

65. Avis de passage d'un représentant

Monsieur,

Nous tenons à vous signaler que Monsieur J. Cassagne, représentant chez notre prédécesseur, reste attaché à notre maison comme employé intéressé.

Comme par le passé, il continue à visiter nos clients et s'efforcera toujours de mériter le bon accueil que vous lui avez réservé jusqu'ici. Nous ferons nous-mêmes tout notre possible pour vous donner entièrement satisfaction dans l'exécution des ordres que vous lui aurez confiés.

Nous vous prions d'agréer, Monsieur, nos salutations distinguées.

P.-S. : Monsieur Cassagne sera à Nantes vers le 15 avril et vous téléphonera pour vous donner la date de sa visite.

66. Circulaire d'un marchand de voitures

Monsieur,

Vous désirez acquérir une voiture ou bien changer la vôtre. Vous recherchez un modèle puissant, rapide ou bien confortable et économique. Nous sommes sûrs de pouvoir vous donner toute satisfaction.

En voitures neuves :…, dont nous sommes concessionnaires officiels, vous présente une gamme absolument complète de voitures de tourisme et de véhicules utilitaires.

En voitures d'occasion : nous disposons continuellement d'un choix important de voitures de toutes marques, entièrement révisées par nos soins et garanties pendant un an. Un atelier muni d'un outillage moderne et un service de dépannage sont en outre à votre disposition.

Toutes nos voitures sont payables à crédit.

Consultez-nous, vous y trouverez votre intérêt car nous sommes persuadés que nous vous aiderons à résoudre le problème que vous pose votre voiture.

67. Circulaire d'une maison de saisie informatique
Monsieur,

Nous venons de renouveler entièrement notre matériel et nous sommes en mesure d'exécuter tous travaux de saisie et de reprographie dans les meilleurs délais.

Vous connaissez certainement les performances des machines à traitement de texte : correcteurs orthographiques, mailings, tableaux, mise en pages, etc.

Nous possédons également des caractères spéciaux permettant de reproduire les travaux complexes comportant des formules mathématiques.

Pour toutes vos autres exigences, veuillez nous consulter : nous nous tenons entièrement à votre disposition pour tous renseignements complémentaires et nous serons heureux de vous faire profiter de notre longue expérience dans le domaine de la reproduction graphique.

PJ : 1 brochure.

68. Invitation à des soldes

Madame,

Comme chaque année, nous invitons notre aimable clientèle à se rendre à nos rayons

du 20 janvier au 20 février,

SOLDES SUR TOUT LE STOCK

En attendant de vous y accueillir, nous vous prions d'agréer, Madame, l'expression de nos sentiments distingués.

69. Vente au prix de gros

Monsieur,

Vous avez besoin de meubles, de bons meubles. Notre fabrique, qui approvisionne plusieurs grands magasins et de nombreux détaillants, vous les fournira cette année et, par faveur, au prix de gros.

Vous êtes enseignant et cet avantage vous est strictement réservé. Vous trouverez ci-joint un bon d'achat, utilisez-le dans nos magasins. Il vous donnera droit pour tous vos achats au prix de gros, à des conditions particulières de livraison, d'expédition et de règlement.

Sachant que vous apprécierez l'effort que nous consentons à votre profession, nous vous prions d'agréer, Monsieur, l'expression de nos sentiments distingués.

PJ : Votre bon d'achat.

70. Avis de hausse de prix

Monsieur,

Nous tenons à vous signaler que la hausse des matières premières et l'augmentation des salaires et des impôts nous obligent à relever l'ensemble de nos tarifs de 10 % à compter du … Tous les prix antérieurs à cette date sont donc annulés.

Nous sommes soucieux de préserver votre intérêt. Si vous trouvez un article marqué d'un point rouge dans notre catalogue, votre commande sera acceptée aux conditions précédentes. Nous souhaitons vous faire profiter des quelques stocks de marchandises achetées à des cours avantageux encore disponibles.

Tout en regrettant cette hausse, nous vous prions de croire, Monsieur, à l'assurance de nos sentiments les meilleurs.

71. Invitation à un stand d'exposition
Monsieur,

Vous avez peut-être déjà eu l'amabilité d'accueillir notre représentant lorsqu'il est venu à votre domicile pour vous faire goûter nos vins. Mais nous sommes une petite maison et nous n'avons pas les moyens matériels de multiplier les démarchages. C'est pourquoi nous croyons plus rationnel de profiter de votre visite probable à la Foire de Paris pour vous inviter à venir visiter notre stand. La carte ci-jointe, qui vous précise son emplacement, vous donnera aussi la possibilité de goûter à nos produits.

Nous attirons tout spécialement votre attention non seulement sur les vins des années antérieures, qui vieillissent tranquillement dans nos chais, mais sur la récolte de cette année, qui est d'une qualité exceptionnelle. Elle vous sera pourtant présentée sans augmentation de prix.

Nous espérons donc que vous apprécierez et notre modération et le mérite de ce vin, à la fois charnu et léger, qui est déjà parfaitement fait, mais qui se conservera aussi très bien dans votre cave.

À votre bonne santé !

PJ : Votre carton d'invitation.

72. Envoi de catalogue
Madame,

Voici notre catalogue d'été 20… Admirez sa nouvelle présentation en le feuilletant ! Elle est destinée à vous aider dans le choix des articles, dont les prix sont particulièrement étudiés cette année.

La robe que vous avez reçue vous plaît ? Elle est à vous !

Elle est trop grande ? Vous connaissez notre devise « satisfait ou remboursé » : vous pouvez nous retourner ou échanger les marchandises qui ne vous conviennent pas dans un délai de 8 jours après réception (sauf pour les articles faisant l'objet d'une commande spéciale).

Nous vous rappelons que ces prix s'entendent net, sans escompte, franco de port sur le territoire métropolitain à partir de 20 €. Vous pouvez payer d'avance ou contre remboursement.

Nous vous prions de croire, Madame, à l'assurance de nos sentiments les meilleurs.

73. Envoi de spécimen

Monsieur,

Nous avons le plaisir de vous faire parvenir un exemplaire de notre nouvelle publication : *le Tour du monde d'un gamin de Paris*, de Louis Boussenard. Cet ouvrage a fait rêver des générations d'enfants et nous ne croyons pas que son charme soit aujourd'hui épuisé.

C'est pourquoi nous avons procédé à sa réédition sous une forme très moderne : nombreuses illustrations, cartes géographiques et références instructives sur les pays cités font de ce livre attrayant une méthode plaisante d'enseignement sans effort.

Si ce livre vous convient, gardez-le en cadeau à la simple condition que vous nous fassiez connaître votre désir de recevoir, sans engagement de votre part, pour une consultation de dix jours, les prochains volumes de la collection.

S'il ne vous intéresse pas, ne nous le renvoyez pas. Faites-en profiter d'autres personnes qui pourront lui trouver du charme.

Vous trouverez ci-joint un dépliant contenant la liste et les tarifs de nos éditions. Croyez que nous serons particulièrement heureux de vous compter bientôt au nombre de nos clients réguliers. Vous verrez alors de quels avantages nous pouvons les faire bénéficier.

Nous vous assurons, Monsieur, de nos sentiments distingués.

PJ : 1 documentation.

74. Envoi de matériel à l'essai

Monsieur,

Vous êtes devenu par goût ou par nécessité un vrai bricoleur qui ne s'en laisse pas conter sur le choix de son matériel.

Le bon ouvrier a de bons outils et, pour bricoler heureux, il faut commencer par avoir un excellent outil de base, la perceuse.

Nous y avons réfléchi : il faut que vous puissiez tester vous-même votre appareil.

Regardez dans notre catalogue page ... notre nouveau modèle, ou lisez la fiche technique ci-jointe qui le concerne. Vous y trouverez réponse à toutes les questions pratiques que vous vous posez à son sujet. Très complète, elle vous indique, après la description technique, son mode d'emploi ainsi que nos conseils d'entretien et tous nos points de vente.

Nous vous signalons que nous accordons une garantie de deux ans après achat, sur présentation du bon rempli et signé par notre revendeur.

Livrée en coffret-mallette très maniable, cette perceuse est tenue à votre disposition sur simple demande pour un essai gratuit d'un mois. Votre engagement consiste seulement à nous la renvoyer si vous n'en avez pas l'usage.

Si vous nous répondez par téléphone, pensez bien à préciser le numéro de votre bâtiment, de votre étage et vos jours de préférence pour la livraison.

Recevez, Monsieur, l'assurance de nos sentiments les meilleurs.

PJ : 1 fiche technique.

75. Envoi de matériel à l'essai

Monsieur,

Vous avez aperçu chez des amis une émission de télévision. Le son et l'image vous ont paru bien supérieurs à ceux de votre poste actuel.

Un nouveau pas vient d'être franchi dans la qualité des téléviseurs : le son plus net, les couleurs plus douces et plus fidèles, un écran à coins carrés qui ne déforme plus l'image, la luminosité atténuée, etc. Savez-vous que tous les appareils de la nouvelle génération sont équipés de procédés qui vous permettront d'accéder aux programmes européens dans quelques années ?

Avec beaucoup d'entre eux, vous pouvez, dès maintenant, écouter de la grande musique en stéréophonie.

Nous vous proposons de vous en rendre compte par vous-même : sur simple demande, nous installerons gratuitement à votre domicile et pour deux semaines un de nos appareils haut de gamme.

Votre unique engagement consiste à nous le renvoyer si vous ne désirez pas l'adopter.

Nous attendons votre réponse et vous prions de croire, Monsieur, à l'assurance de nos sentiments les meilleurs.

76. Offre de vente de primeurs

Monsieur,

Producteur-expéditeur de fraises à Satonné, je viens vous offrir mes produits. Je puis vous envoyer régulièrement des fraises de culture forcée et de primeur placées dans des caissettes, des fraises de grosses variétés comme Docteur Morène ou Général Chanzy, emballées dans de petits paniers, à l'exclusion de toute matière plastique.

Les plus grands soins sont apportés à l'emballage et nos fraises sont cueillies mûres et par temps sec. Je puis donc vous donner l'assurance qu'elles seront aisément transportées et qu'elles ne risquent pas de se gâter. Vous trouverez, ci-joint, un dépliant qui vous montrera comment sont cultivées les fraises, et les soins dont elles sont entourées pendant leur croissance jusqu'à leur expédition.

Enfin, je dois vous dire que les emballages en colis postaux affranchis jusqu'à 5 kg sont considérés comme perdus.

Dans l'attente de vos ordres, je vous prie d'agréer, Monsieur, l'expression de mes sentiments distingués.

PJ : 1 dépliant.

77. Réponse

Monsieur,

Je vous remercie de votre offre qui, en certains cas, est susceptible de m'intéresser. Pour les fraises en pleine terre et pour la période de grosse production, mes marchés sont déjà passés depuis longtemps avec des grossistes.

Mais si vous pouvez m'assurer des quantités importantes de fraises de culture forcée pour les prochains mois de mars et d'avril, nous pourrions parvenir à une entente. En ce qui concerne les emballages, j'accepte vos conditions.

Veuillez donc me faire connaître quelles quantités vous pourriez me livrer et à quel rythme. Nous fixerons les prix avant livraison, compte tenu des cours de Rungis ; je vous réglerai à votre convenance.

En espérant que nous pourrons travailler ensemble à notre commune satisfaction, je vous prie d'agréer, Monsieur, mes salutations distinguées.

78. Offre de vente d'un lot de lainage

Monsieur,

Nous avons actuellement un lot de lainage fantaisie d'environ 500 kg. Le prix pour le lot complet est de … F ou de … € si la commande ne dépasse pas 50 kg. Conditions habituelles, marchandise prise à Mulhouse, et sans engagement.

Si vous vous intéressez à ce lot, nous vous conseillons de nous contacter très rapidement, par fax ou par téléphone, au numéro suivant…, car nous avons offert cette marchandise en même temps à plusieurs clients.

Dans l'attente de votre réponse, nous vous assurons, Monsieur, de nos sentiments les meilleurs.

79. Réponse

Monsieur,

Nous vous remercions de votre offre d'un lot de lainage. Nous ne doutons pas de sa qualité, mais les délais de réponse que vous avez fixés ne nous permettent pas de prendre une décision mûrement réfléchie pour nous engager.

Nous espérons qu'une occasion nous sera donnée de travailler plus commodément avec vous et vous prions d'agréer, Monsieur, nos salutations distinguées.

80. Offre de vente de lingerie

Monsieur,

Nous vous informons que, pour cause d'inventaire, nous liquidons un important stock de chaussettes d'homme, mi-bas et socquettes.

Tous nos articles sont de qualité garantie. Nous disposons, tant en Nylon mousse qu'en laine renforcée Nylon ou en fil, de toutes les tailles courantes.

Ces articles peuvent vous être cédés au prix exceptionnel de … F (ou de … €) prix net, franco de port à partir de dix douzaines.

Livraison à votre choix. Règlement : 30 jours et le mois. Échantillons sur demande.

Croyez, Monsieur, à nos salutations.

81. Réponse

Monsieur,

Nous sommes intéressés par votre proposition du … et vous remercions d'avoir pensé à nous. Nous envisageons de vous passer prochainement une commande très importante dès que nous aurons reçu vos échantillons.

Veuillez cependant nous préciser si le franco de port à partir de dix douzaines s'applique à la totalité de la livraison ou s'il porte séparément sur chaque catégorie d'articles.

Avec nos salutations.

82. Offre d'installation sanitaire

Monsieur,

Spécialistes de toutes les installations sanitaires, nous nous tenons à votre disposition pour tout service qui vous serait utile.

La SNCF, la Société des Grands Hôtels suisses, et un nombre croissant d'hôtels, d'hôpitaux et d'institutions nous ont confié l'exécution de travaux importants.

Aussi serions-nous heureux de travailler avec vous.

Nous vous prions de croire, Monsieur, à l'assurance de nos sentiments les meilleurs.

83. Réponse

Monsieur,

Nous avons pris bonne note de vos offres de service et des références que vous présentez.

Mais nous sommes une modeste maison de province et il nous arrive rarement d'avoir à entreprendre des travaux d'une pareille importance.

Cependant, nous sommes persuadés que nous trouverons dans votre catalogue les éléments les plus modernes et que votre grande surface financière vous permettra de nous consentir d'appréciables facilités de règlement.

Nous attendons donc votre catalogue avec le plus vif intérêt et vous prions d'agréer, Monsieur, nos sincères salutations.

84. Offre de vente d'un marché de bois

Monsieur le Directeur,

Propriétaire-exploitant à Sevrey et possesseur de … hectares de plantations de noyers, je vous propose du bois de noyer sain pour la fabrication de mobilier. Nous fournissons depuis des années les maisons Dupont et Durand dont vous connaissez la réputation.

Je pourrai vous fournir annuellement … stères de ce bois et m'engagerai à vous approvisionner de façon régulière lorsque vous m'aurez fait connaître vos conditions.

Je vous prie d'agréer, Monsieur le Directeur, l'expression de mes sentiments distingués.

85. Réponse

Monsieur,

Votre proposition de bois de noyer pour du mobilier m'est bien parvenue et m'a beaucoup intéressé.

Mais vous savez que je dirige un établissement à caractère administratif, qui est soumis à la réglementation des marchés publics et qu'à ce titre, il m'est interdit de passer des marchés de gré à gré.

Je vous ferai donc tenir le cahier des charges du prochain appel d'offres.

Veuillez croire, Monsieur, à l'assurance de mes sentiments les meilleurs.

86. Circulaire accompagnant une campagne publicitaire

Monsieur,

L'abondance de la dernière récolte et sa qualité très moyenne avaient fait fléchir les cours à la production. Nous avons fait bénéficier nos clients de ce mouvement des prix en apportant dans nos tarifs plusieurs baisses successives.

À la suite de récentes mesures administratives qui immobilisent plusieurs millions d'hectolitres et qui réduisent d'autant les quantités disponibles, la tendance nouvelle est à la hausse.

On constate des écarts importants entre les cours actuels et ceux du mois dernier. Il faut donc considérer nos tarifs à ce jour comme tout à fait exceptionnels.

Mais il ne suffit pas de bien acheter, il faut encore bien revendre. C'est pourquoi nous avons entrepris un gros effort publicitaire par des placards dans les journaux, effort qui devrait vous permettre de mieux commercialiser nos vins.

Vous pourrez mesurer l'impact de cette campagne en lisant les mercredis et samedis les grands quotidiens de votre région.

Dans l'attente de vos prochaines commandes, nous vous prions de croire, Monsieur, à l'assurance de nos sentiments les meilleurs.

87. Circulaire détaillée de saisie informatique

Monsieur,

Ni les éditeurs ni les directeurs de théâtre n'ont l'habitude de rembourser aux auteurs leurs frais de dactylographie. Pour alléger cette charge, confiez-nous vos œuvres à saisir.

Nos prix sont moins chers que ceux de nos concurrents. Jugez-en : nous ne vous facturerons le feuillet de 1500 signes (25 lignes x 60 signes par ligne) que … F et … F au-delà de 100 feuillets.

Un coup de téléphone et nous voici. Vous nous remettez votre manuscrit ou vous dictez. Dans les meilleurs délais, nous assurons un travail précis, soigné en autant d'exemplaires que vous le souhaitez.

Essayez. Nous sommes persuadés que vous obtiendrez pleine satisfaction.

88. Proposition de service d'expert-comptable

Monsieur,

Les rapports des industriels et des commerçants avec l'Administration deviennent chaque jour plus complexes et leur prennent un temps qu'ils pourraient plus utilement consacrer à leurs affaires. Pourtant, la loi vous fait une obligation de tenir une comptabilité régulière et c'est à partir de celle-ci que vous serez taxé par les contrôleurs. Si elle est claire et honnête, vous ne courrez pas le risque d'être taxé arbitrairement. Vous paierez des impôts, bien sûr, mais vous verserez exactement ce que vous devez payer.

Les experts-comptables se chargent de vérifier et de mettre à jour votre comptabilité, d'établir vos déclarations fiscales annuelles, de vous préparer à la discussion de votre forfait et, éventuellement, de défendre votre point de vue devant l'Administration lorsque les textes peuvent donner lieu à des interprétations différentes.

Pour vous, c'est une assurance et une tranquillité : les fonctionnaires des Finances font confiance au professionnalisme des experts-comptables, car ils les savent tenus à des règles disciplinaires qui garantissent à la fois leur compétence et leur honorabilité.

Vous pouvez utiliser les services d'un expert-comptable de votre choix, soit en vous adressant à lui personnellement, soit en adhérant à l'un des centres de comptabilité agréés qui ont été récemment mis sur pied par l'Ordre des experts-comptables ou par les chambres de commerce : vous bénéficierez, dans ce cas, d'abattements fiscaux pouvant aller jusqu'à 20 %.

Renseignez-vous : c'est votre intérêt évident.

89. Circulaire d'un maroquinier

Madame, Monsieur,

Nous sommes souvent persuadés que le luxe appartient à une époque révolue ou à une société privilégiée.

Comment voyager avec élégance ? Conserver son allure et son confort lors d'un déplacement ?

Autrefois, vos bagages remplissaient un rôle uniquement pratique et vous avez envie de changer de style. Ils doivent maintenant compléter votre toilette, vous mettre en valeur, autant qu'un imperméable ou un parapluie.

Si vous êtes sensible à l'odeur du cuir, à la souplesse d'une pleine peau, examinez sur le dépliant ci joint les articles que nous vous proposons. Vous y trouverez une description complète pour chacun d'eux et vous serez surpris par le rapport qualité-prix que nous pratiquons.

Et si vous leur donniez votre marque personnelle ? N'oubliez pas de spécifier sur votre bon de commande que vous désirez la pose de vos initiales aux conditions indiquées dans le catalogue.

Nous vous prions d'agréer, Madame, Monsieur, l'expression de nos sentiments distingués.

PJ : 1 dépliant.

90. Invitation à visiter une usine

Chère Madame, cher Monsieur,

Les vacances approchent, beaucoup d'entre vous en profiteront pour visiter le Cotentin, ses fermes, ses paysages.

Vous qui savez recevoir, vous avez sûrement proposé du cotentin à vos amis. Ils ont su au premier coup d'œil que c'est un grand fromage. Vous vous souvenez de sa texture et de sa douceur.

Vous plairait-il de connaître l'ancien petit village où il est fabriqué? Nous avons joint à notre lettre un dépliant dans lequel vous pourrez découvrir nos nouveaux locaux et les beautés méconnues d'une région en plein essor touristique, dont l'une des ambitions est de devenir une capitale gastronomique.

Lors de votre passage, faites un petit tour jusqu'à notre usine de Tirmont. Accueillis en amis, vous pourrez visiter nos nouvelles installations.

Vous aurez droit à une dégustation gratuite de tous nos produits!

Et si vous n'attendiez pas les vacances?

Nous travaillons toute l'année et le pays est encore plus beau en automne. Alors à bientôt.

PJ : 1 dépliant.

91. Circulaire d'une maison d'alimentation de luxe

Madame,

Noël et le jour de l'An arrivent : vous allez décorer votre maison et votre table pour le bonheur des vôtres.

Vous choisirez ce qu'ils préfèrent, ces petits luxes que l'on réserve pour les fêtes et dont on se souvient. Mais aurez-vous seulement le temps de vous y consacrer?

Voici le moyen de réussir vos dîners : servez du foie gras!

Commandez-le longtemps à l'avance car la demande est importante. Vous éviterez aussi la presse des derniers jours, et une partie de vos menus sera déjà établie. C'est pourquoi vous trouverez ci-joint un dépliant qui fait l'inventaire de toutes nos préparations : foie d'oie, foie de canard, truffé ou non, foie en terrine, en boîte, mi-cuit, etc.

Vous qui savez comme les prix ont augmenté cette année, vous remarquerez que les nôtres sont restés comparables à ceux de l'année dernière.

Nous attendons votre bon de commande et vous prions d'agréer, Madame, l'expression de nos sentiments distingués.
PJ : 1 dépliant.

92. Circulaire d'une maison de matériel photo et vidéo
Chère Madame Unetelle,

Il y a des souvenirs que l'on voudrait conserver toute sa vie, ou partager avec des amis.

C'est le cas pour le mariage des vôtres, les sourires de votre bébé, les réunions de famille, les week-ends ou les vacances.

Votre mari aurait envie de regarder les jeux Olympiques de l'année dernière.

Rien n'est plus touchant que le naturel et vous pouvez maintenant filmer une scène et l'enregistrer grâce à un seul appareil.

Nous tenons à votre disposition, dans notre rayon vidéo, toute une gamme des plus grandes marques spécialisées dans la prise de vues, pour les Caméscopes, et la restitution, pour les magnétoscopes.

Nos vendeurs ont toute qualité pour vous informer, vous pourrez même essayer les appareils qui vous intéressent !

Tous les appareils sont garantis deux ans !

À bientôt !

93. Circulaire proposant l'installation d'un système de sécurité
Madame, Monsieur,

La date des vacances approche, vous allez bientôt prendre la route. Avez-vous pensé à tous les risques que court votre appartement ou votre maison en votre absence ?

Les cambrioleurs chevronnés sont de plus en plus nombreux. Mais votre force à vous, c'est de leur résister quelques instants. Savez-vous que la plupart d'entre eux renoncent à leur forfait au bout de cinq minutes s'ils n'ont pu entrer ?

Nous sommes à votre disposition pour installer chez vous nos volets anti-effraction et une porte blindée munie d'une serrure à cinq points, dans les meilleurs délais, à des prix très compétitifs.

Afin de mieux vous renseigner, nous vous adressons ci-joint une documentation qui vous donnera toutes les précisions techniques que vous pouvez désirer.

Partez en vacances le cœur léger !

Nous vous prions d'agréer, Madame, Monsieur, l'expression de nos sentiments distingués.

PJ : 1 documentation.

94. Circulaire d'une offre de vente à crédit

Monsieur,

Vous avez reçu notre catalogue et vous y avez trouvé de nombreux articles qui vous font envie. Seulement voilà : pour le moment, vous avez quelques difficultés de trésorerie. Votre situation va bientôt s'améliorer, mais aujourd'hui... Et pourtant ce service de table est si séduisant. Quelle joie de l'offrir à votre femme dont c'est prochainement l'anniversaire !

Non ! Ne vous désolez pas ! Rien n'est perdu. Ce que vous désirez maintenant, commandez-le. Vous paierez plus tard. Comment dites-vous ? Vous aurez à payer des intérêts ? Pas énormes. Et puis, qu'est-ce que vous risquez avec l'érosion monétaire ?

Faites votre calcul. Voici des conditions bien attrayantes : vous versez 15 % à la commande ; sur 35 % pendant un an vous ne payez pas d'intérêt. Pour les 50 % qui restent, nous vous accordons un crédit de deux ans aux conditions ordinaires des banques.

Alors ne renoncez pas à cette offre ! Téléphonez tout de suite au 01 48 17 00 08 et tous vos vœux seront satisfaits.

Soyez assuré, Monsieur, de notre entier dévouement.

95. Circulaire proposant des articles de plage

Chère Madame et future cliente,

Vous qui partez bientôt en vacances, avez-vous trouvé le temps, au cœur de votre vie active, de choisir tous les articles de plage qui feront votre bonheur et celui de votre famille cet été ?

Parmi tous nos modèles, dont certains sont créés par de

grandes marques, nous offrons à nos nouveaux clients une remise de 20 % sur la gamme complète « Marina » : maillot deux pièces, robe de plage et ballerines assorties, plus deux draps de bain coordonnés.

Bien sûr, nous vous proposons d'autres gammes, dont vous saurez apprécier l'élégance et la qualité, et ceci, à des conditions préférentielles !

Pour faciliter votre démarche, nous vous adressons, en plus de votre bon de commande, un bon à remplir afin de recevoir notre nouveau catalogue printemps-été.

Souvenez-vous qu'il est gratuit pour tous nos nouveaux clients !

Nous espérons vous accueillir bientôt dans nos rayons et vous compter, chère Madame, parmi nos plus fidèles clientes.

PJ : bon pour 1 catalogue et bon de commande.

96. 1re relance

Chère Madame,

Notre nouveau catalogue automne-hiver vient d'arriver. Pour vous, bien sûr, il est gratuit. Pour celles qui n'ont pu réaliser leur commande cet été, il est en vente dans tous les kiosques et librairies.

Vous allez enfin savoir quelle sera la mode cet hiver. Votre mode à vous, celle qui vous convient. Pourquoi ? Parce que nos modèles sont nombreux et si variés, dans leurs coupes et leurs coloris, que chacune y trouvera son bonheur.

Notre point fort ? Les manteaux raglan. Admirez leur classe, leur élégance.

Cette année, notre catalogue s'amuse : il cache une surprise ! Qui a envie de partir 8 jours aux Baléares cet hiver, accompagné de la personne de son choix, tous frais compris ? Vous, évidemment !

Chaque bon de commande porte un numéro secret : un tirage au sort désignera le 1er septembre les trois numéros gagnants.

Alors vite, envoyez-nous votre commande avec le numéro qui

vous emmènera au soleil et soyez assurée, chère Madame, de toute notre fidélité.

97. 2e relance

Madame et chère cliente,

Non ! Vous n'avez pas gagné le voyage aux îles Baléares (le sort ne désignait que trois élues sur des centaines de clientes), mais vous avez reçu les vêtements que vous aviez commandés et nous sommes sûrs qu'ils vous vont bien.

Toutefois, nous ne sommes pas satisfaits nous-mêmes, car nous avons éveillé chez nos clientes amies des désirs de voyages, des espoirs qui n'ont pu tous être comblés.

C'est pourquoi nous vous envoyons aujourd'hui notre catalogue « Équipement de la maison ». C'est l'un des points forts de notre firme et nous savons que vous trouverez dans cette longue liste, qui va du linge de cuisine aux valises et bagages (mais oui !), de quoi remplacer tout ce qui chez vous est un peu usé ou vieilli. Nous ne vous conseillons pas un article plutôt qu'un autre : tous sont parfaitement étudiés et ont déjà subi avec succès l'épreuve de l'expérience. Quant à nos prix, ils sont, comme toujours, plus que raisonnables. Pourtant vous pouvez payer encore moins cher ce que vous désirez.

Comment ? Quand vous remplirez votre bon de commande, regardez bien en haut et à gauche de la feuille, vous y verrez un petit rectangle vert.

Grattez du bout de l'ongle. Si la chance vous favorise, vous verrez apparaître des chiffres : ils représentent la somme qui sera déduite du montant de votre facture et cela peut aller jusqu'à 1 000 F.

Quel bonheur si cette fois-ci le sort a daigné vous sourire ! Alors, ne le laissez pas passer et envoyez au plus tôt votre commande.

Avec tous nos vœux de succès, recevez, Madame et chère cliente, l'expression de nos sentiments bien dévoués.

98. Circulaire d'un éditeur

Chère Madame Duval,

Votre nom a été tiré au sort parmi tous les habitants de la Seine-Maritime et s'est vu attribuer le numéro KL315.

Cela vous permettra de participer au prochain tirage de la Grande Tombola française et de figurer parmi les heureux gagnants des prix suivants :

– une voiture
– un poste de télévision couleurs
– une semaine sous les tropiques
– une semaine de ski en Norvège
– une bicyclette tout terrain et des centaines d'autres prix de valeur appréciable.

Pourquoi cette faveur inattendue ? Simplement pour vous donner l'occasion de faire connaissance avec nos publications. Nous éditons régulièrement des séries classiques et modernes présentées de façon luxueuse, mais à des prix modérés. Ainsi pourrez-vous, à peu de frais, constituer pour vous et pour vos enfants une bibliothèque incomparable.

Puisque le sort vous a été favorable, nous tenons à votre disposition trois romans célèbres (*Ramona*, etc.), qui vous seront adressés dans les conditions suivantes :

– un, à votre choix, en cadeau gratuit,
– les deux autres au prix très réduit de ... F (ou de ... €).

Il vous suffit, pour les recevoir, de cocher la case *oui* dans le bulletin ci-inclus.

Si cette offre ne vous intéressait pas, ce qui serait surprenant, veuillez renvoyer le bulletin après avoir coché la case *non*. Cela n'enlèvera rien à vos possibilités de gagner à la Grande Tombola française.

Veuillez agréer, chère Madame Duval, l'expression de nos sentiments distingués.

PJ : 1 bulletin de commande.

99. 1re relance

Chère Madame Duval,

Devant le succès rencontré par notre Grande Tombola française, nous avons décidé de vous faire bénéficier d'avantages supplémentaires.

Vous trouverez ci-inclus un dépliant illustré qui vous présente notre nouvelle collection « les Grandes Figures de l'histoire mondiale ». Sous une forme attrayante, vous pourrez faire connaissance avec les prodigieuses personnalités, trop souvent ignorées, qui ont déterminé le destin non seulement de la France, mais du monde.

Pour vous persuader de l'intérêt de ces portraits, le plus souvent inédits, nous vous envoyons le numéro un de la collection : Gengis Khan, le conquérant du monde, l'homme qui sortit des steppes de sa Mongolie natale pour imposer sa volonté à la quasi-totalité de l'Asie. Étudiez cet ouvrage pendant une semaine et comparez-le à tout ce que vous pouvez connaître dans le domaine historique. Si vous n'êtes pas convaincue de ses qualités, renvoyez-le-nous. Si, au contraire, il a su vous plaire, expédiez-nous le bulletin de commande ci-joint avec la somme de … F (ou de … €).

Dans les deux cas, que vous ayez accepté l'ouvrage ou que vous l'ayez refusé, il vous sera attribué, au vu de votre réponse, un numéro qui vous donnera une chance supplémentaire de gagner à la Grande Tombola française :
– une voiture
– un poste de télévision couleurs
– une semaine sous les tropiques
– une semaine de ski en Norvège
– une bicyclette tout terrain et des centaines d'autres prix de valeur appréciable.

Avec tous nos meilleurs vœux de bonne chance, nous vous prions de croire, chère Madame Duval, à nos sentiments bien dévoués.

PJ : 1 dépliant et 1 bon de commande.

100. 2ᵉ relance

Chère Madame Duval,

Voici votre second numéro de la Grande Tombola française. Vous possédiez déjà le KL315 ; vous êtes maintenant également titulaire du LS77, soit donc deux chances de gagner prochainement :

– une voiture

– un poste de télévision couleurs

– une semaine sous les tropiques

– une semaine de ski en Norvège

– une bicyclette tout terrain et des centaines d'autres prix de valeur appréciable.

Le tirage aura lieu au cours du mois de septembre. Si vous avez gagné l'un des nombreux lots, quelle que soit son importance, nous nous ferons une joie de vous en aviser immédiatement.

En attendant, toujours désireux de vous faire bénéficier des plus heureux éléments de notre production, nous avons l'honneur de vous présenter ce que nous considérons comme une réussite exceptionnelle : l'enregistrement des « Grandes Voix humaines ». Non pas celles des chanteurs, que vous trouvez partout, mais celles des hommes d'État, des savants, des artistes, de tous ceux qui ont influencé le devenir de l'humanité. Vous pourrez ainsi entendre chez vous, sur des disques recueillis dans des albums élégants et pratiques, avec des notices précises et documentées, des discours politiques, des conversations avec Einstein, Jean Rostand et plusieurs prix Nobel, des interviews de Graham Greene, de Céline, de Braque, de Picasso, etc. et enfin une allocution du pape. Vous voyez déjà le succès que vous pourrez obtenir auprès de vos amis en leur faisant écouter chez vous « les Grandes Voix humaines ».

Seulement, hâtez-vous de passer votre commande. En raison de la fragilité des documents qui sont à la base de nos enregistrements, nous n'avons pu faire presser qu'un nombre limité de disques. Ceux qui feront les premières commandes seront les premiers et peut-être les seuls servis.

Le prix global de la collection est de … F (ou €). Mais pour vous, Madame, qui avez été favorisée par le destin, nous consentirons une réduction exceptionnelle de 20 %.

Veuillez agréer, chère Madame Duval, l'expression de nos sentiments distingués.

PJ : 1 billet de tombola.

101. Circulaire d'un centre sportif à des comités d'entreprises

Madame,

Nous vous informons de l'ouverture dans votre arrondissement d'une belle salle de sport accueillant de nouvelles disciplines. En effet, notre centre sportif dispense maintenant des cours de danse et de gymnastique qui intéresseront votre personnel.

Ces activités pratiquées en musique s'adressent à toute personne, débutante ou confirmée, qui souhaite se détendre et se maintenir en forme.

L'enseignement, basé sur des exercices simples, est progressif et permet à toute personne désireuse de commencer en milieu d'année de s'inscrire à tout moment.

Ces cours, assurés par des professeurs diplômés, durent une heure et sont proposés le midi et le soir du lundi au vendredi. Des séances de perfectionnement d'une heure et demie sont mis en place pour les élèves plus avancés et des stages ont lieu pendant un certain nombre de week-end étalés sur l'année, ainsi que des stages d'une semaine pendant les périodes scolaires.

Nous nous tenons à votre disposition pour vous faire connaître notre enseignement souple et très pédagogique dont vous trouverez les tarifs et les horaires précis dans la brochure ci-jointe.

Vous remerciant par avance pour l'écho que vous saurez répercuter à l'intérieur de votre entreprise, nous vous prions de croire, Madame, à l'assurance de nos sentiments les meilleurs.

PJ : notre brochure.

102. E-mail concernant la mise à jour d'un site Internet

Bonjour,

Toujours à la pointe, *L'Hebdo des Praticiens* lance une nouvelle génération de son site Internet www.hebdoprat.com avec :
– plus de fonctionnalité,
– plus de pages d'actualité,
– plus de richesse,
– plus d'échanges d'informations,
– plus de garantie de confidentialité,
– plus de convivialité « navigationnelle »,
– plus de simplicité d'utilisation.

Étiez-vous déjà inscrits chez nous ? Si c'est le cas, vous bénéficiez d'un accès privilégié. Bonne navigation sur notre site.

Confraternellement. *L'Hebdo des Praticiens*

PS : Pour mémoire, nous vous rappelons votre identifiant et votre mot de passe pour vous permettre d'avoir accès (avec ou sans *cookies*) aux multiples avantages du site :

Votre identifiant : 1953

Votre mot de passe : Thierry

103. Circulaire d'installation d'un cabinet médical

Cher Confrère,

Nous tenons à vous informer de l'ouverture dans votre quartier de notre cabinet de groupe réunissant un médecin généraliste, un kinésithérapeute-ostéopathe, une podologue et une infirmière, tous praticiens diplômés d'État.

Répondant à l'accroissement spectaculaire de la population de notre ville, cette initiative ne pourra que satisfaire nos patients respectifs en écourtant leur passage dans nos salles d'attente ou dans les cas d'intervention en urgence, ce qui semblait poser un problème aigu à l'analyse de l'enquête d'utilité publique menée à la demande de la municipalité.

Nous souhaitons pouvoir travailler de manière confraternelle avec tous les professionnels médicaux du secteur à qui nous adressons également ce courrier.

Vous exprimant toute notre sympathie, nous vous prions d'agréer, cher Confrère, l'assurance de nos salutations distinguées.

PJ : un plan donnant l'implantation de notre cabinet.

104. Circulaire d'installation d'un institut de beauté

Madame,

Nous sommes heureux de vous annoncer qu'en prévision des fêtes de fin d'année, la Parfumerie « Bonjour Madame » ouvrira ses portes le 1er décembre prochain, à l'angle de la rue Saint-Ange et de la rue des Trois-Croissants.

Nous répondrons ainsi à l'attente d'une clientèle en augmentation constante, attirée par le charme des boutiques de ce secteur piétonnier.

Comme vous pourrez le constater vous-même, le raffinement du magasin, le confort de nos salons, l'accueil chaleureux et discret réservé à nos clientes, font partie des exigences de notre marque.

Notre cabinet d'esthétique dirigé par des techniciennes de haut niveau se mettra à votre disposition pour vous offrir une gamme de services très complète :

– Forfaits et abonnements vous seront proposés pour l'entretien du corps et du visage à long terme.

– Notre conseillère vous guidera dans le choix de tous les services classiques et celui des produits coordonnés.

– Une nouvelle série de techniques à des prix étudiés vient d'être adaptée pour les plus pressées.

– La description et les tarifs de notre « programme-beauté » sont indiqués dans le catalogue que nous vous remettons ci-joint.

– Du 20 décembre au 5 janvier, un mini-coffret d'eau de toilette vous sera gracieusement offert par la maison lors de vos séances de soins.

En attendant, Madame, votre prochaine visite pour une mise en beauté, nous vous prions de croire à nos sentiments les meilleurs.

PJ : 1 catalogue de produits et de soins.

Les activités commerciales

Ce chapitre « Activités commerciales » est consacré à la raison de vivre de l'entreprise : la vente.

Ce sujet va être abordé à travers différents aspects. Nous commencerons par étudier la représentation (prospection, recherche d'un marché) et les demandes de renseignements. Chacun de ces sous-chapitres sera brièvement exposé de manière à situer les courriers qui s'y rattachent.

Mais nous pouvons déjà remarquer que le rôle des representants s'est développé auprès de professionnels, commerçants, médecins, et auprès de particuliers (dégustations de vins, propositions de livres, matériels audiovisuels). Quant aux demandes de renseignements, nous savons qu'il s'agit d'une pratique commerciale fréquente, en cas d'hésitation, ou par simple souci de vérification.

Le commerce

En ce qui concerne le commerce à proprement parler, c'est-à-dire l'achat et la vente, nous nous attarderons sur l'examen des situations dans lesquelles le courrier est indispensable :
– celui qui se rapporte à l'achat (demande de précisions, de modifications avant la commande, rédaction de l'ordre) ;
– celui qui se rapporte à la vente (réception de la commande, exigences du fournisseur et livraison).
Viendront enfin les échanges de lettres qui se produisent lors des réclamations, tant de la part du client (retard de livraison, non-conformité), que de la part du fournisseur (rappel de règlement).

Principaux types de ventes

Vente au comptant

L'acheteur paie une marchandise et en prend livraison. S'il faut l'acheminer, le client règle à la livraison.

Vente à crédit

Le paiement est ajourné à une ou plusieurs dates déterminées, fixées à l'avance.

Lorsque la somme à payer est divisée en un certain nombre de fractions dont le règlement est exigible à intervalles réguliers, on parle de vente à tempérament ou à crédit.

On établit alors un échéancier.

Location-vente

L'acheteur est considéré comme propriétaire de la marchandise livrée lorsqu'il a effectué le dernier versement prévu au contrat. Jusque-là, il n'en est que locataire.

Leasing

C'est une forme de location souvent appliquée à des immeubles ou du matériel. Le preneur effectue les paiements fractionnés pendant une période déterminée par contrat (bail).

Vente par correspondance

Le client remplit et envoie le bon de commande mis à sa disposition dans le catalogue consulté. Il reçoit la livraison à domicile. (La loi a réglé avec précision les obligations des parties et les poursuites possibles en cas d'infraction.)

Port dû et port payé

Dans le cas du port dû, la livraison est faite aux frais et aux risques du client. En port payé, la livraison a lieu au domicile de l'acheteur. L'expédition est payée par le vendeur qui est responsable de sa marchandise jusqu'à destination.

La représentation

Les représentants, leur rôle

Certaines entreprises envoient, auprès de la clientèle à démarcher, des représentants ou des courtiers.

Le rôle du représentant est d'obtenir des commandes pour le compte d'une maison de commerce. Employé par une ou plusieurs firmes, il ne fait aucune opération pour son compte personnel, il est rémunéré par un salaire et par des commissions.

Le courtier se borne, ayant mis la maison de commerce et l'acheteur en rapport, à constater leur accord. Il est rémunéré par un taux de courtage, fixe ou proportionnel, selon les conventions des parties.

L'abréviation V.R.P. signifie « Voyageur représentant placier ».

On distingue deux catégories de V.R.P. :

– les V.R.P. exclusifs qui représentent une seule entreprise et se consacrent à son produit ou à sa gamme de produits ;

– les V.R.P. multicartes qui représentent plusieurs entreprises et assurent la promotion et la vente de plusieurs produits complémentaires.

L'entreprise qui les emploie leur fournit des échantillons ou des spécimens de ses produits, ainsi que tous les éléments qui leur permettront de développer leur action commerciale.

Prospection par les représentants

Dès que les sociétés prennent de l'envergure, elles envisagent l'exportation. C'est pourquoi il est fréquent qu'elles ne se bornent pas à l'emploi de représentants en France, mais qu'elles aient recours à leurs services pour l'étranger. Dans ce cas, on ne parle plus de V.R.P. mais d'importateurs ou d'agents.

Les sociétés sont donc amenées à introduire leur personnel auprès de leurs relations d'affaires. Les représentants se rendront sur place, munis de lettres d'introduction, pour faire de la prospection ou une étude précise.

Recherche d'un marché à l'étranger

Une maison éprouve rarement le besoin de travailler par l'intermédiaire d'une autre sur le territoire métropolitain, l'éventail des possibilités étant largement couvert par le commerce associé, le succursalisme et la franchise.

Le cas se présente plus souvent lorsqu'il s'agit d'affaires avec l'étranger : on peut alors rechercher un intermédiaire local avec lequel on pourra contracter une alliance.

Il existe une société d'État, spécialisée dans le domaine de l'exportation : la Compagnie française d'assurance pour le commerce extérieur (C.O.F.A.C.E.).

Une société qui exporte, et veut se garantir contre les risques que cette activité entraîne, peut s'assurer auprès de la C.O.F.A.C.E. Celle-ci s'engage à la protéger, contre un pourcentage sur son chiffre d'affaires.

Les renseignements

Avant d'engager des capitaux ou de prendre une décision au sujet d'un marché, le chef d'entreprise se renseigne souvent auprès d'un organisme ou d'un spécialiste.

Il peut s'adresser à une banque. Toutefois les indications obtenues seront succinctes, car le banquier doit observer discrétion et réserve. La banque s'engageant, ces indications restent d'ordre général. Il est souhaitable, d'autre part, de vérifier une information même quand elle est positive.

Une société de renseignement commercial pourra rapporter au chef d'entreprise des faits de base ou au contraire des détails, des éléments destinés à évoluer. Elle sera responsable lorsqu'ils seront trop bons, c'est pourquoi elle aura tendance à se montrer critique. Pour toutes ces raisons, il est préférable de faire des recoupements et de tout vérifier auprès de ses relations, représentants, clients et fournisseurs.

Des sociétés d'information commerciale et financière publient des rapports consacrés à ce sujet, dans lesquels on peut lire le profil d'une entreprise : capital, chiffre d'affaires, principaux dirigeants, nombre de personnes, matériel informatique utilisé, nombre de filiales en France et à l'étranger, etc. Ces rapports sont mis à jour tous les ans. Nous citerons un exemple parmi d'autres, *Grande et Moyenne Distribution en France*, édité par l'Imprimerie Nationale. Nous signalons aussi que ces maisons ont des services d'information commerciale et financière auxquels on peut demander des renseignements sur la solvabilité d'un client, ses dettes, son bilan. En outre, le Minitel et la Chambre de commerce vous informeront utilement.

L'achat

Nous étudierons ici les étapes successives que le commerçant et le futur acheteur doivent franchir pour parvenir à établir une commande en bonne et due forme.

Mise au point de la commande

Le client s'adresse fréquemment à son fournisseur pour lui demander des précisions sur les produits qu'il met en vente. Il pourra ainsi faire son choix en connaissance de cause, puis rédiger sa commande avec soin.

Voici les principaux sujets qui l'intéressent :

– Quelle est la qualité de la marchandise (aspect, solidité, nuance du coloris, technique de fabrication employée) ?

Cette question donne lieu à une demande d'échantillons ou à une demande de description détaillée.

– Quels sont les tarifs pratiqués ? Quelles sont les conditions de paiement du fournisseur ?

– Quelle est la disponibilité de la marchandise en stock ?

S'il ne trouve pas ces renseignements dans un dépliant ou un catalogue, le client s'informera auprès du commerçant.

– Quels sont les délais de livraison?

– Les frais de transport sont-ils compris ou non?

Grâce à la publicité, au courrier qu'il a adressé au commerçant ou à tout autre moyen, le client s'est renseigné afin de connaître les conditions de vente de l'article qui l'intéresse. Mais il écrit souvent pour demander une modification portant sur la qualité ou sur les conditions de paiement.

On remarquera bien dans quel esprit se déroule la négociation au cours de ces échanges. Le client peut, en effet, se contenter de poser une simple question à son fournisseur. Mais, sachant que sa demande sera peut-être refusée, il propose parfois spontanément un compromis, de manière que sa requête soit acceptable et pour obtenir certaines facilités en compensation.

Quant au fournisseur, désireux de sauver le marché qui se présente et de garder la confiance du client, son intérêt est de parvenir à un accord.

Chacun essaiera donc de faire pression sur l'autre pour avoir gain de cause, tout en lui réservant un privilège.

La commande

C'est une demande orale ou écrite qui concerne la fourniture d'une marchandise ou l'exécution d'un service, spécifiant la quantité, les caractéristiques du bien ou du service, les conditions de prix, les délais de livraison et de règlement, etc.

On parle d'*appel d'offres*, notamment lors de marchés publics, quand le client s'adresse à plusieurs fournisseurs éventuels et leur communique un cahier des charges décrivant leurs obligations avant de passer sa commande.

C'est la méthode que pratiquent notamment les administrations, qui n'ont pas le droit de passer certains marchés « de gré à gré » : on pourrait les accuser de favoriser un seul fournisseur.

On parle de *commande* lorsque le client s'adresse au commerçant.

Comment la transmettre ?

L'acheteur dispose de divers moyens pour transmettre sa commande : le téléphone, le Minitel, le télécopieur, le courrier électronique, l'imprimé ou bon de commande, la lettre, le représentant.

Le téléphone

C'est le moyen le plus rapide, utilisé en permanence. Pour éviter les erreurs, faites toujours relire le texte par la standardiste. Certaines entreprises (notamment de vente par correspondance) enregistrent directement les commandes, mais le client n'en conserve aucune trace légale.

Le Minitel

Grâce à un simple numéro, on peut passer commande 24 heures sur 24 et tous les jours de la semaine à de nombreuses entreprises. Après avoir renseigné sur la disponibilité des articles, et permis de choisir parmi plusieurs modes de paiement, il enregistre directement la demande. Rapide, il ne laisse cependant aucune trace de l'échange, mais présente l'avantage d'une grande souplesse d'utilisation.

Le télécopieur ou fax

L'expéditeur appelle son correspondant. Une fois son texte rédigé, à la main ou à la machine, il le photocopie. Le correspondant recevra ce document peu après. L'usage de cet appareil libère également de toutes les contingences d'horaires de bureau, de jours fériés et d'expédition. Il est rapide et sûr, car chacun en conserve une trace.

Le courrier électronique (ou e-mail)

Beaucoup de sociétés, grandes ou petites, possèdent une adresse e-mail qui permet d'envoyer et de recevoir du courrier ainsi que tout type de document dès qu'il est possible de le scanner ou de le numériser (photographies, documents sonores, par exemple).

Sa transmission est immédiate. Le document peut être stocké, lu, classé selon les besoins et une trace de la date de l'envoi est conservée par l'expéditeur. Mais, étant susceptible d'être remanié, ce genre de courrier n'a pas de valeur juridique.

Ce système reste donc peu sûr pour des échanges dont on souhaite conserver une trace. Un de ses avantages réside dans la possibilité d'envoi ou de réponse instantanée à un grand nombre de correspondants possesseurs d'une adresse e-mail.

Le bon de commande

Il peut être standard, mais il peut aussi être prévu par une entreprise et mis à la disposition de ses clients ; dans ce cas, il prévoit toutes les éventualités. Le formulaire est d'un usage facile et présente le double avantage d'être précis et d'éviter au client la rédaction d'une lettre. Au verso du bulletin de commande sont réunies les exigences du fournisseur, sous le titre de « conditions générales de vente », parfois suivies de la mention « toute commande implique l'acceptation des conditions ci-contre ».

Ces imprimés étant toujours numérotés, la personne qui les reçoit gagne un temps précieux en évitant le dépouillement et la lecture de courriers souvent incomplets. Le procédé est encore plus rapide lorsque c'est un ordinateur qui déchiffre à l'aide d'un lecteur optique.

Quand on remplit un imprimé qui fait partie d'un carnet à souches autoreproducteur, on garde un double de sa commande. S'il s'agit d'un bon isolé, il est recommandé d'en faire une photocopie avant de le poster.

La lettre

Les conseils de clarté et de précision donnés pour la rédaction de toute lettre commerciale sont encore plus valables lorsqu'il s'agit d'une commande. C'est pourquoi on adopte de plus en plus la solution de l'imprimé.

Si l'on passe plusieurs commandes le même jour, il est bon de les numéroter, puisque la date ne suffirait pas pour établir un classement précis. Il est pratique de leur donner un numéro pour les différencier, même si elles sont adressées à une même maison. Chacun gardera un double de la commande.

Le représentant

Son métier est de se rendre chez son client puis de vanter les mérites des articles qu'il représente pour obtenir une commande. Il doit donc connaître aussi bien sa gamme de produits que les motivations de sa clientèle, s'il veut gagner sa confiance à long terme. Une fois les négociations terminées, le représentant établit un bulletin de commande en plusieurs exemplaires et le fait signer et dater par le client. Il peut grouper plusieurs commandes pour les adresser à sa société.

Rédaction de la lettre de commande

L'introduction

Plusieurs solutions sont à votre disposition. L'introduction peut indiquer ce qui vous a conduit à passer cette commande : un représentant vous a rendu visite, vous avez reçu un catalogue, entrevu une publicité dans un journal à la télévision ou en naviguant sur Internet. Mais on peut écrire en soulignant que c'est la première fois que l'on s'adresse à cette entreprise. Il est encore possible de supprimer le préambule en annonçant « Veuillez avoir l'obligeance de m'envoyer… », ce que l'on fait surtout quand on a déjà été client.

L'énoncé

Il faudra décrire chaque article dans le détail, en mentionnant selon les cas :
– la quantité exprimée en nombre d'articles identiques désirés. On se rappellera que cette quantité peut aussi s'exprimer en poids (pour des denrées alimentaires par exemple), en volume (pour une demande de carburant), ou en dimensions (pour une commande de tissu). Quand il est question d'articles vendus par lots, on précise le nombre de lots souhaités ;

| LOGO ou en-tête | | | Coordonnées complètes R.C.S. |

| DEVIS ☐ N°_____ | COMMANDE ☐ N°_____ | FACTURE ☐ N°_____ | DATE : _____ |

DÉLAIS
Jour : _____ Adresse : _____
Date : _____ _____
Heure : _____ Contacter : _____ Tél. : _____

Description commande		P.U.	P.T.

Mode de règlement			
Espèces ☐		Total HT	
Chèque ☐		TVA 20,6 %	
Traites ☐		Total TTC	
Clients ☐		Acompte	
		Reste TTC	

– une description exacte ou un numéro de référence relevé dans le catalogue ou le dépliant ;
– le prix unitaire, que l'on peut indiquer entre parenthèses. On doit écrire chaque total partiel en fin de ligne, pour pouvoir ensuite indiquer le montant total de la commande. On fait alors apparaître le mode de règlement retenu ;
– le lieu et le mode de livraison avec les coordonnées complètes. Les lettres de commande sont également courtes, ainsi que les formules de politesse qui les accompagnent.

La vente

S'il reçoit une demande claire et bien rédigée, le commerçant peut envoyer sa confirmation et effectue rapidement sa livraison. Mais il écrit parfois à son client pour obtenir des informations qui lui font défaut ou une rectification.

Mise au point de la livraison

Quel que soit le cas, le fournisseur commence sa lettre d'accusé de réception par une introduction qui consiste à remercier de la commande reçue en rappelant ses grandes lignes (date, références, etc.). On adapte ensuite le texte à l'objet de la lettre.

Le fournisseur peut exécuter exactement l'ordre reçu

– Répéter fidèlement l'énoncé de l'ordre.
– Donner son accord sur tous les points (livraison, paiement, etc.).
– Rappeler les conditions particulières s'il y a lieu. Une phrase de transition peut assurer le client que son ordre sera exécuté avec soin, ou exprimer l'espoir qu'il sera satisfait de la livraison, par exemple.

Cet accusé de réception simple et positif tient lieu de confirmation écrite, mais celle-ci est parfois rédigée sur un imprimé spécial.

Le fournisseur ne peut exécuter l'ordre reçu

La commande ne pourra être exécutée qu'après un nouvel échange de lettres ; cela arrive assez fréquemment.

1er exemple : le client n'a pas donné toutes les précisions nécessaires. Sachant qu'il est impossible d'exécuter une commande approximativement, il faudra recueillir de nouvelles informations auprès du client. Le meilleur moyen de l'aider est de lui fournir une documentation complète, catalogue, échantillons, dépliant, nouveaux tarifs, et, pourquoi pas, un imprimé qu'il lui suffira de remplir.

2e exemple : le fournisseur ne peut donner son accord sur les conditions demandées par le client. Commencer par donner son accord sur tous les autres points de la commande. Puis indiquer les motifs pour lesquels on ne peut accéder à la demande du client, et fixer les limites de ce qu'on peut accorder. Demander confirmation de l'ordre avec acceptation des conditions ainsi fixées. Si les facilités demandées sont consenties à titre exceptionnel, bien le préciser, en donnant les raisons qui empêchent de recommencer à l'avenir et indiquer ce sur quoi on pourra compter.

3e exemple : le délai de livraison fixé par le client est trop court. Commencer par donner son accord sur tous les autres points de la commande. Puis indiquer les raisons pour lesquelles une livraison aussi rapide n'est pas possible. Fixer un délai que l'on s'engage à respecter et demander au client de l'accepter par lettre.

4e exemple : les prix ont changé. Donner son accord sur tous les autres points. Indiquer les motifs de l'augmentation des tarifs ; montrer qu'elle est justifiée. Essayer d'obtenir que le client confirme son ordre.

5e exemple : l'article demandé est épuisé. Essayer d'en proposer un autre, aussi semblable que possible, en insistant sur ses qualités et ses avantages. Le décrire très exactement, envoyer notice, catalogue, échantillon, etc. Exprimer l'espoir que le client va commander ce nouvel article et la certitude qu'il en sera satisfait.

6e exemple : le délai de paiement demandé par le client ne peut être accepté car les renseignements que l'on a sur lui ne sont pas suffisants, ou pas assez bons. Le refus ne doit pas être brutal ; trouver une explication plausible et demander un règlement au comptant. Essayer d'obtenir que le client accepte par lettre cette condition.

La livraison

La livraison est toujours accompagnée d'un bon de livraison que signe le client quand il prend possession des marchandises. Il constitue pour l'entreprise la preuve que la marchandise a bien été remise.

La plupart des documents relatifs à l'expédition sont des bulletins ou des formulaires. Il est recommandé de lire tous les détails avec précaution avant de les signer.

En effet, la déclaration d'expédition sert de base au contrat de transport. Elle est conservée par le transporteur et, en cas de litige ou de réclamation, elle est produite contre l'expéditeur. Le récépissé qui lui est remis, appelé « lettre de voiture », constitue pour l'expéditeur la preuve qu'il a bien rempli son contrat.

Formalités indispensables

Par le contrat, un transporteur s'engage à expédier à l'adresse du destinataire une marchandise que lui remet l'expéditeur. Il connaît la date limite de livraison et effectuera celle-ci contre son règlement.

Obligations du transporteur :

Il doit tenir un registre des marchandises dont il a la responsabilité. Il doit donc veiller à leur conservation durant le transport et les remettre intactes, éviter les retards, les dommages et les pertes. Sa responsabilité n'est toutefois pas engagée en cas de force majeure, inondation ou accident par exemple, ou, bien sûr, en cas de faute de l'expéditeur.

Obligations de l'expéditeur :
L'expéditeur doit emballer correctement les objets, confier les papiers indispensables : régie, douane, etc., et payer le prix du transport si celui-ci est stipulé port payé.

Réception par le destinataire :
Celui-ci doit prendre livraison après vérification et formuler ses réserves dans les trois jours qui suivent, soit par lettre recommandée, soit par huissier. S'il ne prend pas livraison dans les délais prévus, la marchandise peut être emmagasinée à ses frais. Il signera, pour accuser réception, un bordereau de livraison que lui présentera l'employé.

Plusieurs solutions d'acheminement s'offrent à l'expéditeur, qui choisira en fonction des critères propres à ses produits : quantité, poids, volume, denrées périssables ou non, urgence, fragilité.

Les transports par voie ferrée :
Ils ne sont assurés par wagons ou par rames qu'au-dessus de 5 tonnes. Les tarifs sont officiellement homologués par les pouvoirs publics. Ils sont établis par des barèmes qui tiennent compte du poids, de la distance et de la nature de la marchandise. Pour un poids inférieur à 5 tonnes, le Service national des messageries de la SNCF (Sernam) effectue le transport par la route.

Les transports routiers :
Un bon de remise précise les dates d'expédition et de livraison, les coordonnées de l'expéditeur et du destinataire, les lieux de chargement et de déchargement, la nature, le poids et le volume des articles.

Les prix sont fixés en fonction de la nature, du tonnage, du volume ou du nombre de kilomètres, et d'après la possibilité de fret de retour du lieu de livraison.

À l'heure actuelle, les transports routiers sont utilisés dans de nombreux domaines, le progrès technique (conteneurs en particulier) permettant une conservation de qualité en toute sécurité. Ils effectuent de grands trajets à travers l'Europe et les États-Unis.

Les transports maritimes :

Le connaissement est établi en quatre exemplaires confiés : au chargeur, au capitaine, à l'armateur, au destinataire.

Ce contrat est accompagné d'une liste des marchandises qui composent la cargaison, qui sera visée par les douanes. On appelle cette liste le « manifeste ».

Les transports aériens :

Il faut prévoir deux déclarations, pour l'expédition et pour la douane. Les agents de la compagnie écriront une lettre de transport aérien, le commandant de bord signera le manifeste.

Réception des marchandises

Les marchandises sont souvent accompagnées d'un bon de livraison en double exemplaire. L'original est remis au client dont la signature, sur le double conservé par le livreur, suffit en général pour prouver que la livraison a bien été faite. Il est recommandé de faire précéder la signature de la mention « sous réserve de conformité à la commande ».

Une livraison doit être rapidement vérifiée par le client, autant que possible le jour même. Si tout est bien conforme à la commande et en bon état, il n'est pas utile d'écrire au fournisseur. Au contraire, si une réclamation est nécessaire, elle doit être faite sans retard et par écrit.

Lorsqu'une livraison contient des objets fragiles et précieux, il est parfois nécessaire que le déballage soit fait en présence du livreur ; si tout va bien, le client signe le bon de livraison et le fournisseur ne peut plus ensuite accepter aucune réclamation.

Dans la pratique, lorsqu'il ne s'agit pas d'une expédition très importante, la lettre est remplacée par un simple récépissé en deux exemplaires : l'original, timbré, est remis à l'expéditeur, le duplicata, au destinataire ; le transporteur conserve la souche.

La consignation

C'est la remise d'une marchandise, ou de l'ensemble d'une cargaison maritime, à un négociant, pour qu'il la vende. Ce négociant ou « consignataire », à qui l'armateur adresse le navire, ne reçoit donc pas les marchandises pour son compte, mais les répartit entre les destinataires dont il a la liste, lors du passage du navire dans son port.

Le « ducroire » est la commission supplémentaire accordée en échange de la garantie de créance.

Le consignataire déduit du montant de la vente : ses frais divers, sa commission, le ducroire, s'il y a lieu, et les sommes qu'il a pu avancer au commettant pour diverses opérations.

Le commerce maritime utilise plus que les autres le système de la consignation.

Les réclamations

Les réclamations du client

N'oubliez pas qu'une lettre de réclamation a pour objet d'aboutir à une solution acceptable pour les deux correspondants ; il faut donc toujours la rédiger sur un ton courtois et conciliant.

Le délai de livraison n'est pas respecté :

Le constater en se référant à des documents (lettre du fournisseur acceptant le délai indiqué, conditions générales de vente, etc.).

Indiquer les raisons pour lesquelles on a besoin de cette livraison et demander qu'elle soit faite sans retard supplémentaire.

Lorsque le client estime que le délai qui sépare sa commande et la livraison est trop important, l'un des moyens dont il dispose pour faire pression sur le fournisseur est de le menacer de lui retirer son ordre.

La livraison n'est pas conforme à la commande :

Accuser réception des marchandises et, si possible, remercier sur certains points (exactitude, etc.) ; puis signaler l'erreur en se référant à un document (lettre ou bon de commande) que l'on compare à la livraison.

Proposer une solution ; si l'on peut utiliser les articles livrés, proposer au fournisseur de les garder et demander en contrepartie un avantage raisonnable (délai de paiement…).

Les marchandises sont endommagées :

Si l'on peut s'en apercevoir avant le départ du livreur, faire les réserves nécessaires sur l'exemplaire du bon de livraison qu'il emporte signé. Sinon, écrire le jour même ou le lendemain pour limiter les risques de contestation.

Déterminer en toute objectivité le responsable : fournisseur ou transporteur ; pour cela, se référer aux conditions de vente établies par le fournisseur.

Adresser la réclamation au responsable. Si c'est le transporteur, écrire aussi au fournisseur en lui signalant que des dégâts ont été constatés et qu'une réclamation a été faite.

Si l'on refuse définitivement la livraison, ne plus avoir recours à un échange de lettres pour parvenir à un compromis, mais renvoyer les marchandises. Il faut dans ce cas tenir les articles livrés à la disposition du fournisseur, qui devra assumer les frais de réexpédition.

Si l'on demande, par ailleurs, la livraison rapide d'autres articles, présenter cette exigence comme découlant nécessairement de raisons valables.

Le fournisseur ou le transporteur répond

Il faut d'abord accuser réception de la lettre reçue, puis établir, en se référant à des documents, si la réclamation est fondée ou non.

La réclamation est fondée :

Pour essayer d'atténuer la mauvaise impression produite, on peut indiquer que l'on a fait les recherches nécessaires et reconnaître son tort : signaler brièvement les circonstances de l'erreur, et présenter ses excuses.

Proposer une réparation et citer les mesures adoptées pour éviter que cette erreur ne se reproduise à l'avenir.

Exprimer pour la transition l'espoir de n'avoir pas trop gêné son correspondant. Si celui-ci avait de lui-même proposé une solution, il est préférable de l'accepter.

La réclamation n'est pas fondée :

Exprimer sa surprise et montrer son erreur au correspondant en s'appuyant sur des documents qu'il pourra lui-même retrouver. Attribuer sa réclamation à un simple malentendu, mais ne pas endosser des erreurs qu'on n'a pas faites. Il peut arriver que la mauvaise foi du correspondant soit manifeste ; lui écrire une réponse courtoise et conciliante, mais en lui faisant comprendre qu'on n'est pas dupe.

Les réclamations du fournisseur

Si un paiement n'est pas effectué, on doit :

— Attendre le plus possible avant de réclamer ; le délai dépend des relations qu'on a avec le correspondant, de son exactitude habituelle, de l'importance de la somme, etc., et aussi du besoin qu'on a de cet argent.

— On écrit alors une lettre aimable constituant un simple rappel et s'appuyant sur des documents.

— Si cette lettre reste sans réponse, on en envoie une seconde plus pressante, d'un ton un peu plus sec, et on rappelle les engagements pris et la 1re lettre déjà expédiée.

– Si une 3e lettre est nécessaire, elle peut exiger un règlement immédiat et constituer une mise en demeure avant le recours à la voie judiciaire ; elle peut être recommandée. Mais l'expérience semble prouver que l'on attend plus longtemps avant de s'engager dans cette voie difficile.

Quand on a affaire à un mauvais payeur, il est préférable d'éviter une négociation trop longue. Lorsque la demande de règlement est restée sans effet, on envoie des rappels dont le ton sera chaque fois plus pressant. Plus pressant mais pas menaçant.

Pour mémoire, il vaut mieux passer par pertes et profits une dette insignifiante que d'entreprendre une longue action en justice qui restera souvent coûteuse et inopérante.

Il faut se souvenir que les rappels sont si fréquents que les entreprises utilisent couramment des circulaires ou des formulaires, puisque le texte reste le même pour tous les clients, surtout lorsqu'on n'a pas encore atteint l'étape des recours juridiques.

Modèles de lettres

105. Lettre d'introduction pour un représentant en France

Cher Monsieur,

Permettez-moi de vous présenter le porteur de cette lettre, Monsieur Guillaume Saunier, de Rouen, représentant de la maison Pierre et Cie de cette même ville.

J'entretiens depuis longtemps avec cette maison des relations commerciales assez étroites et, de surcroît, Monsieur Rochambaud est mon ami personnel. Je considérerai donc comme une faveur qui me touchera de près tout ce que vous ferez pour lui.

En vous remerciant à l'avance de votre amabilité, je vous prie d'agréer, cher Monsieur, l'assurance de mes sentiments les meilleurs.

106. Lettre d'introduction pour un représentant à l'étranger

Cher Monsieur,

Mon excellent ami, Monsieur Bernard Dausset, se propose de se rendre dans les principales villes d'Italie afin d'y créer de nouveaux débouchés pour ses articles de fournitures et accessoires d'automobiles.

Je ne saurais trop le recommander à votre obligeance. Il a particulièrement besoin de renseignements sur les maisons de votre région de Turin susceptibles de faire des affaires avec lui. Je sais que vous connaissez parfaitement tout le milieu de l'automobile et je suis bien sûr, en vous l'adressant, de lui fournir le guide le plus compétent. J'ajoute que vous pouvez parler librement devant lui sans avoir à redouter d'indiscrétions.

Pourriez-vous également lui remettre des lettres d'introduction auprès de commerçants d'autres villes italiennes, notamment de Milan, Florence et Rome, où je n'ai personnellement aucune relation utile ?

Je vous exprime d'avance, cher Monsieur, toute ma reconnaissance et vous prie d'agréer, avec mon meilleur souvenir, l'expression de mes sentiments distingués.

107. Lettre d'introduction pour un représentant à l'étranger

Cher Monsieur,

Comme suite à notre conversation téléphonique du ..., nous sommes heureux de vous présenter Monsieur René Gauthier, porteur de cette lettre, qui entreprend un voyage d'affaires et d'études en Grande-Bretagne jusqu'au ...

Il va visiter les principales villes de votre pays pour augmenter la clientèle de la maison qu'il représente et dans laquelle il a des intérêts. Il veut aussi se documenter sur des procédés de tissage utilisant des appareils voisins de celui pour lequel il vient de prendre brevet.

Nous considérerons comme une faveur personnelle toute attention que vous aurez l'occasion de lui témoigner et serons toujours à votre disposition pour vous rendre les mêmes services.

Si notre ami avait besoin de fonds, vous pourrez lui fournir toute somme qu'il pourra vous demander jusqu'à concurrence de ... livres. Vous vous couvrirez du montant de vos avances ainsi que de vos frais et commissions par des traites à vue sur nous, auxquelles nous ferons bon accueil.

Vous remerciant d'avance, nous vous prions de croire, cher Monsieur, à l'assurance de nos sentiments les meilleurs.

108. Lettre d'introduction pour un étranger en France

Monsieur,

En confirmation de notre appel téléphonique du..., Monsieur Julio Jimenez entreprend en France un voyage d'affaires, et vous remettra lui-même cette lettre.

Nous le recommandons à votre meilleur accueil et vous demandons instamment de lui consentir une avance de ... F (ou de ... €) valable pour deux mois.

Contre reçu, dont vous nous enverrez le double immédiatement, vous voudrez bien lui verser toute somme dont il aura besoin jusqu'à concurrence du montant indiqué.

En règlement, vous disposerez à vue sur notre caisse en ajoutant vos frais et commissions.

Nous comptons sur votre bienveillance habituelle pour faciliter en tous points la tâche de Monsieur Jimenez et nous vous prions d'agréer, Monsieur, nos sentiments distingués.

109. Offre de représentation pour l'extension d'un réseau

Monsieur,

Depuis plusieurs années, nous avons la représentation sur notre place de maisons de vins de Bordeaux et de Champagne, ainsi que des meilleures marques de liqueurs françaises.

Nous serions heureux d'y ajouter le placement et la vente des crus les plus célèbres de Bourgogne.

Nous tenons à votre disposition la liste de nos clients, déjà nombreux. Beaucoup nous ont demandé de leur fournir des vins de votre région, et nous aurions de très grandes chances de réussite.

Veuillez agréer, Monsieur, l'expression de nos sentiments distingués.

110. Réponse positive

Monsieur,

En réponse à votre lettre du…, nous vous informons que nous sommes prêts à étudier votre offre de représentation et dépôt de nos vins dans votre ville.

Les conditions de notre accord ainsi que nos prix en cours sont précisés dans le contrat en double exemplaire que nous vous joignons. S'ils reçoivent votre approbation, veuillez nous retourner les deux exemplaires signés. L'exemplaire qui vous revient vous sera renvoyé par retour du courrier.

Veuillez agréer, Monsieur, l'expression de nos sentiments distingués.

PJ : 1 contrat en 2 exemplaires.

111. Réponse négative

Monsieur,

Nous avons vivement apprécié votre proposition de représenter sur la place d'Aix-les-Bains nos vins de Bourgogne et, connaissant votre réputation, nous aurions aimé lui donner suite.

Malheureusement, nous avons déjà accordé le soin de nous représenter à M. X..., de Chambéry, avec l'exclusivité pour toute la Savoie. Comme nous n'avons nulle raison de nous plaindre de son activité, vous comprendrez qu'il ne nous est pas possible de répondre favorablement à votre proposition.

Nous ne manquerions pas de vous prévenir si les conditions de représentation de nos vins sur la place d'Aix-les-Bains se voyaient modifiées.

Veuillez agréer, Monsieur, avec nos regrets, l'expression de nos sentiments distingués.

112. Offre de représentation à l'étranger

Monsieur,

Par nos amis communs MM. Lopez et Escudero, nous avons appris que votre maison n'est pas représentée en Espagne et nous prenons la liberté, par la présente, de vous adresser nos offres de service.

Depuis douze ans, nous opérons ici pour les maisons suivantes : X... à Lille, Y... à Beauvais, Z... à Mazamet, qui vous donneront certainement sur notre compte tous renseignements désirables.

Nous avons d'excellentes relations dans le monde des importations en gros et nous sommes persuadés que nos placements ont toujours donné à nos fabricants la plus entière satisfaction.

Nous croyons devoir attirer votre attention sur le chiffre considérable qui se traite en Espagne dans votre genre d'affaires et, si vos conditions répondent à l'attente de la clientèle de tout premier ordre que nous visitons, nous sommes en mesure de vous promettre à bref délai des résultats qui vous convaincront.

Si notre proposition vous paraît acceptable, nous serions heureux de recevoir au plus tôt votre catalogue ainsi que des précisions sur la manière dont vous entendez traiter avec nous et avec nos clients.

Soyez assuré, Monsieur, de notre entier dévouement.

113. Recherche d'un intermédiaire à l'étranger

Monsieur,

Vous connaissez certainement notre entreprise de pêche en mer, la Fitri. Nos marins ont fréquemment des contacts amicaux avec ceux de votre flottille. Notre activité serait grandement facilitée si nous pouvions disposer en Guinée d'un établissement à demeure. Or, vos règlements nationaux s'opposent à l'introduction d'une société étrangère, et la prise de participation dans une société existante n'aurait guère d'effet, puisque nous ne commercialisons pas nos pêches sur le sol guinéen.

Par ailleurs, nous avons obtenu les meilleurs renseignements sur votre honorabilité et votre compétence. C'est pourquoi nous vous faisons la proposition suivante :

Accepteriez-vous de vous occuper de l'équipement et de l'entretien de notre flottille au même titre que de la vôtre (les dépenses courantes ainsi que les frais d'investissement et les salaires du personnel restant, bien entendu, à notre charge) ?

Accepteriez-vous d'acquitter pour nous les droits de port et les taxes locales, le remboursement s'effectuant, suivant votre convenance, annuellement ou trimestriellement, à La Rochelle ou à Konakry ?

Pour vous dédommager de vos services, toutes les prises qui ne seraient pas congelées vous seraient remises et vous pourriez alors les commercialiser pour votre compte sur le marché local.

Si ces propositions vous semblent mériter une étude attentive, nous serions heureux de connaître assez rapidement votre sentiment.

Nous vous prions de croire, Monsieur, à l'expression de nos sentiments distingués.

114. Recherche d'un marché à l'étranger pour un commerçant

Monsieur,

Redevables de votre adresse à nos amis communs MM. Sallini de Valparaiso, nous prenons la liberté de vous présenter nos offres de service que nous souhaitons déployer peu à peu sur de nouveaux continents.

Dans les ateliers de nos établissements, nous fabriquons tapis, rideaux, tissus d'ameublement en tout genre et nous sommes persuadés, après étude de la qualité sur place, que nos qualités spéciales destinées à l'exportation ne peuvent guère être surpassées, et nous restons très vigilants sur ce point.

Créée en 1968, notre maison travaille avec l'ensemble des pays européens. Nous sommes également depuis vingt ans en relations régulières avec les premières firmes de l'Amérique du Sud et possédons de nombreux témoignages de leur entière satisfaction.

Nous n'avons pas de représentant dans votre pays et les capitaux importants dont nous disposons nous permettent d'accorder à nos clients toutes facilités désirables.

Il nous serait très agréable d'entrer en relation avec votre maison et, dans cet espoir, nous vous prions, Monsieur, de croire à nos sentiments distingués.

115. Réponse

Monsieur,

Effectivement, nos amis Sallini nous avaient dit grand bien de votre maison, dont nous connaissions d'ailleurs certains produits. C'est avec le plus grand plaisir que nous envisagerons d'établir avec vous des relations confiantes.

Toutefois, vous savez que notre pays est soumis au régime des licences d'importation. Il faudrait donc que vos articles rentrent dans le cadre des contingents autorisés. La publication officielle de ces contingents pour l'année prochaine ne devrait plus tarder. Dès sa parution, si les circonstances s'y prêtent, nous serons heureux de vous demander l'envoi de votre catalogue.

Veuillez croire, Monsieur, à l'assurance de nos sentiments les meilleurs.

116. Demande de renseignements sur un client

Monsieur,

Pourriez-vous nous fournir des renseignements sur la solvabilité de :

M. Aldo Martini

19, via Panisperna

Rome

Italie

Références bancaires :

Banco commerciale italiano

Monte dei Paschi di Siena.

Comme de coutume, nous ferons des détails que vous voudrez bien nous communiquer un usage discret, sans garantie ni responsabilité de votre part.

Nous vous prions de croire, Monsieur, à l'assurance de nos sentiments les meilleurs.

117. Demande de renseignements sur des sociétés

Monsieur,

Nous sommes en contact avec les maisons citées sur la fiche ci-jointe.

Nous passons avec elles des marchés importants, et leur accordons un crédit variant de deux à trois mois et pouvant se monter à un million d'euros.

Nous avons appris la faillite de la banque régionale et nous voudrions éviter que les facilités que nous accordons à ces sociétés ne nous fassent courir des risques.

Par prévoyance, pourriez-vous nous dire ce que vous pensez de leur solvabilité ?

Nous vous assurons de notre entière discrétion et vous prions d'agréer, Monsieur, l'assurance de nos sentiments les meilleurs.
PJ : 1 fiche de coordonnées.

118. Demande de renseignements sur une société

Monsieur,

La maison que nous désignons sur la fiche incluse vient de nous remettre un ordre de … F (ou de … €).

N'étant pas en relation avec elle, nous vous serions reconnaissants de nous communiquer dès que possible les renseignements que vous pourriez posséder sur son crédit et son honorabilité.

Nous considérons votre réponse comme confidentielle et sans responsabilité de votre part.

Nous vous remercions par avance et vous prions de croire, Monsieur, à l'assurance de nos sentiments les meilleurs.

PJ : 1 fiche.

119. Réponse favorable

Monsieur,

Voici par retour les renseignements que vous avez demandés.

Fondée en 1897, la société en question dispose d'amples capitaux. Son P.-D.G. possède une fortune mobilière et immobilière importante.

Cette entreprise traite de grosses affaires dont le chiffre s'élève à près de … millions de francs par an. Elle jouit d'une excellente réputation dans les milieux commerciaux et mérite confiance pour tous les crédits qu'elle demandera.

Vous trouverez ci-jointe une fiche qui vous donnera une description détaillée de son tableau de bord actuel. (S.G.N.R.)

Croyez, Monsieur, à l'assurance de nos sentiments les meilleurs.

PJ : 1 fiche.

120. Réponse évasive à une demande de renseignements sur une société

Monsieur,

Maison fondée en 1897, par X… père, qui se retira en 1925. La suite fut reprise par les deux fils avec un capital de … F.

Ils disposent de moyens assez importants. Cependant, ayant

besoin de crédit, ils ont dû contracter en banque de lourds engagements, en hypothéquant même leurs biens.

Jusqu'ici pourtant, ils ont effectué régulièrement leurs paiements, mais, compte tenu du mauvais état actuel du marché, entrer en relation avec eux est une affaire d'appréciation.

Confidentiel et sans responsabilité.

Veuillez croire, Monsieur, à l'assurance de nos sentiments les meilleurs.

121. Réponse défavorable

Monsieur,

Nous n'avons eu affaire à la maison mentionnée sur la fiche ci-jointe qu'une fois en 20…

Nous lui avions vendu des conserves américaines caf Le Havre, et elle a refusé d'en prendre livraison.

Ayant cessé nos relations avec elle, il nous est impossible de vous donner des précisions sur son crédit.

Agréez, Monsieur, nos sentiments distingués.

PJ : 1 fiche.

(caf : coût, assurance, fret.)

122. Réponse très défavorable

Monsieur,

L'entreprise qui fait l'objet de la fiche ci-jointe a été, dans les années 19…, l'une des plus importantes de notre ville, mais elle a beaucoup décliné depuis.

Certains éléments pourraient amener à douter de son honorabilité ou de sa compétence : traites protestées, marchandises refusées pour malfaçon.

Rien de tout cela ne s'est encore traduit sur le plan judiciaire, mais on évoque la possibilité d'une faillite prochaine.

Nous vous conseillons donc une grande prudence si vous devez avoir des relations avec cette maison.

Confidentiel et sans responsabilité.

PJ : 1 fiche.

123. Demande de renseignements pour une étude de marché

Monsieur,

Notre maison, établie depuis cinquante ans, commercialise dans une vingtaine de pays des produits de parfumerie et des savons.

Désireux de nous introduire sur le marché vénézuélien, nous vous serions reconnaissants de bien vouloir nous communiquer la liste des sociétés importatrices-distributrices de ces produits dans ce pays. Nous souhaiterions également connaître les marques qu'elles représentent, ainsi que les noms et adresses des sociétés intéressées par cette importation.

Pouvez-vous nous faire parvenir une étude succincte du marché, comprenant les statistiques d'importation annuelle, les prix moyens, de même que les droits et taxes à acquitter.

Veuillez trouver ci-joint le catalogue de nos articles.

Vous en remerciant par avance, nous vous prions d'agréer, Monsieur, l'expression de nos sentiments distingués.

PJ : 1 catalogue.

124. Demande de prix et d'échantillons

Monsieur,

Veuillez nous soumettre par retour des échantillons de fils à coudre, cotons perlés et cotons à repriser, en nous précisant vos prix et les coloris dont vous disposez. Nous ne serions intéressés que par les articles que vous pourriez livrer immédiatement.

Nous vous adressons, Monsieur, nos salutations distinguées.

125. Réponse

Monsieur,

Vous remerciant de votre demande du 8 mai, nous avons le plaisir de vous faire parvenir par poste en envoi recommandé les échantillons que vous avez bien voulu nous désigner.

Inclus, vous trouverez notre tarif. Conditions habituelles : par traite, 4 % à 15 jours de date de facture, à 3 % à 30 jours ou net à 90 jours ; franco à partir de 100 douzaines.

Dans l'espoir de vos ordres, nous vous prions de croire, Monsieur, à l'assurance de nos sentiments les meilleurs.

PJ : Nos nouveaux tarifs.

126. Demande de prix

Monsieur,

Sous pli séparé nous vous adressons les types suivants :

– toile à voiles 24" 16 oz, chaîne 26 fils, trame 24 au pouce carré ; forces : chaîne 705 livres, trame 640 sur bandes de 10" x 2" ;

– longotte 32" 6 1/2 oz, chaîne 40 fils, trame 36.

Nous vous demandons de nous indiquer par retour vos prix les plus réduits caf Halifax, franco de droits, escompte 3 % à 90 jours de vue, en nous gardant option de 20 jours.

Si vos propositions nous convenaient, nous envisagerions de vous passer un ordre de 500 pièces de chaque article ; livraison commençant le 1er juin prochain, complète fin octobre à raison de 100 pièces par mois.

Veuillez nous retourner nos échantillons et, dans l'attente d'une réponse immédiate, nous vous prions, Monsieur, d'agréer l'expression de nos sentiments distingués.

127. Réponse

Monsieur,

Nous avons bien reçu votre lettre et vos échantillons du … courant.

Nous avons étudié très sérieusement votre affaire et nous cotons :

– toile à voiles 24" 16 oz, conforme aux conditions stipulées, 5 s 6 d le yard, rendu Halifax, paiement contre remise des documents, escompte 4 % ; sans engagement, car la filature refuse toute option. Nous ne pouvons vous donner notre prix franco de droits, ignorant le tarif douanier canadien ;

– en ce qui concerne la longotte, nous regrettons que cet article ne fasse pas partie de nos fabrications.

Nous vous renvoyons vos échantillons et, dans l'espoir de vos ordres, nous vous prions d'agréer, Monsieur, nos salutations distinguées.

128. Demande de précisions sur une fabrication

Monsieur,

Propriétaire à Clinchamps, je serais désireux d'utiliser les tourteaux oléagineux pour la culture du tabac.

Toutefois, avant de vous faire une commande ferme, je vous serais obligé de me faire connaître la composition de vos tourteaux et leur teneur approximative en azote, acide phosphorique et potasse.

Croyez, Monsieur, à mes sentiments distingués.

129. Réponse

Monsieur,

En réponse à votre lettre du…, nous vous précisons que la composition de nos tourteaux oléagineux est conforme aux normes édictées par le ministère de l'Agriculture, soit pour l'azote … %, pour l'acide phosphorique … % et pour la potasse … %. La tolérance maximale est de … %. Nous nous efforçons de respecter rigoureusement ces prescriptions.

Espérant que ces précisions vous satisferont, nous vous adressons, Monsieur, nos très sincères salutations.

PJ : Tarif et conditions de livraison.

130. Demande du délai d'exécution des travaux

Monsieur,

Vous m'avez appris au cours de notre récente conversation que vous étiez en mesure de réparer mon appareil CVO, c'est-à-dire de remplacer le dos, les grilles, la contre-porte, enfin tout ce qui serait nécessaire pour remettre l'appareil en état de fonctionner. Mais vous ne m'avez pas précisé – ou alors je ne vous ai pas bien compris – à quelle date vous pourriez commencer le travail. J'attends donc de vous un devis détaillé. Vous pouvez venir inspecter l'appareil à réparer tous les matins jusqu'à midi, à mon domicile, 27, place aux Herbes, 2e étage.

Avec tous mes remerciements, veuillez agréer, Monsieur, mes salutations distinguées.

131. Réponse

Monsieur,

Après examen de votre appareil CVO, il apparaît que les réparations seront importantes. Il faudra en particulier remplacer les deux grilles peignes, ainsi que la grille de décendrage et d'autres accessoires. Vous trouverez ci-joint un devis détaillé et chiffré.

Nous pourrons commencer les travaux dès l'acceptation de notre devis, mais nous ne pouvons pas en garantir la durée exacte, car votre appareil est d'un modèle ancien et nous aurons sans doute des difficultés à trouver les pièces de remplacement.

J'ajoute que nous ne nous chargeons pas des transports aller-retour des appareils en réparation. D'autre part, nous ne pouvons conserver en magasin les appareils de nos clients une fois la réparation terminée. Passé un délai de huit jours après l'avis d'achèvement du travail, nous serons contraints de vous facturer des frais de magasinage.

Dans l'attente de vos ordres, nous vous prions d'agréer, Monsieur, nos sentiments distingués.

PJ : 1 devis.

132. Envoi d'échantillons

Monsieur,

Nous accusons réception de votre lettre du 24 ... nous demandant nos échantillons et tarifs.

Comme notre collection comporte plus de 5 000 types et que vous ne nous donnez aucune indication relative aux sortes dont vous avez besoin, il nous est difficile de déterminer quelles sont les qualités qui peuvent vous intéresser. Pour gagner du temps et guider votre choix, nous vous envoyons donc, sous pli spécial, des échantillons assortis d'articles qui, habituellement, se vendent bien sur votre place. Nous sommes naturellement tout prêts à vous en envoyer d'autres si vous en faites la demande.

Vous trouverez ci-inclus nos tarifs aux meilleurs prix.

Nous vous présentons, Monsieur, nos salutations distinguées.

PJ : Tarif.

133. Proposition de spécimens

Monsieur,

Comme suite à votre lettre du 15…, nous vous avons expédié nos différents catalogues.

Nous vous remettons ci-inclus une liste d'offres de spécimens. Vous voudrez bien nous indiquer les ouvrages que vous désirez examiner et nous nous ferons un plaisir de vous donner satisfaction dans toute la mesure du possible.

Dès aujourd'hui, nous vous envoyons quelques ouvrages de notre collection pour bibliothèques scolaires. Ils ont reçu l'approbation de nombreux membres de l'enseignement ainsi que de parents d'élèves. Nous sommes persuadés qu'ils seront pour vous d'une vente facile.

Nous attendons vos ordres et vous prions d'agréer, Monsieur, nos salutations distinguées.

PJ : 1 liste.

134. Rappel des conditions d'exécution des travaux

Cher Monsieur,

À la suite de notre longue conversation téléphonique de ce matin, je crois nécessaire de rappeler les points sur lesquels nous sommes d'accord :

– Notre maison ne prendra en charge ni gros œuvre ni plomberie.

– Nous fournirons l'équipement nécessaire pour installer et décorer votre chalet de l'île de Signac : revêtements des murs et du sol, ameublement, éclairage, etc.

– L'ensemble des travaux ne dépassera pas … F (ou … €). Il sera achevé pour la date du …

– Je vous soumettrai un devis détaillé qui définira les caractéristiques des modalités d'exécution des travaux et les objets mobiliers.

Comme je vous l'avais dit, la somme prévue est insuffisante pour atteindre le résultat que vous souhaitez. Sans engagement de ma part, j'estime actuellement la majoration à 40 %, d'autant que je devrai grossir mon équipe pour respecter votre date.

Les travaux commenceront dès que vous aurez accepté mon devis, et je me tiens à votre disposition pour toute modification de matériaux ou de tarifs à y apporter.

Veuillez agréer, cher Monsieur, l'assurance de mes sentiments très cordiaux.

PJ : Échantillons de papiers muraux et dépliant illustré donnant une impression d'ensemble sur leur utilisation en grande surface.

135. Envoi de devis

Madame,

Suite à notre entretien du..., vous trouverez ci-dessous notre devis concernant le revêtement du sol de votre appartement.

Salon

Fourniture moquette (Chartres), coloris iroise, 100 % polyamide, sur sous-couche latex mousse ....F

Pose à la Stripglue spéciale parquets, avec barre de seuil laiton à chaque porte ....F

Chambres

Fourniture moquette (Nérac), coloris vert, fibres synthétiques, sur sous-couche mousse...F

Pose à la Stripglue spéciale parquets, avec barre de seuil laiton à chaque porte ....F

Montant hors taxes.................F

TVA 20,60 % ....F

Montant TTC .... F

Modalités de paiement : 20 % à l'acceptation du devis, le solde à l'achèvement des travaux.

Avec nos sentiments dévoués.

136. Demande de modification d'un article sans modification de prix

Monsieur,

J'ai remarqué dans votre catalogue des meubles de bureau, référence ST 8007, au prix de ... F (ou ... €).

Ces articles, qui m'intéressent, sont présentés en bois type palissandre, mais, pour des raisons d'harmonie avec l'ensemble de nos bureaux, je préférerais qu'ils puissent être teintés en acajou.

Vous est-il possible de me les fournir en cette couleur, sans augmentation de prix ?

Je vous serais obligé de me répondre rapidement, et je vous prie d'agréer, Monsieur, l'expression de mes sentiments distingués.

137. Réponse

Monsieur,

Votre lettre du … a retenu toute notre attention. Vous comprenez certainement que les modifications que vous demandez entraîneront des travaux qui majoreront notre prix de revient. Toutefois, cette augmentation n'étant pas extrêmement considérable, nous sommes disposés à vous maintenir les prix du catalogue, à la seule condition que votre commande soit suffisamment importante pour permettre une répartition correcte de nos dépenses supplémentaires.

Elle devrait donc porter au minimum sur douze meubles de bureau, référence ST 8007, que nous pourrions alors vous livrer, conformément à votre désir, teintés en acajou.

D'autre part, nous ne pourrions vous assurer une livraison avant le 1er …

Comptant sur votre compréhension, nous vous prions d'agréer, Monsieur, l'expression de nos sentiments distingués.

138. Demande de modification de la qualité

Monsieur,

Nous avons bien reçu vos échantillons de carreaux en faïence décorée et nous sommes satisfaits du prix et de la qualité de vos articles.

Nous attirons pourtant votre attention sur deux points :

– Votre assortiment de couleurs variées est insuffisant dans le domaine des verts. Il s'agit d'une couleur fréquemment recherchée par la clientèle. Auriez-vous une gamme de verts plus étendue dans les mêmes qualités ou dans des qualités voisines ?

– Vos hexagonaux à bord émaillé seront d'une vente assez facile pour les cuisines. Néanmoins, sur beaucoup d'entre eux l'émail bâille d'une façon qui nous semble exagérée, et cette recherche esthétique peut dérouter le client. Est-il possible d'obtenir des pièces à la coupe plus franche ?

Nous serions désireux de recevoir des précisions sur ces deux points avant de passer notre commande.

Agréez, Monsieur, nos salutations.

139. Demande de modification du prix

Monsieur,

Votre catalogue nous est bien parvenu et nous vous en remercions.

Désireux de vous passer commande pour un lot important de matériel de jardinage, nous avons été étonnés par l'importance de l'augmentation de vos tarifs. Si notre clientèle a pu absorber votre précédente augmentation de 6 %, nous doutons fort qu'elle accepte celle de 12 %.

Tout en comprenant les difficultés d'approvisionnement actuelles, du coût de la main-d'œuvre, et vous rappelant que nous sommes de fidèles clients, nous voudrions savoir si vous pourriez nous consentir un rabais sur l'ensemble de votre production, et plus précisément sur les articles de …

Nous tenons à vous signaler que notre trésorerie est parfaitement saine, mais, si vous maintenez les prix indiqués, nous serons obligés de faire face au choix suivant :

– réduire l'importance de notre commande,

– étudier la concurrence.

Nous tenons à garder nos relations commerciales avec votre entreprise, car nous connaissons la qualité et la résistance des objets qu'elle propose à la vente.

En attendant votre réponse, nous vous prions de croire, Monsieur, à l'assurance de nos sentiments les meilleurs.

140. Demande de modification du prix

Monsieur,

Nous référant à la visite de votre représentant M. B…, le 20 du mois dernier, nous avons le plaisir de vous annoncer qu'une commande pourrait être décidée prochainement.

Nos amis sont disposés à nous confier un marché de 2 500 paires de chaussures n°s 12, 16, 18, livrables sur l'année, 500 paires immédiatement, solde à leurs besoins.

Toutefois, pour nous assurer cette commande, la minime concession d'un escompte supplémentaire de 2 % est indispensable.

Beaucoup de vos concurrents sont sur l'affaire. C'est à vous que nous proposerions cet important contrat, sachant que vous tenez un stock régulier de ces articles et que vous êtes en mesure de commencer immédiatement vos livraisons.

Nous espérons que vous ferez tout votre possible pour nous faciliter l'obtention de ce marché, qui ne manquera pas de donner lieu, par la suite, à de gros ordres réitérés, et nous vous présentons, Monsieur, nos salutations distinguées.

141. Demande de modification des conditions de paiement

Monsieur,

Vous nous avez proposé pour remplacer notre machine à bois périmée, type SH 2, votre nouveau modèle SH 27.

Nous avons apprécié ses qualités et notre bon de commande vous parviendra après accord sur les conditions de paiement.

Nous avons utilisé la dernière fois le système suivant : 1/3 à la livraison, les deux autres tiers payables par traites, respectivement à 60 et à 120 jours.

Nous vous proposons cette fois de payer la totalité à la livraison si vous nous consentez un escompte de 3 %.

Nous attendons votre technicien pour régler les cadences de la machine afin d'obtenir son rendement optimal, et, dès votre accord, nous vous fournirons tous les détails nécessaires pour que l'appareil soit livré dans les meilleures conditions.

Agréez, Monsieur, nos salutations.

142. Demande de modification des conditions de paiement

Monsieur,

Les performances du moteur Hydra présenté dans votre catalogue sous la référence 459 L m'intéressent, et je souhaite vous en passer commande.

Il m'est cependant impossible de régler le montant de cette dépense à la livraison, contre remboursement, comme il est mentionné dans vos conditions.

Je désirerais le payer en six traites mensuelles, à tempérament, à dater du 1er juin. Si vous acceptez ce mode de règlement, je vous serai obligé de m'adresser les domiciliations que je vous retournerai immédiatement après signature.

Je vous prie de croire, Monsieur, à l'assurance de mes sentiments distingués.

143. Demande de modification des conditions de paiement

Monsieur,

Nous avons relevé dans votre catalogue plusieurs articles qui nous paraissent de bonne présentation et de prix intéressants. C'est pourquoi nous vous commandons :
– n° 41-116 … exemplaires à … F (ou … €),
– n° 41-117 … exemplaires à … F (ou … €),
– n° 41-118 … exemplaires à … F (ou … €),
livrables en port dû à notre domicile, 25, chemin des Alouettes, 71300 Montceau-les-Mines.

Toutefois, votre catalogue indique que les règlements doivent se faire par traite à 30 jours. Cette condition nous gêne considérablement, car ce mois-ci est pour nous le moment d'échéances importantes. Il nous serait extrêmement agréable que vous acceptiez de porter ce délai à 60 jours. C'est un geste que nous apprécierions beaucoup et qui vous assurerait pour l'avenir la fidélité de notre clientèle.

Vous remerciant à l'avance de votre compréhension, nous vous prions d'agréer, Monsieur, nos salutations distinguées.

144. Demande de modification de la quantité

Monsieur,

Nous avons remis le…, à votre représentant M. B…, un ordre de 200 kg de cacao, au prix de … F (ou … €) le kilo.

La forte baisse que subissent en ce moment les prix de gros réagit de plus en plus sur les prix de détail et, pour diminuer la perte que les nouveaux tarifs vont nous infliger, nous vous prions de bien vouloir ramener notre commande à 100 kg. Cependant, nous serions disposés à prendre les 200 kg si vous pouviez nous faire un rabais de 5 %.

Merci de votre réponse par retour et veuillez attendre notre accord pour expédition.

Nous vous prions de croire, Monsieur, à l'assurance de nos sentiments les meilleurs.

145. Demande d'une modification des délais de livraison

Monsieur,

Nous savons que vous demandez toujours un délai de deux mois pour livrer vos téléviseurs Optima, mais que vous respectez scrupuleusement vos engagements. Vous serait-il possible, pour une fois, de déroger à vos habitudes et de me faire parvenir de 20 à 24 téléviseurs dans un délai maximal d'un mois ? La proximité de la Coupe du monde de football a déclenché dans notre petite ville une véritable frénésie d'achat. Celle-ci sera probablement éteinte dans deux mois, mais elle a dépassé mes prévisions et je me trouve sur le point de manquer des ventes importantes.

Je suppose que le délai de deux mois que vous demandez habituellement est davantage dicté par le souci de prendre une marge de sécurité que par le rythme des fabrications. C'est pourquoi je pense qu'en cette occasion exceptionnelle il peut être réduit sans inconvénient grave. J'ajoute que, si pour cette livraison vous deviez faire appel à des transporteurs plus rapides que ceux que vous utilisez normalement, je prendrais ma part du supplément de prix qui en découlerait. Pouvez-vous téléphoner (n° …) pour me donner votre avis ?

Je vous passerai immédiatement la commande, que je vous confirmerai ensuite par écrit.

En vous remerciant par avance de votre compréhension et de votre diligence, nous vous prions de croire, Monsieur, à l'assurance de nos sentiments les meilleurs.

146. Demande de modification des frais de transport

Monsieur,

Après avoir étudié vos conditions de vente, je serais prêt à vous passer immédiatement une commande portant sur 200 caisses de pêches et 50 caisses de melons de Cavaillon, reprises dans votre dépliant sous les numéros 17 et 37, si les frais de transport n'étaient pas si élevés.

Peut-être peut-on trouver une solution avec votre transporteur. Je dispose actuellement d'un stock important de marchandises non périssables et peu encombrantes qui me sont demandées par un grossiste d'Orange. Si je fournissais ce stock à votre transporteur, à un prix à débattre, la somme pourrait-elle venir en déduction du prix que vous avez vous-même à payer et que vous me facturez ?

Dès que j'aurai obtenu votre accord de principe, je vous confirmerai ma commande et je donnerai à votre transporteur toutes les précisions utiles.

Veuillez croire, Monsieur, à mes salutations distinguées.

147. Commande

Monsieur,

Pouvez-vous me faire parvenir dans les meilleurs délais la commande ci-dessous :

50 tournevis réf. 1258, au prix unitaire de … F.

50 scies à métaux, réf. 34-567, au prix unitaire de … F.

25 vilebrequins, réf. 65-43, au prix unitaire de … F.

soit une somme globale de … F (ou … €), que nous réglerons selon nos conditions habituelles, par traite à 60 jours fin de mois.

Nous souhaiterions recevoir ces articles à domicile et en port dû.

Nous vous prions d'agréer, Monsieur, nos salutations distinguées.

148. Confirmation d'une commande téléphonée

Cher Monsieur,

Comme suite à notre entretien du 27 juin courant, je vous confirme les termes de ma commande.

Veuillez me faire parvenir contre remboursement à l'adresse de mon magasin : 18, rue des Deux-Pigeons, 67170 Brumath, 18 ensembles en prêt-à-porter, réf. 1298 du catalogue, se répartissant ainsi :

– 8 havane, dont 2 tailles 36, 3 tailles 38 et 3 tailles 40,
– 10 noirs, dont 2 tailles 36, 3 tailles 38 et 5 tailles 40.

Je compte sur votre habituelle diligence pour que la livraison soit effectuée avant le 1er août.

D'avance je vous remercie et vous prie de croire, cher Monsieur, à mes sentiments les meilleurs.

149. Commande et demande de catalogue

Monsieur,

Veuillez me faire parvenir le plus rapidement possible : 120 carreaux type Salouen, grès émaillé incrusté, 9 x 9 cm, coloris Irraouadi C, à … F (ou … €) la douzaine, cf. référence 83-904 de votre catalogue, soit … F (ou … €).

Je réglerai cette somme à la livraison, en port payé, d'après les conditions de paiement que vous indiquez.

Je vous serais reconnaissant de me faire parvenir la dernière édition de votre catalogue à titre gratuit.

Recevez, Monsieur, mes salutations distinguées.

150. Commande confiée à un commissionnaire

Monsieur,

Vous confirmant nos télex d'hier et de ce jour (dont inclus copie), nous vous chargeons par la présente d'acheter immédiatement pour notre compte :

Vin d'Alicante de raisin frais, bon goût, couleur moyenne, 12 à 13 % Vol., bien conforme à votre type A7 :

600 fûts si vous nous obtenez le prix de … ptas l'hl, ou :

300 fûts si vous nous obtenez le prix de ... ptas l'hl, ou :
150 fûts si vous nous obtenez le prix de ... ptas l'hl, limites extrêmes à ne dépasser en aucun cas en raison de la concurrence des vins d'Italie.

Conditions précédemment convenues : en traites par tiers à 30, 60, 90 jours de date d'embarquement, commission et autres frais compris.

Livraison : rendu quai Marseille dans les 45 jours de la confirmation de l'ordre ; fret ... ptas par tonne ; assurance contre tous risques sur le montant net de la facture – sans oublier la majoration de 10 % pour bénéfice présumé – par vos soins et pour notre compte au taux de 4 1/4, comprenant frais de police, courtage, etc.

Vous veillerez personnellement à la régularité de la déclaration et du certificat d'origine pour éviter tout conflit en douane.

À réception, veuillez nous signaler tous détails utiles.

Avec nos sentiments les meilleurs.

PJ : 1 copie.

151. Souscription d'un abonnement

Monsieur,

Nous avons été intéressés par le numéro publicitaire de votre publication Z..., spécialisée dans les domaines de l'économie et de la finance.

Aussi nous vous adressons dès aujourd'hui notre souscription, de manière à recevoir le premier numéro en janvier prochain.

Vous trouverez ci-joint un chèque de ... F (ou ... €), dont vous voudrez bien accuser réception.

Recevez, Monsieur, mes sentiments les meilleurs.

PJ : 1 chèque n°... de ... F (ou ... €).

152. Renouvellement d'un abonnement

Monsieur,

Notre abonnement à votre publication Z... venant à expiration fin courant, nous vous prions de bien vouloir le renouveler et vous remettons à cet effet notre chèque n°... sur la B.N.P. pour la nouvelle période du 1er juillet 20... au 30 juin 20...

Nous vous prions, pour la bonne règle, de nous en accuser réception en nous donnant votre accord, et de croire, Monsieur, à nos sentiments les meilleurs.

PJ : 1 chèque n°... de ... F (ou ... €).

153. Commande et modalités de livraison

Monsieur,

Vous trouverez ci-inclus notre bon de commande MG 250 pour 2 000 kg de gomme sandaraque aux conditions qui sont indiquées.

Veuillez nous confirmer par fax en précisant le nom du navire qui doit transférer cette marchandise à Marseille.

D'après ce que nous comprenons, le navire de la Compagnie des chargeurs réunis de cette semaine est déjà parti et le départ suivant n'aura lieu que le ... prochain. N'y a-t-il aucune autre occasion d'embarquement entre-temps ? Pouvez-vous nous fixer à cet égard ?

Nous attirons votre attention sur le fait que le chargement de gomme ne doit pas être effectué sur le pont, afin d'éviter les frais d'assurance supplémentaires.

Veuillez agréer, Monsieur, l'expression de nos sentiments distingués.

154. Confirmation de la commande par le fournisseur

Monsieur,

Nous vous confirmons notre appel de ce jour, et vous remercions de votre commande de 50 ensembles « Adriatica » (casquette, caban et bermuda) au prix catalogue de ... F (ou €) le lot.

Ayant le plaisir de vous compter parmi nos nouveaux clients, nous vous consentons la remise de 5 % que vous demandez. La livraison sera effectuée dans les meilleurs délais à votre adresse.

Nous vous prions de croire, Monsieur, à l'assurance de nos sentiments dévoués.

155. Confirmation de la commande par le fournisseur

Monsieur,

Nous vous remercions sincèrement de l'aimable accueil que vous avez bien voulu réserver à notre représentant M. ..., et de l'ordre que vous lui avez transmis le..., pour :

    600 boîtes de 500 g confit de canard,

    1re qualité, à .... F (ou ... €),

    200 boîtes de 1 000 g confit de canard,

    1re qualité, à .... F (ou ... €).

Paiement :

120 jours net, franco d'emballage, en caisses de 50 boîtes chacune. Livraison 10 juin prochain.

Suivant nos conditions habituelles, les caisses sont débitées au prix coûtant, livrées sur palettes perdues, et reprises au prix de facture en cas de retour en bon état, port payé.

Nous vous présentons, Monsieur, nos sincères salutations.

156. Confirmation de la commande par le fournisseur

Monsieur,

Nous sommes en possession de votre lettre du ... et vous remercions de la commande que vous avez bien voulu nous passer. Les marchandises seront expédiées, selon vos instructions, par messagerie express et vous les recevrez sans doute avant la fin de la semaine.

Nous sommes d'accord pour les conditions de paiement. Nous traitons d'habitude les premières affaires au comptant, mais, en raison de l'excellente réputation de votre maison, nous nous couvrirons du montant de notre facture par une traite à trois mois qui vous sera présentée sous peu à l'acceptation.

Nous sommes très heureux d'entrer en relation d'affaires avec vous et espérons que vous aurez toute satisfaction de ce premier envoi.

Veuillez croire, Monsieur, à l'assurance de nos sentiments les meilleurs.

157. Confirmation et accord sur une demande de rabais

Monsieur,

Vous nous avez demandé de vous consentir un rabais sur le prix de vente de nos appareils Impact et Contact (25 modèles Série « Diffusion », … F [ou … €] l'un).

Ce n'est pas l'habitude de notre maison, car nous mettons nos articles sur le marché après avoir sérieusement étudié nos prix en fonction de celui des matières premières et des nécessités de la concurrence.

Toutefois, tenant compte du fait que vous passez une commande importante et que nous faisons pour la première fois une affaire avec vous, nous acceptons de vous faire bénéficier d'un rabais de 3 % pour les commandes que vous avez déjà passées et pour celles que vous pourriez nous adresser d'ici à la fin de l'année.

Espérant ainsi vous être agréables, nous vous prions d'agréer, Monsieur, l'expression de nos sentiments distingués.

158. Confirmation après désaccord sur la commande

Monsieur,

J'accuse réception de votre lettre du … m'informant que vous ne désirez qu'un seul appareil à aléser, référence D8, à … F (ou … €).

L'enregistrement des appels téléphoniques prouve que nous avons bien reçu une commande pour deux appareils. Votre confirmation faisait bien mention d'un seul, mais elle m'est parvenue avec retard, et je ne pouvais plus modifier mon envoi, déjà enlevé par le transporteur.

Si votre client n'a pas l'usage de ces deux articles, je peux vous proposer de m'en retourner un, dont je vous créditerai.

Lorsque vous passez commande par téléphone, assurez-vous que la standardiste a compris votre message en lui faisant relire votre texte, ce qui limite généralement les malentendus.

Nous vous prions d'agréer, Monsieur, nos salutations distinguées.

159. Refus d'annuler une commande

Monsieur,

Votre lettre du 2 septembre, par laquelle vous annulez votre commande du 22 août confirmée par écrit le 25, nous a beaucoup surpris.

Ce marché nous avait pourtant été remis et confié de la façon la plus régulière. S'il s'agissait de marchandises ordinaires et de vente courante, nous serions heureux de nous conformer à vos désirs, mais nous avons dû mettre en route une fabrication de qualités tout à fait spéciales, dont il est évident que nous ne pourrons trouver le placement sans une perte très importante pour nous.

Vous ne pouvez donc invoquer de motif plausible d'annulation et nous vous remettons ci-inclus une facture de … F (ou … €) en règlement de laquelle nous avons fait traite sur vous à trois mois de date.

Nous espérons que cet incident n'altérera pas les relations amicales qui, depuis de nombreuses années, existent entre nos deux maisons et nous vous présentons, Monsieur, l'assurance de nos sentiments distingués.

PJ : Photocopie de votre commande datée du 22 août.
Photocopie de votre confirmation datée du 25 août.
Facture n° 21542.

160. Demande de précisions sur la commande

Madame,

Nous avons bien reçu votre courrier du … dernier et vous en remercions.

Nous avons pris bonne note de votre commande qui concerne :
1 robe de chambre fillette 14 ans, col. fuchsia, n° 321 B sur notre catalogue.................................... F (ou … €)
1 robe de chambre garçonnet, 10 ans, col. vert, n° 332 dans notre catalogue .... F (ou … €)
1 chemise de nuit col. blanc .... F (ou … €)
1 pyjama stretch col. jaune .... F (ou … €)

Malheureusement vous n'avez pas indiqué les références des deux derniers articles, et vous avez omis d'en préciser la taille. Voulez-vous nous les transmettre par téléphone pour gagner du temps ?

Nous attendons vos dernières précisions avant d'exécuter votre commande dès que nous les recevrons.

Veuillez agréer, Madame, l'expression de nos sentiments distingués.

161. Refus de livraison au prix indiqué par le client

Monsieur,

En possession de votre lettre du…, nous regrettons de vous informer qu'il nous est impossible de livrer nos velours au prix que vous fixez.

Comme vous le savez, notre entreprise est connue sur le marché. Nous veillons à lui conserver son image de marque et nous ne fabriquons que des tissus de première qualité. Notre premier prix est de … F (ou … €) le mètre.

Vous trouverez ci-joints des échantillons de nos créations, qui vous permettront de les comparer avec d'autres tissus et de faciliter votre décision.

Dans l'attente de votre réponse, nous vous prions d'agréer, Monsieur, l'expression de nos sentiments distingués.

PJ : Échantillons.

162. Refus d'une demande de rabais

Monsieur,

Nous comprenons parfaitement les raisons qui vous amènent à demander un rabais sur les prix de vente de nos appareils Contact et Impact.

Toutefois, quel que soit notre désir de vous être agréables, nous ne pouvons, à notre grand regret, vous donner satisfaction.

D'une part, en raison de la très vive concurrence régnant sur ce marché, nous avons déjà été obligés de tirer au maximum nos prix de catalogue. D'autre part, vous savez que nous sommes tributaires, pour notre fabrication, de matières premières dont les hausses récentes sont très sensibles. Pour ces deux raisons, nous nous voyons dans l'obligation de maintenir les prix que nous avons rendus publics.

Nous espérons que, sensible à la qualité indiscutable de nos produits, vous voudrez bien nous maintenir votre confiance et, dans l'attente de vos ordres, nous vous adressons, Monsieur, nos salutations distinguées.

163. Refus d'une demande de rabais

Monsieur,

En réponse à votre proposition du…, nous regrettons vivement de ne pouvoir enregistrer votre ordre au prix indiqué et qui nous met en perte.

Nous vous avons immédiatement fait connaître notre dernière limite. Les lins se trouvent en hausse et, comme nous avons de gros marchés à exécuter, nous ne pouvons que vous conseiller de confirmer par téléphone votre commande si notre offre vous intéresse, car il nous est impossible de rester engagés en ce qui concerne le prix et la livraison.

Veuillez agréer, Monsieur, nos salutations.

164. Refus de fournir par petites quantités

Monsieur,

Nous avons bien reçu votre commande du 22 mars dernier.

En raison des servitudes des transports, nous sommes obligés d'expédier un minimum de 500 unités de chaque qualité.

Il nous est donc impossible de vous livrer 25 douzaines réparties sur 3 qualités.

Pourriez-vous nous confirmer votre ordre par télex (n°…) ou par téléphone (n°…). Nous vous proposons la première expédition contre remboursement, contrairement à notre habitude.

Recevez, Monsieur, nos sentiments les meilleurs.

165. Demande de prolongation du délai de livraison

Monsieur,

Nous avons bien reçu votre commande du …, et vous signalons que les dix pièces d'oxford croisé sont prêtes et seront expédiées dès ce soir par messagerie express.

En ce qui concerne le shirting référencé SHI236, nous avons le regret de vous informer qu'il nous sera impossible de vous livrer dans les délais souhaités : un accident de machine nous a fait prendre du retard. Nous recommençons à peine la fabrication depuis le … et sommes dans l'obligation de livrer les commandes les plus anciennes.

Nous ne pouvons donc vous promettre avec certitude une livraison avant la fin de la saison. Pourriez-vous nous donner votre accord écrit ?

Nous vous demandons de bien vouloir excuser ce retard imprévu et vous prions d'agréer, Monsieur, l'expression de nos sentiments distingués.

166. Demande de prolongation du délai de livraison

Monsieur,

Nous avons bien reçu votre lettre par laquelle vous commandiez : 10 salons romantiques Nodier de 8 pièces chacun, livrables avant le …

Ces articles peuvent être mis tout de suite en fabrication, mais nous ne pourrons vous les fournir à la date demandée. En effet, si nous voulons y apporter le soin et les finitions qui en font la qualité, nous devons respecter un délai indispensable qui est de deux mois.

Si vous ne pouvez attendre cette date, nous serons malheureusement obligés de décliner votre commande.

Nous attendons votre réponse et vous prions d'agréer, Monsieur, l'assurance de nos sentiments dévoués.

167. Demande de livraisons échelonnées

Monsieur,

Nous avons bien reçu votre commande en date du ... courant pour des meubles de cuisine R.C.C. série 6 A. Nous vous expédions aujourd'hui par les transports Véga six des douze séries que vous demandiez.

Nous regrettons de vous informer que, pour des raisons qui incombent au transporteur, le reste de la livraison ne pourra être acheminé que dans un mois environ.

J'espère que ce retard ne vous causera pas une gêne trop grande. Si vous désirez recevoir immédiatement toute la marchandise, nous pouvons faire appel à un autre transporteur, toutefois sans avoir les mêmes garanties de soin et de sécurité qu'avec Véga. C'est pourquoi nous vous suggérons d'accepter un certain retard de livraison. Pouvez-vous nous faire connaître votre décision concernant le transport ?

Nous vous remercions de bien vouloir donner réponse par écrit dans les meilleurs délais.

Naturellement nous tiendrons compte de cet état de fait. Nous étudierons avec vous les nouvelles dates d'échéances concernant l'émission des traites qui seront proposées à votre acceptation.

Nous vous demandons de bien vouloir nous excuser et vous prions de croire, Monsieur, à l'assurance de nos sentiments dévoués.

168. Changement de tarif

Monsieur,

Nous avons bien reçu votre commande du..., et vous en remercions. Nous vous signalons que les prix du catalogue sur lequel vous avez effectué votre commande ne sont plus valables.

En effet, la profession a décidé d'affecter d'un coefficient de hausse de 6,5 % tous les prix publiés avant le 31 décembre. Si nous déplorons cette hausse, elle est loin de compenser les augmentations que nous subissons sur les salaires et les matières premières.

Aussi nous attendons un simple appel de votre part pour nous donner votre accord. Nous serons dans ce cas parfaitement en mesure de vous livrer dans les délais que vous souhaitez.

Dans l'attente de votre réponse, nous vous prions de croire, Monsieur, à l'assurance de notre dévouement.

PJ : Liste de nos tarifs, remise à jour jusqu'au 31 décembre.

169. Changement de tarif

Monsieur,

Nous avons bien reçu votre lettre du…, et regrettons de ne pouvoir exécuter votre commande.

Notre proposition du mois dernier était sans engagement et, les cours ayant monté depuis cette date, nous sommes obligés de vous demander un prix de … F (ou €) le mètre.

Toutefois nous disposons encore d'un lot acheté au prix précédent et nous partagerons avec vous la différence en notant votre marché à … francs le mètre, sur confirmation avant le 20 de ce mois.

Nous attendons votre réponse et vous prions d'agréer, Monsieur, l'expression de nos sentiments distingués.

170. Proposition d'un article équivalent

Monsieur,

Contrairement à ce que vous annonçait ma lettre du…, je ne puis vous expédier exactement ce qui correspond à votre commande.

Le commissionnaire vous livrera comme prévu 2 pièces de crêpe satin blanc, référence 1743, mais nous avons dû procéder à un échange pour la pièce de crêpe satin noir, référence 2545. Nous sommes actuellement démunis de la qualité courante. C'est donc une étoffe de qualité supérieure (référence 1846, … F [ou … €] le mètre) qui vous est livrée. Comme vous pourrez le constater, il s'agit d'une légère différence, et nous espérons qu'elle ne vous gênera pas trop.

Soucieux de compenser ce désagrément, nous avons procédé à un abattement de 2 % du montant sur la facture ci-jointe. Restant à votre disposition pour un échange, nous serions heureux que cette solution vous convienne.

Nous vous prions d'agréer, Monsieur, l'expression de nos sentiments les meilleurs.

PJ : Facture n° 3124.

171. Proposition d'un article équivalent

Monsieur,

Nous avons bien reçu votre commande du…, et vous en remercions.

Tous les métrages de cretonne que vous avez demandés ont été expédiés.

Il ne nous reste plus que 3 pièces de velours de coton, sur les 5 que vous demandiez, qui vous ont été expédiées. Leur qualité est telle que nous pensons que vous en serez satisfait.

Vous avez commandé 5 lots de soie pêche. Cette couleur est très à la mode en ce moment, et nous sommes en rupture de stock. Nous pouvons bien sûr vous les commander. Nous vous signalons cependant qu'à la veille des vacances d'été les délais de fabrication peuvent être prolongés.

C'est pourquoi nous vous proposons en remplacement un lot de satins damassés, très plaisants et de la même gamme de tons, que nous suivons depuis plusieurs années. Vous trouverez ci-joint un ensemble d'échantillons destinés à faciliter votre choix (ces articles peuvent être livrés de suite), et les tarifs correspondants. Ceux-ci sont légèrement inférieurs à ceux de la soie, et nous pouvons vous consentir des facilités pour une commande importante.

Nous espérons que cette solution vous conviendra et nous vous prions de croire, Monsieur, à l'assurance de nos sentiments les meilleurs.

PJ : Échantillons et tarifs.

172. Refus de livraison pour abandon de fabrication

Monsieur,

Vous avez commandé 24 exemplaires de notre appareil Jelsa, et 10 jeux de pièces de rechange.

Nous regrettons de ne pouvoir donner suite à votre commande, car nous avons cessé la fabrication du Jelsa depuis deux ans et il ne nous reste aucune pièce en stock.

Nous vous adressons notre nouveau catalogue dans lequel vous trouverez d'autres modèles proches de celui-ci, mieux étudiés et plus performants.

Nous vous prions de croire, Monsieur, à l'assurance de nos sentiments les meilleurs.

173. Demande de tarifs à la SNCF

Monsieur,

Pour établir nos prix, nous avons besoin de connaître les tarifs de transport par train complet et wagon isolé applicables aux expéditions de produits métallurgiques (tarif n°...) de Dunkerque sur l'Italie, et en particulier sur les gares de Modane et de Vintimille.

Nous vous prions de nous faire connaître ces tarifs en nous renseignant également sur les distances.

Avec nos remerciements anticipés, veuillez agréer, Monsieur, nos salutations distinguées.

174. Demande de tarifs à la SNCF

Monsieur,

Je vous prie de bien vouloir me faire connaître le prix de transport à la tonne des coquilles isolantes composées de laine minérale (vraisemblablement tarif n° 18). Ces coquilles voyagent emballées en caisses et leur poids spécifique est de 160 kg le mètre cube.

La gare expéditrice serait invariablement Turin (Italie) et j'aimerais connaître le prix de transport de cette gare à Paris ou, si vous n'avez pas les tarifs italiens, de la gare frontière à Paris.

Je vous serais infiniment reconnaissant de me faire établir (contre remboursement) un barème des tarifs à payer pour ces coquilles de 50 km en 50 km et de gare en gare, jusqu'à 700 km, et de m'indiquer le supplément à ajouter pour expédition sur branchement particulier.

Dans l'attente de votre réponse, je vous prie de croire, Monsieur, à mes sentiments les meilleurs.

175. Demande de tarifs à un transporteur

Monsieur,

Nous allons commencer prochainement, à une cadence trimestrielle et pour plusieurs années, des expéditions de caisses de savon et de parfumerie depuis nos usines de Marseille jusqu'à Rennes et Lille.

Nous serions heureux de connaître vos meilleurs prix de transport. La cadence régulière de nos expéditions devrait vous permettre de nous consentir des conditions intéressantes.

Nous vous serions obligés de nous répondre rapidement pour l'organisation de notre planning.

Avec nos sentiments distingués.

176. Demande de devis d'emballage et de transport

Monsieur,

Veuillez nous communiquer un devis détaillé sur l'emballage et le transport de :

– 50 services de table en porcelaine, de 48 pièces chacun, entre Paris et Le Havre,

– 50 services à thé en porcelaine, de 10 pièces chacun, entre Paris et Calais.

Nous insistons sur la fragilité de ces marchandises et la nécessité de prévoir un emballage garantissant un maximum de sécurité.

Nous vous prions d'agréer, Monsieur, l'expression de nos sentiments distingués.

177. Réponse du transporteur

Monsieur,

En réponse à votre lettre du…, nous vous prions de trouver ci-dessous un devis pour le transport de vos marchandises.

– Fourniture de 10 caisses en contreplaqué, 15 mm, fond renforcé .... F

– Emballage bulpack et frisons .... F

– Transport de caisses Paris-Le Havre, en camion fermé .... F

– Chargement et déchargement .... F

      Montant HT .... F

      TVA 20,6 % .... F

      Montant TTC........ F (ou … €)

Règlement : 20 % à la commande, le solde après exécution du transport.

Nous vous remercions de nous confirmer votre accord par écrit et de nous préciser la date du transport, deux semaines à l'avance.

Veuillez croire, Monsieur, à nos sentiments les meilleurs.

178. Demande de facilités de transport pour des exposants

Monsieur,

Je vous informe que la prochaine foire-exposition de Bourg se déroulera du 26 juin au 3 juillet prochains.

Vous avez bien voulu, pour les cinq précédentes foires, accorder aux exposants des facilités de transport, notamment la gratuité au retour pour les produits exposés non vendus.

La manifestation de cette année, prévue avec plus d'ampleur, ne manquera pas d'attirer à Bourg de nombreux éleveurs et agriculteurs des régions environnantes.

C'est pourquoi je vous demande de bien vouloir nous accorder les mêmes avantages que précédemment. J'espère que vous voudrez bien examiner avec bienveillance la présente requête et l'accueillir favorablement.

Je vous en remercie très sincèrement à l'avance et vous prie d'agréer, Monsieur, l'expression de mes sentiments distingués.

179. Demande de wagons de chemin de fer

Monsieur,

J'attends le mardi 5 mars ... le cargo *Falkland* chargé pour moi d'environ 300 tonnes d'anthracite (référence XXX) à mettre sur wagons (bâchés).

Le débarquement devant commencer le jour même de l'arrivée du bateau, je vous prie de bien vouloir mettre à ma disposition, dès le lendemain à la première heure :

– 20 wagons de 10 tonnes pour expédition sur Rennes, au tarif spécial n° 7, prix ferme du Havre à Rennes ;

– 10 wagons de 10 tonnes pour expédition sur Alençon, même tarif, prix ferme du Havre à Alençon.

Vous voudrez bien me faire aviser, aussi tôt qu'il vous sera possible, de l'heure à laquelle ces wagons seront amenés à quai.

Je vous prie d'agréer, Monsieur, l'expression de mes sentiments distingués.

180. Demande d'affrètement d'un navire

Monsieur,

Nous vous prions, par la présente, d'affréter pour notre compte un cargo français ou norvégien de 4 000 à 5 000 tonneaux de jauge, pour charger à Bergen une cargaison de bois à destination de Bordeaux.

Nous ne pouvons dépasser le prix de ... F (ou ... €) la tonne, droits de port, remorquage et tous autres frais compris ; seule l'assurance de la marchandise est à notre compte ; le chargement et le déchargement nécessiteront chacun huit jours de planches.

Le navire devra se mettre en route pour Bordeaux dans quinze jours au plus tard.

Confiants dans vos bons soins habituels, nous vous prions d'agréer, Monsieur, l'expression de nos meilleurs sentiments.

181. Commande de transport maritime

Monsieur,

Nous vous confirmons notre entretien téléphonique, au sujet d'un transport qui sera effectué à bord du cargo *Yokohama*.

Nous vous confions donc le transport de 2 000 kg net de gomme sandaraque du Maroc, emballée en barils, au taux caf de … F (ou … €) par tonne depuis Marseille jusqu'à bord du *Yokohama*, c'est-à-dire tous frais de transbordement à Marseille compris.

Cette marchandise nous est due caf Marseille par M. Bouchacour : boîte postale 25 à Essaouira (Maroc). Nous vous informerons ultérieurement du nom du navire et de la date exacte de l'embarquement et vous remettrons les connaissements aussitôt qu'ils seront en notre possession, pour vous permettre de procéder au transbordement.

Les connaissements de Marseille sur *Yokohama* devront être établis en deux originaux et deux copies non négociables, avec la clause « livraison sous palan » et la mention : « Veuillez avertir MM. Emoto et Cie, Tokyo. »

Vous remerciant par avance des soins que vous apporterez pour traiter cette affaire, nous vous prions d'agréer, Monsieur, l'expression de nos sentiments distingués.

182. Avis de livraison

Monsieur,

Nous vous adressons ce jour par messagerie à votre domicile les pièces écrues que vous nous avez données à teindre. Nous vous débiterons de la teinture dès que nous aurons nous-mêmes reçu la facture.

Notre technicien, M. X…, passera très prochainement vous voir pour s'assurer que le travail vous a donné pleine satisfaction.

Veuillez croire, Monsieur, à l'assurance de nos sentiments dévoués.

183. Avis de livraison

Monsieur,

Comme nous vous l'avons signalé par téléphone, nous avons expédié votre marchandise par voie ferrée.

Notre transporteur vient de le confirmer, et vous pourrez prendre livraison de votre commande samedi ou lundi prochain au plus tard.

Nous vous en souhaitons bonne réception et vous prions d'agréer, Monsieur, nos salutations distinguées.

184. Avis de livraison accompagnée d'une facture

Monsieur,

Nous avons remis ce jour, en messagerie express, à votre adresse 10 caisses de soieries (poids brut 1 800 kg ; poids net 1 700 kg) pour une valeur de ... F (ou ... €) correspondant à votre commande du ... Vous trouverez ci-inclus la facture, dont vous vous acquitterez selon nos conventions habituelles.

Veuillez agréer, Monsieur, l'expression de nos sentiments distingués.

PJ : Facture n° 79391.

185. Avis de livraison avec facture et avis de traite

Monsieur,

Nous avons le plaisir de vous informer que nous venons de vous expédier, par messagerie, port dû (à vos risques et périls), 6 balles de bonneterie (poids brut 435 kg, poids net 385 kg) suivant ordre reçu le ... par notre représentant.

En règlement de notre facture incluse, s'élevant à ... F (ou ... €), nous avons disposé sur vous à 3 mois de date, c'est-à-dire au 28 février prochain, et vous prions de réserver bon accueil à notre traite.

Nous espérons que la marchandise vous parviendra régulièrement et nous vous présentons, Monsieur, nos salutations.

PJ : Facture n° 35790.

186. Modèle de récépissé

En-tête du transporteur

Expéditeur :

Nombre
Nature
Poids
Port payé ou dû

Timbre
N° du bordereau et date
Détail des frais
Transport
Débours
Remboursement
Frais remboursement
Timbre
Taxes
_____
Total

Destinataire :

Ce récépissé tient lieu de facture.

Bordereau de livraison

Livraison n°	Destinataire
Commande n°	Date d'expédition

Quantité	Désignation des marchandises

Nombre de colis   Mode d'acheminement

Date de livraison

Signature du destinataire

187. Demande de confirmation de transbordement

Monsieur,

Par votre lettre du..., vous avez bien voulu nous faire connaître que les 50 palettes de livres voyageant pour notre compte sur le s/s *Patrie* en provenance d'Alicante seraient transbordées à votre port sur le s/s *Gironde* le 25 courant.

Veuillez nous confirmer ce transbordement et nous faire parvenir votre certificat habituel.

Nous vous remercions à l'avance et vous prions d'agréer, Monsieur, nos salutations.

188. Instructions à un transitaire au sujet d'un arrivage

Monsieur,

Étant avisés par nos amis de Londres de l'embarquement d'un lot de 25 caisses de saumon « Super » sur le s/s *Oregon* attendu pour le 26 courant, à Anvers, nous avons l'avantage de vous remettre sous ce pli les documents suivants :

Connaissement n° 21 (orig.)

Police d'assurance n° 880435 (orig.)

Nous vous prions de bien vouloir prendre livraison de ces caisses aux docks de la Compagnie de navigation pour le compte de la société Berghem et Cie, 43, rue Laeken, Bruxelles, qui vous donnera toutes instructions complémentaires d'expédition.

Par prochain courrier, nous vous adresserons duplicata du connaissement et de la police d'assurance.

Recevez, Monsieur, nos meilleures salutations.

189. Avis d'arrivée à des acheteurs

Monsieur,

Conformément à votre note GM 1825 du 24 courant, vous trouverez ci-joint facture n° 227 pour 120 livres (contrat PD 421) concernant les 25 caisses de conserves de saumon « Super », embarquées à Londres sur le s/s *Oregon* attendu à Anvers demain 26 courant.

Selon vos instructions, nous avons adressé ce jour par express à M. Keller, 40, avenue Léopold, Anvers, les documents afférents à cette expédition en le priant de bien vouloir en prendre livraison aux docks de la Compagnie de navigation pour votre compte et d'attendre vos instructions complémentaires.

Agréez, Monsieur, nos salutations.

PJ : Facture n° 227.

190. Offre d'envoi de tissus en consignation

Monsieur,

M. Langlois, directeur de la succursale du Crédit parisien à Rio de Janeiro, nous a recommandé votre maison et nous nous permettons de vous demander s'il vous conviendrait de recevoir nos consignations de tissus en tous genres, plus spécialement les soieries et lainages de haute mode.

Si cette proposition vous agrée, veuillez nous adresser un compte de vente simulé, afin de nous renseigner sur les frais et usages de votre port. Vous y porteriez une commission de 5 % qui est notre condition habituelle (commission élevée à 8 % sur certains articles spéciaux dont nous vous donnerons la liste) et, comme à tous nos consignataires d'Amérique, nous vous demanderions d'être ducroire contre une commission supplémentaire de 2 %.

Nous vous envoyons par le s/s *Bahia* qui quittera Bordeaux le 15 courant un petit lot d'essai, dont vous trouverez facilement le placement, nous l'espérons, parmi votre nombreuse clientèle.

Espérant que notre offre vous paraîtra intéressante, et que des relations durables et réciproquement favorables s'établiront entre nous, nous vous prions d'agréer, Monsieur, nos sentiments très distingués.

191. Réponse

Monsieur,

Nous nous empressons de répondre à votre lettre du ... M. Langlois nous avait déjà parlé de votre estimable maison et nous avait préparé à recevoir votre offre, que nous acceptons avec le plus grand plaisir, en vous assurant que nous ferons tous nos efforts pour établir avec vous un courant d'affaires important et justifier la confiance dont vous voulez bien nous honorer.

Le s/s *Bahia* est attendu dans notre port à la fin de la semaine. Nous examinerons attentivement les marchandises consignées et les soumettrons à plusieurs clients, détaillants et maisons de couture, qui ont déjà été prévenus par nos soins.

Si, comme nous l'espérons, nous trouvons preneur aussitôt, nous vous enverrons un premier compte de vente réel, qui nous dispensera de vous envoyer le compte simulé que vous nous demandez et vous renseignera complètement sur les conditions, usages et taxes de notre place.

Nous vous prions d'agréer, Monsieur, l'expression de nos sentiments distingués.

192. Avis de consignation et rappel des conditions de paiement

Monsieur,

Comme convenu j'ai pu affréter un navire pour vous envoyer en consignation un chargement de cuirs et peaux, fourrures, caoutchouc et bois précieux.

Comme d'habitude, je me couvrirai, par une traite à trois mois, des trois quarts du montant des prix de facture et, au fur et à mesure des ventes, dont vous voudrez bien me faire tenir le compte, vous aurez l'obligeance de m'envoyer le solde après avoir déduit du produit brut de chaque vente vos frais et débours (déchargement, douane, camionnage, magasinage, assurance, réparations diverses, etc.), les courtages ou commissions que vous aurez dû verser et votre propre commission de 5 %, plus votre ducroire de 2,5 %.

J'espère que cette expédition vous arrivera en bon état et que vous trouverez une vente facile.

Recevez, Monsieur, mes salutations distinguées.

193. Réclamation du client pour un retard de livraison

Monsieur,

Je vous ai commandé à la fin du mois dernier tout un assortiment d'ensembles de plage que vous vous étiez engagé à me livrer dans les quinze jours. Or je n'ai encore rien reçu à la troisième semaine.

Vous savez que j'ai un besoin urgent de ces marchandises, la date de mise en vente utile étant très proche. Pouvez-vous me téléphoner pour me dire si je peux espérer les recevoir avant la fin de cette semaine. Si, pour des raisons sans doute indépendantes de votre volonté, vous ne pouviez procéder à cette livraison dans les délais convenus, je me verrais obligé, à mon grand regret, d'annuler la commande.

Agréez, Monsieur, mes salutations.

194. Réclamation du client pour un retard de livraison

Monsieur,

Nous vous avons écrit deux fois pour vous rappeler les termes de notre marché du..., et constatons qu'aucune livraison n'a encore été effectuée.

Nos stocks sont épuisés et nous avons déjà perdu de nombreuses commandes. Nous vous demandons de nous faire parvenir dans les huit jours au moins le tiers des marchandises et le reste à la fin du mois.

Si nous manquions des ordres importants, nous serions obligés, à notre vif regret, de vous en tenir responsable, avec toutes les conséquences de droit.

Veuillez agréer, Monsieur, nos salutations distinguées.

PJ : Photocopie de votre accord écrit.

195. Réclamation du client pour non-conformité

Monsieur,

Par notre commande du..., nous vous demandions : 10 services de table en faïence polychrome de Moustiers.

Une erreur a dû se produire au moment de la livraison. Celle-

200. Réclamation du client pour vol

Monsieur,

Votre transporteur m'a livré ce matin une caisse de douze douzaines d'huîtres en provenance de Morlaix. Visiblement, cette caisse a été ouverte pendant le transport. Une vérification faite en présence du livreur a montré qu'il manquait une douzaine et demie d'huîtres. Il ne s'agit donc pas d'un dommage, causé par un cas de force majeure, mais bien d'un véritable vol.

Je me crois donc fondé à demander le remboursement des marchandises manquantes, au prix de la facture qui accompagnait la livraison. En exigeant ce remboursement, j'espère vous fournir une raison de déclencher une enquête, car les vols ont en réalité tendance à se multiplier.

Comptant sur votre diligence, je vous prie d'agréer, Monsieur, mes salutations distinguées.

201. Réclamation du client pour marchandises égarées

Monsieur,

J'attendais des établissements Rampilex, à Alençon, 12 colis de produits divers pour le 15 ... (date limite du délai réglementaire). Ces colis ne m'étant point parvenus, je vous ai signalé le retard, sans avoir de réponse. Un mois s'étant écoulé, je me crois fondé à considérer ces colis comme perdus.

Leur valeur s'élevait à ... F (ou €), ainsi qu'en témoigne la facture ci-jointe. Je serais donc très obligé à votre compagnie de me dédommager au plus tôt.

J'ajoute que ces produits étaient destinés à la vente et déjà promis à des clients. Je serai donc amené à réclamer une indemnité pour préjudice causé dès que l'origine de la perte aura été établie.

Croyez, Monsieur, à mes sentiments les meilleurs.

PJ : Facture.

202. Réclamation du client pour marchandises égarées

Monsieur,

Les marchandises dont vous nous aviez annoncé le départ le

8 octobre ne nous sont pas encore parvenues aujourd'hui 29. Nous sommes donc fondés à les considérer comme égarées et à vous demander soit le remboursement, avec un dédommagement pour le préjudice causé par ce retard, soit une nouvelle expédition dans les meilleurs délais. Toutefois, comme nous n'avons pas l'intention de payer une nouvelle fois les frais de transport, vous pourriez peut-être, pour nous les éviter, nous adresser une nouvelle facture certifiée, avec des prix majorés.

En espérant que cette solution vous paraîtra acceptable, nous vous prions d'agréer, Monsieur, nos sentiments distingués.

203. Réclamation du client pour un manquant
Monsieur,

Vos services ont livré ce matin à mon domicile 5 caisses de vin expédiées par la maison Chandeilh à Béziers. Or, la facture qui accompagnait ces caisses en mentionnait 6. J'ai fait auprès du livreur les réserves d'usage, d'autant plus aisément que ces caisses étaient numérotées RCB 1, 2, 3, 5, 6, et que manquait le n° RCB 4.

Je vous serais donc fort obligé de faire rechercher au plus tôt la caisse manquante, qui a pu rester en souffrance dans l'un de vos magasins. Si elle n'était pas retrouvée dans la semaine, je serais contraint, à mon grand regret, de vous en demander le remboursement.

Agréez, Monsieur, mes salutations.

204. Livraison refusée par le client
Monsieur,

Les 20 sacs de café expédiés par vos soins le … sont bien arrivés, mais, après avoir ouvert plusieurs sacs, nous nous croyons autorisés à refuser cette marchandise.

Non seulement, en effet, la fève est de qualité très inférieure au type pour lequel nous avons passé commande, mais la seule apparence et, a fortiori, le goût nous empêcheraient de vendre ce café, même à bas prix, sans mécontenter gravement notre clientèle.

Nous tenons donc ces 20 sacs à votre disposition en vous priant de nous faire connaître, au plus tard avant la fin du mois, la destination que nous devons leur donner.

Nous vous prions d'agréer, Monsieur, avec nos regrets, nos salutations distinguées.

205. Livraison refusée par le client

Monsieur,

Nous avons reçu ce jour les quatre caisses de blouses de dames faisant l'objet de votre facture du…, et nous sommes extrêmement surpris que vous nous ayez expédié des marchandises aussi défectueuses. Cela, en effet, ne correspond pas aux habitudes de votre entreprise.

Les dentelles sont faites à la machine et non à la main, le linon n'est pas conforme au type soumis et certaines pièces sont franchement défraîchies.

Nous estimons que ces marchandises ne pourront être vendues. C'est pourquoi nous avons pris la décision de vous retourner les quatre caisses en port dû et nous annulons votre facture.

Veuillez agréer, Monsieur, nos salutations.

206. Réponse à une réclamation sur les délais de livraison

Monsieur,

En réponse à votre lettre d'hier, nous regrettons vivement de n'avoir pu vous expédier en temps utile les marchandises faisant l'objet de votre commande du 20 avril.

La faute en incombe à nos filateurs, qui n'ont pu tenir leurs promesses en raison de grèves qui, heureusement, semblent se terminer. Nous comptons vous expédier avant la fin du mois la plus grande partie et peut-être la totalité de votre commande. Nous mettrons tout en œuvre pour qu'elle vous parvienne dans les meilleurs délais.

Nous vous prions de bien vouloir excuser l'ennui que nous vous avons causé involontairement et d'agréer, Monsieur, l'assurance de nos sentiments distingués.

207. Réponse à une réclamation sur les délais de livraison

Monsieur,

Nous avons bien reçu votre rappel et nous nous empressons de vous informer que les marchandises sont prêtes et vous seront expédiées dès ce soir.

Nous espérons qu'elles vous arriveront en temps utile et que vous n'aurez pas à souffrir de ce retard, dû à une grève dans un atelier de finition.

Veuillez croire, Monsieur, à l'assurance de nos sentiments les plus dévoués.

208. Réponse à une réclamation pour non-conformité

Monsieur,

Nous accusons réception de votre lettre du ... qui ne nous est parvenue que le ...

Nous avons utilisé les matériaux habituels réservés à ce type de fabrication, mais, étant donné les mauvaises conditions climatiques, la récolte de coton a été cette année d'une qualité inférieure, raison pour laquelle la marchandise n'est pas exactement conforme à celle de nos anciennes livraisons.

Toutefois, l'écart n'est pas si grand et votre réclamation nous a beaucoup surpris.

Rien ne justifie à notre avis la reprise des marchandises, et il nous est impossible de vous accorder la grosse réduction de ... F (ou €) par mètre que vous sollicitez. Tout au plus, pour marquer notre bonne volonté, pouvons-nous vous offrir une bonification de ... % sur l'ensemble du marché.

Comme vous pourrez le vérifier aisément, notre rapport qualité-prix est calculé avec soin, et nous espérons que cela permettra de mettre fin à un simple malentendu.

Veuillez agréer, Monsieur, l'assurance de nos sentiments les meilleurs.

209. Réponse à une réclamation pour non-conformité

Monsieur,

Nous avons pris bonne note de vos observations sur notre méthode de livraison.

S'il est exact que nous avons parfois dû remplacer des articles manquants par d'autres qui étaient équivalents, nous insistons sur les faits suivants :

– la substitution a toujours été signalée sur la facture, par loyauté vis-à-vis du client ;

– le fait s'est rarement produit, et pour des quantités minimes ;

– nous constatons, après vérification de nos expéditions, que ces incidents sont survenus après des commandes urgentes, reçues trop tard pour que nous puissions reconstituer nos stocks.

Il nous semble donc que la concurrence a profité d'une occasion réelle au départ pour la grossir démesurément par la suite.

Nous vous félicitons de nous avoir avertis de ces difficultés qui, nous l'espérons, ne se reproduiront plus.

Veuillez croire, Monsieur, à l'assurance de nos sentiments les meilleurs.

210. Réponse à une réclamation pour non-conformité

Monsieur,

Nous vous présentons toutes nos excuses pour l'erreur qui a marqué l'expédition de vos services de table. Les expéditions sont si nombreuses avant les fêtes de fin d'année que notre personnel est surchargé.

Vous recevrez au plus tôt les pièces qui vous manquent. Quant aux pièces de Samadet que vous n'aviez pas commandées, veuillez nous faire savoir si vous préférez les conserver aux prix du catalogue diminués de 10 % ou si vous préférez nous les réexpédier à nos frais.

Nous nous excusons encore et vous prions d'agréer, Monsieur, l'expression de nos sentiments dévoués.

211. Réponse à une réclamation pour erreur d'expédition
Monsieur,

Par votre lettre du…, vous nous avez fait savoir que 25 caisses de maquereaux avaient été livrées de Marseille à M. Dupin à Barneville, à la place des 25 caisses de sardines qu'il avait commandées. Nous vous adressons donc à son intention un bon de livraison PD 827 pour 25 caisses de sardines qu'il devra remettre à notre transitaire à Marseille.

De notre côté, nous avisons le transitaire de nous débiter de tous frais de dédouanement et du transport par messagerie de Marseille à Barneville.

Nous vous remercions, et nous remercions M. Dupin, d'avoir pu obtenir que les 25 caisses de maquereaux restent en entrepôt à notre disposition dans ses magasins à Barneville.

Recevez, Monsieur, nos salutations distinguées.

PJ : Bon de livraison.

212. Réponse sur la disparition des marchandises
Monsieur,

En dépit de nos recherches, il n'a pas été possible de retrouver la caisse de douze bouteilles de vin manquant dans le lot que nous vous avons livré pour le compte de la maison Chandeilh à Béziers. Le récépissé qu'elle nous a présenté prouve effectivement que cette caisse a été expédiée. Nous reconnaissons cette disparition et sommes prêts à vous en dédommager. Veuillez seulement nous faire parvenir la facture correspondant à votre commande.

En vous priant de nous excuser de cet incident, nous vous adressons, Monsieur, l'expression de nos sentiments dévoués.

213. Réponse du transporteur sur la disparition des marchandises
Monsieur,

En réponse à votre lettre du 29 octobre, nous vous remettons ci-inclus récépissé et copie certifiée de facture des marchandises

218. Réponse du client pour facturation abusive

Monsieur le Directeur,

Vous m'avez envoyé à titre publicitaire, et sans que je vous les aie demandés, quelques numéros de votre mensuel X... que j'ai reçu d'ailleurs en double exemplaire.

Depuis quelques semaines, vous ne cessez de m'adresser des relances publicitaires qui s'accompagnent même de factures d'abonnement. Or, je n'ai jamais souscrit d'abonnement à votre journal, que j'apprécie peu, et j'apprécie moins encore le ton comminatoire de vos relances.

Je vous rappelle qu'après m'avoir envoyé quelques numéros à titre publicitaire vous m'avez fait savoir que, si je ne souscrivais pas d'abonnement avant la date du ..., vous cesseriez de m'expédier votre revue X...

Tout cela ne vous confère aucun droit à me réclamer de quelque manière que ce soit le paiement d'un abonnement auquel je n'ai jamais souscrit.

Je vous prie donc de ne plus m'importuner dorénavant avec cette affaire.

Croyez, Monsieur le Directeur, à ma parfaite considération.

219. Refus de paiement du client

Monsieur,

Nous avons bien reçu votre demande de règlement du ... courant.

Nous sommes très étonnés car, à ce jour, toutes les prestations indiquées sur notre bon de commande n°..., et que vous nous avez facturées, n'ont pas été effectuées. Nous ne réglerons ce montant qu'après exécution complète de votre engagement.

Veuillez agréer, Monsieur, l'expression de nos sentiments distingués.

P.C. de notre bon de commande.

220. Contestation d'une facture par un client

Monsieur,

Nous accusons réception de votre facture portant la référence n°... datée du ... qui nous est parvenue le ....

Nous vous prions de bien vouloir noter que cette facture nous a déjà été adressée le ... et que nous avons déjà honoré son paiement le ... par chèque n°... d'un montant de ... F (ou ... €).

Après vérification, ce règlement n'a effectivement pas été débité de nos comptes et nous vous demandons de bien vouloir contrôler que vos services ne l'ont pas enregistré entre temps avant de nous adresser une nouvelle réclamation.

Nous espérons qu'il s'agit seulement d'un disfonctionnement de vos services de facturation.

Veuillez croire, Monsieur, à l'assurance de nos sentiments les meilleurs.

La comptabilité

Tenir les comptes d'une société pour veiller à son équilibre financier est indispensable. Tout commerçant est obligé de par la loi de tenir une comptabilité (articles 8 à 11 du Code du commerce) et donc d'inscrire ses opérations dans des livres comptables susceptibles de contrôle par les autorités.

Dans la plupart des entreprises, la tenue de ces livres est confiée à un comptable. Ce travail peut être laissé à la secrétaire à qui l'on demande souvent des notions de comptabilité courante, dans les petites entreprises. C'est pourquoi, sans entrer dans l'étude de théories comptables aussi diverses que complexes, il nous paraît utile de rappeler quelques principes à l'usage d'une secrétaire non spécialisée.

Quelques notions de comptabilité

Il existe trois livres comptables qui doivent être tenus chronologiquement, sans blanc ni altération d'aucune sorte. Ils doivent être cotés et paraphés soit par un des juges du tribunal de commerce, soit par le juge du tribunal d'instance, soit par le maire ou un adjoint. Ils doivent être conservés, ainsi que les correspondances et les photocopies de lettres, pendant un délai de dix ans.

Le livre-journal

C'est un livre dans lequel on enregistre les acceptations ou endossements d'effets, les créances et les dettes, ainsi que toutes les opérations qu'effectue le commerçant.

Le commerçant y enregistre ses opérations jour par jour, ou bien y récapitule les totaux de ses opérations au moins une fois par mois. Mais, dans ce cas, il doit conserver tous les documents permettant l'examen des activités quotidiennes, ce que l'on appelle le « brouillard de caisse ».

Le livre d'inventaire

On y recopie chaque année les comptes annuels. Il n'y a pas lieu de copier l'inventaire proprement dit (stocks de marchandises) sur le livre d'inventaire. Cependant les supports qui le constituent doivent être conservés pendant dix ans (fiches de stock, feuilles volantes, etc.).

Le grand-livre

Il se compose de l'ensemble des comptes généraux qui constituent le plan comptable. C'est sa récapitulation qui établit la balance générale des comptes.

Le compte

Selon la définition de M.A. Rapin, c'est un tableau dans lequel sont enregistrées les opérations relatives au même objet. C'est un moyen de suivre les fluctuations quotidiennes des entrées et des sorties. Il peut donc y avoir des comptes de caisse, quotidiens ou hebdomadaires, des comptes de charges, etc.

La principale difficulté consiste à ventiler entre ces différents comptes tous les mouvements d'argent qui vont se produire au cours de l'exploitation commerciale. Pour cela, il faut bien se rappeler les principes suivants :

– Les augmentations d'actif et les charges s'inscrivent au débit.
– Les augmentations de passif et les produits s'inscrivent au crédit.
– Chaque inscription au crédit dans un compte s'accompagne d'une inscription au débit dans un autre et vice versa.

En général, on inscrit les comptes de l'entreprise par catégories encore appelées « classes » qui sont numérotées. N'est indiqué ci-après que ce qui apparaîtra au bilan, mais il existe encore beaucoup d'autres subdivisions.

Écriture comptable

Énoncé	Classes	Comptes	Sommes	
			Débit	Crédit
Je fonde une maison de commerce et je verse : En caisse 1 000 F	5	Caisse	1 000	
	1	Capital		1 000
En banque 5 000 F	5	Banque	5 000	
	1	Capital		5 000
J'achète et je paye, par un chèque tiré sur la banque, un mobilier commercial de 1 500 F	2	Mobilier	1 500	
	5	Banque		1 500
J'achète à crédit à Y... des marchandises pour 4 000 F	6	Achats	4 000	
	4	Fournisseurs		4 000
Je vends au comptant contre espèces des marchandises pour 100 F	5	Caisses	100	
	7	Ventes		100
J'achète au comptant 120 F de marchandises que je paie en espèces	6	Achats	120	
	5	Caisse		120
Je vends à crédit à Z... des marchandises pour 500 F	4	Client Z	500	
	7	Ventes		500
Z... me remet un chèque de 200 F que je verse à la banque	5	Banque	200	
	4	Client Z		200
Je paie en espèces 250 F de frais divers	4	Frais de gestion	250	
	5	Caisse		250
Je retire de ma banque 1 000 F que je verse dans la caisse	5	Caisse	1 000	
	5	Banque		1 000
Le client Z... accepte une lettre de change de 200 F que je tire sur lui	5	Effets à recevoir	200	
	4	Client Z		200
J'accepte une lettre de change de 1 000 F tirée sur moi par Y... fournisseur	4	Fournisseur Y	1 000	
	5	Effets à payer		1 000
Je négocie à ma banque la lettre de change tirée par Z...	5	Banque	200	
	5	Effets à recevoir		200
La banque m'avise qu'elle a retenu 5 F sur le produit de l'escompte de ma lettre de change	6	Frais de gestion	5	
	5	Banque		5
			15 075	15 075

Comptes de bilan (ou de situation) :
Classe 1. Comptes de capitaux (capital et réserves)
Classe 2. Comptes d'immobilisations (biens d'équipement et leur amortissement)
Classe 3. Comptes de stocks et en-cours (stocks de matières et de marchandises)
Classe 4. Comptes de tiers (fournisseurs et clients)
Classe 5. Comptes financiers (banques, chèques postaux, caisses).
Comptes de gestion ou de résultat :
Classe 6. Comptes de charges (achats, frais)
Classe 7. Comptes de produits (ventes).
Comptes de résultats :
Classe 8. Exploitation générale. Pertes et profits.
Pour donner un exemple précis, nous reproduisons un tableau extrait du *Cours de comptabilité* de M. A. Rapin. Il envisage la plupart des opérations comptables auxquelles peut avoir à se livrer une secrétaire, même sans l'aide d'un comptable spécialisé.

Frais salariaux
Lors de la rémunération des salariés, on remet à chacun d'entre eux un bulletin de salaire. Tous ces comptes individuels sont rassemblés dans un autre journal comptable, le « journal de paie », qui peut être présenté de la manière suivante (voir tableau p. 212).

Le bilan

C'est un tableau résumé de la comptabilité d'une entreprise. Pour faire le bilan d'une société à un moment donné, il faut connaître ce qu'elle possède et ce qu'elle doit.
On va donc utiliser ces deux données sous les noms d'« actif » et de « passif ».
– L'actif :
Il est constitué de tous les biens que possède l'entreprise pour exercer son activité, les biens d'équipement, les marchandises, les espèces et les créances sur les tiers.

Évolution du bilan

	1re année		2e année		3e année	
	Valeurs	%	Valeurs	%	Valeurs	%
ACTIF						
IMMOBILISATIONS						
Immobilisations brutes	220 139	34,25	221 721	33,06	230 891	31,60
Amortissements	- 49 523	7,71	76 227	11,37	103 479	14,16
TOTAL (immobilisations nettes)	170 616	26,54	145 494	21,69	127 412	17,44
STOCKS	339 920	52,89	380 992	56,81	479 279	65,60
RÉALISABLE À COURT TERME						
Clients + effets à recevoir	3 409	0,54	9 153	1,37	23 892	3,37
Autre réalisable	35 972	5,59	51 520	7,68	52 766	7,12
TOTAL	39 381	6,13	60 673	9,05	76 658	10,49
DISPONIBLE À COURT TERME	92 817	14,44	83 466	12,45	47 255	6,47
Total de l'actif	**642 734**	**100**	**670 625**	**100**	**730 604**	**100**
PASSIF						
CAPITAUX PROPRES	244 464	38,04	204 555	30,50	243 468	33,32
DETTES À LONG ET MOYEN TERME	125 880	19,58	112 327	16,75	97 512	13,35
DETTES À COURT TERME						
Fournisseurs + effets à payer	102 483	15,95	90 210	13,45	102 284	14,00
Autres dettes	31 119	4,84	48 441	7,23	40 900	5,60
TOTAL	133 602	20,79	138 651	20,68	143 184	19,60
RÉSULTAT	138 788	21,59	215 092	32,07	246 440	33,73
Total du passif	**642 734**	**100**	**670 625**	**100**	**730 604**	**100**

– des *valeurs disponibles* : une diminution régulière ; elles passent de 14,44 % à 6,47 %, ce qui constitue une amélioration de la gestion de la trésorerie immédiate.

L'analyse du *passif* permet de constater :

– une diminution de la part des capitaux propres, dont la valeur en pourcentage passe de 38,04 à 33,32 % ;

– une diminution de la dette à long terme, qui tombe de 19,58 % à 13,35 % avec la fin de l'emprunt contracté lors de la rénovation du magasin ;

– une dette à court terme qui se maintient sensiblement au même niveau ;

– un accroissement continu du résultat, qui passe de 21,59 % à 33,73 %.

Cette entreprise est en très bonne santé, elle regorge de capitaux, mais ceux-ci ne sont pas employés d'une manière très dynamique puisqu'ils financent un stock trop important. La trésorerie permet de faire face aux échéances sans difficulté.

Voici maintenant l'étude des comptes d'exploitation, suivie de ses conclusions.

L'analyse de l'évolution des résultats tels qu'ils apparaissent sur les comptes d'exploitation conduit aux mêmes conclusions satisfaisantes :

– une progression sensible du chiffre d'affaires : 11,6 % la deuxième année, 27,7 % la troisième année ;

– une marge brute qui se maintient à un niveau élevé, en gros 53 % du chiffre d'affaires hors taxes ;

– une grande stabilité des frais généraux (20 % du C.A.).

L'augmentation régulière des frais de personnel est due à la stabilité de celui-ci, qui bénéficie alors de primes d'ancienneté. La diminution des frais financiers s'explique par le fait que, les emprunts contractés lors de la rénovation arrivant à leur terme, le montant des intérêts est moindre ;

– un bénéfice net à 32 % du C.A. hors taxes indique que l'affaire est largement rentable.

Analyse de l'évolution des comptes

	1re année	%	2e année	%	3e année	%
1. Ventes	748 426		835 486	11,6	1 067 342	27,75
2. Taxes	161 379		172 671		219 124	
3. Ventes hors taxes	587 047	100	662 815	100	848 218	100
4. Inventaire début d'année	311 490		339 992		380 992	
5. + Achats de l'exercice	344 623		363 362		503 842	
Total (4 + 5)	656 113		703 354		884 834	
6. – Inventaire fin d'année	339 921		380 992		479 279	
7. = **Prix de revient ventes**	304 097	51,80	306 227	46,20	394 592	46,52
8. MARGE BRUTE (3 – 7)	282 950	48,20	356 588	53,80	453 626	53,48

La gestion des comptes

Quel est le courrier classique que la secrétaire reçoit ou expédie dans le domaine de la comptabilité ? Il s'agit principalement de celui qui la met en relation avec les clients au sujet d'un règlement : ce qui est vrai pour l'envoi des factures comme pour le recouvrement des sommes dues.

Pour gérer les étapes de ces différents échanges, elle reporte les informations reçues par courrier dans son fichier clientèle. Cela lui permet de savoir, par exemple : qui a réglé le montant de sa cotisation, qui a reçu une première relance, qui a reçu une deuxième relance.

Envoi de factures

La facture est un document que l'on rédige en langue française en double exemplaire au moment de la vente, et dont on remet l'original au client, le vendeur gardant la souche.

La langue française est obligatoire ; on peut sous-titrer dans une langue étrangère.

Voici les mentions obligatoires qu'une facture doit comporter :
- raison sociale et coordonnées du vendeur,
- numéro d'immatriculation au registre du commerce et des sociétés (pour toute personne physique ou morale immatriculée),
- numéro d'immatriculation au registre des métiers pour les artisans,
- raison sociale et coordonnées du client,
- forme juridique de la société et montant de son capital social,
- indication de la base, du taux et du montant de la TVA, s'il y a lieu,
- description du produit (quantité, prix unitaire, montant total à payer),
- description des conditions de règlement,
- conditions d'escompte.

Analyse de l'évolution des comptes (suite)

	1re année	%	2e année	%	3e année	%
9. Charges :						
61. Frais de personnel	26 508	4,51	32 052	4,83	48 679	5,74
62. Impôts	4 629	0,79	5 025	0,76	4 899	0,57
63. Travaux et services extérieurs	30 903	5,26	32 481	4,90	41 398	4,88
64. Transports et déplacem.	3 892	0,66	3 165	0,47	3 858	0,45
66. Frais divers de gestion	42 673	7,27	46 739	7,05	59 398	7,00
67. Frais financiers	13 110	2,23	12 042	1,81	10 915	1,30
TOTAL DES CHARGES	121 715	20,70	131 504	19,84	169 147	19,94
10. Résultat d'exploitation (8−9)	161 235	27,46	225 084	33,95	284 479	33,53
11. Amortissements	22 343	3,80	26 703	4,02	27 251	3,21
12. **Résultat net** (10−11)	138 892	23,66	198 381	29,93	257 228	30,32
13. Pertes et profits	+ 99		+ 16 712	2,52	− 10 784	− 1,27
14. **Bénéfice net de l'exercice** (12 + 13)	138 991	23,66	215 093	32,45	246 444	29,00

Règlement des factures

Les rappels envoyés par les commerçants à leurs clients sont fréquemment des circulaires prévues à cet effet, qui présentent des espaces vides que la secrétaire remplit en fonction du destinataire. C'est la méthode du repiquage dont nous avons parlé au moment de la rédaction des circulaires.

Réclamations

Les rappels successifs sont restés sans effet, le client ne paie pas. Le fournisseur tente de rentrer dans ses frais en expédiant des injonctions de payer.

Les poursuites juridiques entraînent des frais importants. Lorsqu'il s'agit de sommes modiques, les commerçants préfèrent parfois perdre un client.

L'examen du bilan

Le bilan est indispensable pour mieux connaître la marche d'une entreprise, pour la situer par rapport au marché. Lors de l'assemblée générale annuelle, le patron présente le compte d'exploitation de l'exercice aux participants, et les actionnaires, après avoir approuvé les comptes, décident de l'affectation des résultats.

En cas d'opérations commerciales défavorables, un commerçant se trouve parfois en cessation de paiements. Lorsqu'il prend la décision d'avertir le tribunal de commerce de cette situation, et lui adresse copie de son bilan, on désigne cette démarche sous le nom de « dépôt de bilan ».

Une fois le tribunal avisé, une procédure est engagée pour la liquidation de cette faillite.

Une nouvelle monnaie : l'euro

Le passage à l'euro constitue un choix normalement définitif et irrévocable. Jusqu'au 31 décembre 1998, les documents comptables étaient tenus en francs. À partir du 1er janvier 1999 et jusqu'au 1er janvier 2002, ils peuvent être tenus en euros. Ces trois années de transition permettent provisoirement au public de s'habituer à l'euro.

Sa mise en place

1er janvier 1999 : c'est la date du passage à la monnaie unique et officielle pour les pays membres de l'Union monétaire (11 pays sur les 15 : le Danemark, la Grèce, l'Irlande, le Royaume-Uni et la Suède n'ayant pas adopté l'euro au 1er janvier 1999). Les taux de change des monnaies de ces États ont été fixés par rapport à l'euro.

Dorénavant, 1 euro = 6,559 57 francs français. Le taux de conversion comporte 5 chiffres après la virgule.

4 janvier 1999 / 31 décembre 2001 : tout échange de valeurs (par prélèvement, virement, chèque ou carte bancaire) peut s'effectuer en euros aussi bien pour les entreprises que pour les particuliers, sans qu'il y ait obligation ou interdiction. Pour cela, on peut utiliser la carte bancaire ou bien se faire établir un chéquier spécifique en euros ; mais il faut que le commerçant puisse accepter ces paiements (c'est-à-dire qu'il soit équipé informatiquement à cet effet). Le double affichage des prix est mis en place (relevés, factures, contrats ou fiches de paie).

Cette période doit permettre aux professionnels de modifier leur système informatique et comptable, de faire un travail d'information auprès du personnel, d'acquérir une caisse enregistreuse adaptée et de s'habituer au double étiquetage. Les chefs d'entreprise peuvent se renseigner auprès des chambres de commerce et de l'industrie et des organismes professionnels.

1er janvier 2002 : mise en circulation des pièces et billets en euros. Le franc disparaît et son retrait progressif s'achèvera le 1er juillet 2002. L'application définitive de ce changement transformera tous les échanges commerciaux. Tous les documents officiels devront être remplis en euros et tous les moyens de paiement seront établis en euros. Les conversions bancaires seront effectuées automatiquement et gratuitement en respectant la règle de l'arrondi.

La monnaie

En France, il a été décidé d'écrire « euro » et « cent » (sa subdivision) sans majuscule et avec un « s » au pluriel. Seront émis :
- 7 billets de 5, 10, 20, 50, 100, 200 et 500 euros,
- 8 pièces de 1 et 2 euros et de 1, 2, 5, 10, 20 et 50 cents (ou centimes, en France). Les pièces auront une face commune à l'ensemble de l'Union européenne et une face nationale.

Conversion des prix en euros

Pour convertir un prix en euros, il faut multiplier ce prix par 0,152 45.

Pour évaluer un prix en euros, un calcul de tête peut donner une valeur approchante : il faut ajouter la moitié de la valeur en francs, diviser le total obtenu par 10. Exemple : Pour 424 F, on aura (424 + 212) : 10 = 636 : 10 = 63,60 euros.

Règle de l'arrondi

Si le troisième chiffre après la virgule est inférieur à 5, arrondir au cent inférieur. S'il est égal ou supérieur à 5, arrondir au cent supérieur. Exemples : 4,68 2 est arrondi à 4,68 ; 4,68 7 est arrondi à 4,69.

Modèles de lettres

221. Envoi de facture et rappel d'un solde

Monsieur,

Vous trouverez ci-joint notre facture n° 2520 de ... F (ou ... €), correspondant à notre livraison du 12 mai dernier.

Par ailleurs, votre compte reste débiteur de la somme de ... F (ou ... €), que nous vous serions obligés de nous régler afin de nous permettre de régulariser nos écritures.

Veuillez agréer, Monsieur, l'expression de nos sentiments distingués.

PJ : Facture n° 2520.

222. Rappel d'une facture

M...,

Nous remarquons que votre compte présente un solde débiteur de ... F (ou ... €), montant de notre facture n°... du ... dernier.

Nous vous rappelons que nos conditions de paiement étaient de 30 jours 3 % ou 90 jours net. Votre chèque aurait dû être envoyé avant le ...

Votre escompte de 3 % est donc annulé, et nous attendons votre règlement dans les meilleurs délais.

Nous vous prions d'agréer, M..., l'expression de nos sentiments distingués.

PJ : Facture n° 4733.

223. 1er rappel

Monsieur,

Nous vous rappelons notre facture n° 253 du 31 mars dernier, s'élevant à ... F (ou ... €) pour une commande de matériel, et dont nous attendons le règlement.

Nous vous en remercions par avance et vous prions de croire, Monsieur, à l'assurance de nos sentiments les meilleurs.

224. 2ᵉ rappel

Monsieur,

À ce jour, et sauf erreur de notre part, nous n'avons toujours pas reçu règlement de notre facture n° 253, du 31 mars 1988, d'un montant de … F (ou … €).

Nous vous serions obligés de bien vouloir régulariser cette situation dans les meilleurs délais.

Veuillez agréer, Monsieur, l'expression de nos sentiments distingués.

P.-S. : Dans le cas où vous auriez déjà fait parvenir votre paiement, veuillez considérer que ce rappel est sans objet.

PJ : Double de notre facture n° 253.

225. 3ᵉ rappel

Monsieur,

Vous ayant rappelé les 16 et 30 avril dernier le règlement de notre facture n° 253 du 31 mars, nous sommes surpris de ne pas encore avoir reçu votre réponse.

Nous vous serions reconnaissants, afin de nous éviter des frais supplémentaires et pour simplifier notre comptabilité, de nous faire parvenir votre versement par retour du courrier. Le montant de votre solde s'élève à … F (ou   €).

Veuillez agréer, Monsieur, l'expression de nos salutations les meilleures.

226. Envoi de règlement par chèque

Monsieur,

En règlement de votre facture du…, nous vous remettons ci-inclus un chèque de … F (ou … €) sur la Société Générale.

Veuillez nous en accuser réception, et croyez, Monsieur, à nos sentiments les meilleurs.

PJ : Chèque n° 4567890.

227. Accusé de réception

Monsieur,

Nous accusons réception de votre lettre du … Le chèque de … F (ou … €) qui y était joint en règlement de notre facture du … nous a permis de solder votre compte dont vous voudrez bien trouver ci-joint un relevé.

Nous vous en remercions et vous prions d'agréer, Monsieur, l'expression de nos sentiments distingués.

PJ : Relevé de compte.

228. Envoi de règlement par chèque

Monsieur,

Vous trouverez sous ce pli un chèque n° 22910 sur le Crédit Lyonnais, Paris, de … F (ou … €) (montant du chèque inscrit en toutes lettres).

Nous vous prions d'en créditer notre compte pour solde de votre facture n° 3411 du … dernier, de … F (ou … €).

Veuillez nous en accuser réception et croyez, Monsieur, à nos salutations distinguées.

PJ : Chèque n° 22910.

229. Accusé de réception

Monsieur,

Nous accusons réception de votre lettre du … et du chèque n° 22910, de … F (ou … €), sur le Crédit Lyonnais, à Paris, dont nous vous remercions.

Vous trouverez ci-joint un extrait de votre compte arrêté au 31 décembre, et présentant en votre faveur un solde de … F (ou … €), dont nous vous créditons de nouveau.

Veuillez croire, Monsieur, à l'assurance de nos sentiments les meilleurs.

PJ : Extrait de compte.

230. Effets remis à l'escompte

Monsieur,

Vous trouverez ci-joint trois effets que vous voudrez bien négocier au mieux :

... F (ou ... €) sur X... et Cie, Buenos Aires, au 31 juillet,

... F (ou ... €) sur Y... et Cie, Buenos Aires, au 31 août,

... F (ou ... €) sur Z... et Cie, Montevideo, au 31 août.

Ils sont endossés à votre ordre, et nous vous demandons de les présenter à l'acceptation.

Nous vous remettons enfin l'effet suivant :

... F (ou ... €) sur W..., Buenos Aires, au 30 septembre prochain. Cette maison ayant déjà suscité à plusieurs reprises des difficultés, nous avons pris la liberté de domicilier cette traite dans votre succursale de Buenos Aires. En cas de non-paiement, nous vous prions d'intervenir pour notre compte et de faire protester en temps utile.

Nous vous remercions de bien vouloir créditer notre compte du montant net de cette remise sous les réserves d'usage et déduction faite de tous vos frais et intérêts.

Croyez, Monsieur, à l'assurance de nos sentiments les meilleurs.

231. Demande de facilités de paiement

Monsieur,

Nous avons le regret de vous informer qu'en raison de difficultés nouvelles nous ne pourrons faire face à notre traite de ... F (ou ... €), à échéance fin courant.

Nous vous serions donc reconnaissants d'accepter l'une des solutions suivantes :

– nous accorder un délai supplémentaire de quatre mois,

– substituer à la traite unique une traite de ... F (ou ... €) à échéance fin du mois et quatre traites de ... F (ou ... €) à échéance fin mai, fin juin, fin juillet et fin août, le tout bien entendu moyennant l'intérêt habituel de 8 %.

Nous espérons que ce délai ne sera pas trop gênant pour vous et que vous pourrez accorder satisfaction à notre demande.

Nous vous en remercions vivement d'avance et vous prions d'agréer, Monsieur, l'expression de nos sentiments distingués.

232. Effets offerts en paiement

Monsieur,

En raison de nos difficultés actuelles, nous aurons de lourdes échéances en fin de mois, et nous regrettons de ne pouvoir vous faire parvenir notre chèque habituel.

Vous nous rendriez donc un grand service en acceptant en compte les effets tirés sur des maisons sérieuses que nous énumérons ci-dessous :

... F (ou ... €) sur X... au 28 février prochain,

... F (ou ... €) sur Y... au 31 mars prochain,

... F (ou ... €) sur Z... au 30 avril prochain.

Nous supporterons, bien entendu, tous les frais et intérêts, et vous en remerciant, nous vous prions d'agréer, Monsieur, l'expression de nos sentiments distingués.

233. Réponse du fournisseur

Monsieur,

Nous avons bien reçu votre lettre du ... renfermant trois effets de commerce.

Les clauses de notre acte de société nous interdisent aussi bien les prêts d'argent que l'escompte des valeurs ; en raison de nos bonnes relations, nous acceptons exceptionnellement votre remise sous les réserves d'usage et nous en établissons le décompte comme suit :

Montant total desdits effets . . . . F (ou ... €)

Échéance moyenne :

22 mars, soit 60 jours d'intérêt à 6 % . . . . F (ou ... €)

Commission 1 %. . . . . F (ou ... €)

Produit net. . . . . F (ou ... €)

que nous portons à votre crédit.

Veuillez croire, Monsieur, à l'expression de nos sentiments les meilleurs.

234. Rappel et menace de poursuites

Monsieur,

Malgré vos promesses et nos réclamations, nous attendons encore le remboursement de notre traite de ... F (ou ... €), échue et protestée le 31 mai dernier.

Si vous n'avez pas effectué ce règlement dans les cinq jours, nous recourrons à des mesures de rigueur pour liquider ce contentieux.

Veuillez recevoir, Monsieur, nos salutations distinguées.

235. Demande de règlement dans la huitaine

Monsieur,

Nous vous rappelons que vous restez nous devoir la somme de ... F (ou ... €), comme nous vous l'expliquions dans notre lettre du ... dernier.

Nous ne pouvons laisser se prolonger cet arriéré et nous vous prions de nouveau très instamment de nous adresser cette somme dans la huitaine.

À défaut de règlement, nous devrons considérer cette créance comme recouvrable par voie litigieuse.

Agréez, Monsieur, nos très sincères salutations.

236. Menace de poursuites

Monsieur,

Je suis très surpris que vous ayez laissé sans réponse mes lettres des 16 avril, 30 avril et 7 mai derniers. À mon grand regret, étant donné nos bonnes relations précédentes, il me faut vous informer que, si je n'ai pas reçu votre solde, soit ... F (ou ... €), je serai obligé de poursuivre le recouvrement de ma créance par les voies de droit.

Espérant que vous ne me laisserez pas recourir à ces moyens extrêmes, je vous prie d'agréer, Monsieur, mes salutations distinguées.

237. Demande de règlement par huissier

Monsieur,

La société X… et Cie de notre ville a laissé protester fin mars notre traite de … F (ou … €). Ces clients nous doivent en outre la somme de … F (ou … €), remise en espèces pour les aider à l'échéance, plus … F (ou … €), compte de retour.

Nous nous adressons donc à vous afin que vous exigiez satisfaction immédiatement, ou pour les assigner ou les poursuivre si nécessaire.

Nous vous expédions sous ce pli toutes les pièces justificatives indispensables : pouvoir, effet accompagné de son protêt, copies certifiées de nos lettres et factures.

Nous vous prions de croire, Monsieur, à l'assurance de nos sentiments les meilleurs.

PJ : Pièces justificatives.

238. Réclamation pour erreur de facturation

Monsieur,

En vérifiant le relevé du compte que vous venez de nous faire parvenir, nous remarquons avec surprise que le montant de votre facture du 17 décembre ne correspond pas exactement à notre commande.

Vous nous débitez 20 douzaines de rasoirs n° 12 à … F, alors que nous les avions achetés à … F, ainsi que le prouve le bulletin de commande remis par votre voyageur, dont nous avons le double sous les yeux. En outre, vous avez omis l'escompte habituel de 3 %, ce qui fait au total une différence de … F (ou … €) en notre faveur.

Nous vous serions obligés de nous faire parvenir prochainement une note d'avoir et nous vous serions reconnaissants de prendre des mesures pour éviter le retour d'erreurs aussi désagréables.

Nous vous prions de croire, Monsieur, à nos salutations distinguées.

239. Réclamation pour une traite tirée par erreur

Monsieur,

La Banque d'Angleterre vient de nous présenter à l'encaissement une traite de ... livres, tirée par vous sans avis préalable. Nous pensons qu'il s'agit du montant de votre facture du ...

Nous avions pourtant effectué ce règlement par chèque n° 90247, du ... et nous sommes très surpris de cette erreur.

Nous avons donc dû refuser le paiement en priant la banque de bien vouloir vous demander de nouvelles instructions.

Veuillez agréer, Monsieur, nos salutations distinguées.

240. Offre de reprise d'invendus

Monsieur,

D'après les conditions auxquelles vous avez bien voulu souscrire, vous devez nous faire retour, avant l'expiration du délai de deux mois, des articles qui ne seraient pas de votre vente.

Pour vous éviter ce souci, nous avons décidé que nos représentants procéderaient eux-mêmes à ces reprises ou échanges, et qu'aucune marchandise ne serait débitée ferme ni aucune traite mise en circulation avant que notre représentant vous ait rendu visite.

Toujours dévoués à vos ordres, nous vous prions d'agréer, Monsieur, nos sentiments distingués.

241. Offre de reprise d'invendus

Monsieur,

Il y a quelque temps, vous avez bien voulu accepter que je mette en dépôt dans vos magasins une certaine quantité d'outillage pour vous permettre de satisfaire immédiatement aux commandes de vos clients. Je remarque que, dans le stock ainsi constitué, figurent beaucoup d'appareils à tarauder et que l'écoulement de ces outils tout à fait spéciaux est assez rare chez vos clients. Si vous n'y voyez pas d'inconvénient, je vous serais reconnaissant de vouloir bien me retourner les appareils à tarauder dont vous n'avez pas la vente courante, afin de m'éviter de mettre de nouveaux appareils en fabrication.

Agréez, Monsieur, mes salutations distinguées.

242. Rapport financier avec bilan favorable

Monsieur,

Voici les résultats financiers de l'exercice 2001, en tous points satisfaisant.

Recettes de l'année 2000...................... .. F (ou ... €)

Recettes de l'année 2001...................... .. F (ou ... €)

Soit une augmentation de...................... .. F (ou ... €)

Cette augmentation s'élève en réalité à ... F (ou ... €) car le comité a constitué une réserve de ... F (ou €) par prévoyance.

Dépenses de l'année 2000... .... F (ou ... €)

Dépenses de l'année 2001... .... F (ou ... €)

Soit une augmentation de...................... .. F (ou ... €)

Augmentation modérée, compte tenu de l'évolution générale des prix.

Les bénéfices s'élèvent donc à ... F (ou ... €) et leur répartition sera précisée lors de la prochaine A.G.

Après avoir procédé au contrôle annuel de nos finances, notre commissaire aux comptes a constaté leur parfaite exactitude et la sincérité de ceux qui vous sont présentés.

Veuillez croire, Monsieur, à l'assurance de nos sentiments les meilleurs.

243. Rapport financier avec bilan favorable

Monsieur,

J'ai l'honneur de présenter à l'assemblée générale le compte d'exploitation de l'exercice 2000-2001.

Recettes.. F (ou ... €)

Dépenses.. F (ou ... €)

Actif de la société .... F (ou ... €)

Estimation du portefeuille......................... F (ou ... €)

Comptes courants .... F (ou ... €)

Créances .... F (ou ... €)

Total de l'actif... F (ou ... €)

Remarques. Les comptes de l'exercice 2000 sont marqués par deux points importants :

– Pour la première fois depuis plusieurs années, le fonctionnement courant de l'association est équilibré par les contributions annuelles de ses membres. Cela est dû à la fois au relèvement des cotisations annuelles et aux efforts accomplis pour comprimer les dépenses ordinaires (voir Annexes, ci-joint).

– Notre société a bénéficié du legs de la société Quibolle, dont l'importance change d'un seul coup les dimensions de notre portefeuille.

La situation de notre trésorerie est donc parfaitement saine et je remercie tous les membres qui ont compris la nécessité d'un effort financier accru.

Croyez, Monsieur, à mes sentiments dévoués.

PJ : Annexes du rapport financier.

244. Avis de suspension de paiement

Monsieur,

Durement touché par la crise économique et à la suite de lourdes pertes causées par la faillite de deux de mes principaux clients, je me vois dans la nécessité de suspendre mes paiements à dater de ce jour.

Je fais établir en ce moment la balance de mes livres et je compte convoquer mes créanciers avant la fin du mois pour leur présenter un bilan exact.

S'ils veulent bien m'accorder les délais suffisants, j'ai lieu de croire que je serai en mesure de faire honneur à toutes mes obligations même sans réaliser entièrement les stocks et les immeubles qui forment la plus grande partie de l'actif.

J'espère, Monsieur, que vous aurez l'obligeance, en raison de nos excellentes relations antérieures, d'attendre cette convocation et de vous faire représenter par un fondé de pouvoir si vous ne pouvez vous y rendre en personne.

Veuillez agréer, Monsieur, l'expression de mes sentiments distingués.

245. Offre de liquidation à l'amiable

Monsieur,

La maison X…, 435, rue Réaumur, Paris, qui existe depuis près de quatre-vingts ans et qui a toujours fait honneur à sa signature, se trouve actuellement dans l'impossibilité absolue de faire face à ses paiements.

Elle vous prie donc de bien vouloir retirer de la circulation tous vos effets à échéance prochaine.

Un bilan actif et passif va être établi de toute urgence. Il vous sera alors demandé de l'examiner et de prêter votre concours à la liquidation au mieux des intérêts de l'ensemble des créanciers. Le passif « fournisseurs » s'élève à environ … d'euros, réparti sur 60 créances.

Je vous serais particulièrement obligé de vous rappeler la valeur morale de cette maison et de m'aider à parvenir au règlement amiable de cette affaire.

Avec mes remerciements anticipés, je vous prie de croire, Monsieur, à l'assurance de mes sentiments les meilleurs.

opérations financières et démarches

Les relations avec les banques

es relations écrites avec les banques sont le plus souvent réduites au minimum. Quand il s'agit d'une opération de routine, l'intéressé remplit un imprimé mis à sa disposition à l'agence dans laquelle il se rend. Quand il s'agit d'opérations plus complexes, telles que les demandes de crédit, un entretien est toujours nécessaire et la correspondance se borne à en confirmer les grandes lignes.

Toutefois, les rapports avec les banques tiennent une place si essentielle dans la vie des entreprises qu'il est bon tout de même de donner quelques indications.

Qu'est-ce qu'une banque ?

'est un établissement ou une entreprise qui vit du commerce de l'argent et des titres de toute nature, effets de commerce et valeurs de Bourse. Le public qu'elle reçoit lui confie des fonds qu'elle utilise pour son compte, en vue :
– d'opérations d'escompte,
– d'opérations de crédit,
– d'opérations financières.

Cette définition indique bien une triple spécialisation des banques.
• Les banques de dépôt :
Ce sont celles qui reçoivent les fonds de leurs clients et leur accordent des crédits à court terme, surtout sous forme d'escompte. Elles sont bien connues : Banque nationale de Paris, Société générale, Crédit Lyonnais, etc.

• Les banques de crédit :

Elles accordent des crédits à long et moyen terme en échange de certaines garanties : ce sont, par exemple, le Crédit foncier, la Banque d'escompte, le Crédit agricole qui, du reste, joue également le rôle d'une banque de dépôt et ne s'adresse pas uniquement aux agriculteurs.

• Les banques d'affaires :

Leur activité principale est de prendre des participations dans les entreprises à l'aide des fonds déposés pour plus de deux ans par les particuliers. La Banque de Paris et des Pays-Bas en est un exemple bien connu.

Le client choisira parmi ces différents types de banques en fonction de ses besoins, bien que, dans la pratique, les distinctions que nous avons indiquées ne soient pas absolument rigoureuses. Plusieurs établissements de crédit ont multiplié les ouvertures de guichets afin de se procurer de l'argent et rivalisent avec les banques de dépôt qui, elles-mêmes, n'hésitent pas à accorder des crédits à long terme et à imaginer les types de prêt les mieux adaptés aux besoins de leur clientèle.

En nous plaçant du point de vue d'un petit ou moyen entrepreneur, nous dirons simplement que, s'il désire obtenir des fonds pour financer constructions et réparations, il s'adressera plutôt au Crédit foncier ; pour des investissements productifs, au Crédit national ; pour des opérations d'importation ou d'exportation, à la Banque française du commerce extérieur. Les agriculteurs font fréquemment appel au Crédit agricole.

En ce qui concerne les opérations avec l'étranger, les banques peuvent se livrer à toutes les opérations de change, c'est-à-dire acheter et vendre des devises, ou encore gérer des comptes étrangers en France. Elles prennent également en charge les virements et les transferts. Elles proposent, maintenant, des chèques de voyage, des Eurochèques, qui sont négociables dans l'ensemble des pays d'Europe. Pour les règlements commerciaux, les importations et les exportations, les démarches sont complexes et il est préférable de consulter son banquier.

Tenue d'un compte et démarches courantes

Dès l'ouverture d'un compte, la banque remet un carnet de chèques au titulaire. Les banques délivrent normalement des carnets de chèques barrés et non endossables.

Dans certains cas particuliers, le titulaire peut obtenir des chèques endossables.

Ouverture d'un compte

Les formalités à remplir en vue de l'ouverture d'un compte varient selon qu'il s'agit d'une personne physique ou morale, et, dans ce cas, selon la nature de la société.

– Pour un particulier ou dans le cas d'une entreprise individuelle : les pièces d'identité courantes suffisent.

– Pour les commerçants et les artisans : il faut y ajouter un extrait du registre du commerce ou du registre des métiers.

– Pour les associations et les sociétés civiles : il faut présenter l'acte constitutif et les statuts.

– Pour les sociétés commerciales : il faut produire l'extrait du registre du commerce et un exemplaire du journal d'annonces légales.

– Pour les sociétés anonymes : les délibérations de l'assemblée générale et du conseil d'administration sont nécessaires.

La banque peut toujours refuser l'ouverture d'un compte ou demander des garanties.

Réclamations

La tenue de compte, en général, ne suppose guère de correspondance, en dehors de quelques ordres très concis.

Cependant certaines erreurs peuvent se produire et donner lieu à des lettres de réclamation.

Faites vos comptes avec le Minitel

Le particulier, le professionnel ou l'entreprise ont maintenant accès en permanence aux services bancaires, grâce au Minitel. Il suffit pour cela de prendre un abonnement auprès de votre agence, qui vous remettra votre numéro d'abonné. Votre numéro de code personnel est confidentiel, et vous est envoyé par la suite. Ce service Minitel vous permet par exemple de connaître le solde de tous vos comptes.

Vous pourrez ainsi savoir tout de suite quels sont les chèques qui ont été débités sur votre compte, pour un chéquier en cours. Si vous lui fournissez le numéro d'un chèque, le Minitel vous restitue le titre de l'opération correspondante.

Vos virements sont réalisables de compte à compte, ou sur des comptes de tiers. Cela ne vous empêche pas de les annuler quand vous le désirez.

En ce qui concerne les règlements par cartes, il vous sera indiqué la date à laquelle seront prélevés les paiements que vous avez effectués de cette manière.

Enfin, vous pouvez lui confier vos commandes de relevés d'identité bancaire, encore appelés « R.I.B. », lorsque vous en aurez besoin.

Demande d'une carte bancaire

Document plastifié de petit format, la carte porte le numéro de compte chèque de son propriétaire et est équipée d'un code magnétique invisible. Elle peut être utilisée comme moyen de paiement auprès des commerçants sans aucune formalité et permet de retirer de l'argent dans des distributeurs automatiques, tous les jours et 24 heures sur 24.

Cela évite l'obligation de se présenter à l'agence. Il suffit d'être titulaire d'un compte pour avoir droit à une carte de crédit. L'employé remplit alors un formulaire correspondant, puis le client reçoit sa carte.

Il existe des cartes internationales valables pour l'étranger.

Le crédit

Le crédit et les commerçants

Certaines banques prévoient un service privilégié pour les commerçants. Ceux-ci ayant parfois des difficultés de trésorerie, plusieurs solutions leur sont offertes pour créer des liquidités. Le client intéressé prendra donc rendez-vous avec son banquier qui étudiera son chiffre d'affaires pour le faire bénéficier d'avantages particuliers, notamment en ce qui concerne les possibilités de crédit.

Le crédit à court terme, généralement accordé pour une période inférieure à deux ans, comprend :

– les facilités de caisse, qui sont des avances de courte durée, et fréquemment renouvelées ;

– les découverts, qui peuvent être consentis oralement, lorsque le client est bien connu de son agence.

Le crédit à moyen terme, qui varie environ de deux à sept ans, permet de couvrir les besoins du client dans le domaine mobilier, besoins d'équipement, matériel informatique, et dans le domaine immobilier.

Le découvert

Parfois les commerçants souhaiteraient obtenir un découvert qui leur permettrait de faire face à des dépenses diverses, fournisseurs, TVA, etc.

Il arrive aussi qu'ils se trouvent en décalage, pris entre un fournisseur qu'ils doivent rembourser à 30 jours et une clientèle qui les réglera à 30 jours.

Ils peuvent alors faire appel à la banque, prendre rendez-vous avec son responsable et lui apporter les documents concernant les structures de la société, ainsi que ses derniers bilans.

Après avoir examiné la situation de son client, le banquier constitue un dossier fixant la somme prévue pour couvrir les dettes du demandeur, et la durée de cette couverture.

Si le cas est accepté, il donnera lieu à un contrat qui sera signé par le commerçant et son banquier. Le contrat pourra être renouvelé au bout d'un an.

Le leasing, ou crédit-bail

Une société désire acheter des biens d'équipement onéreux. Pour des raisons qui lui sont propres, elle ne peut ou ne veut pas toujours investir dans cette acquisition au comptant. Elle aura recours à ce que l'on appelle maintenant le « leasing ». Cela consiste à devenir locataire du matériel envisagé auprès d'un fournisseur. La banque, intermédiaire entre les deux parties, établira un contrat dont elle sera le garant et qui sera signé par elle. Celui-ci indiquera entre autres le montant des remboursements successifs, étudiés en fonction des moyens financiers et des besoins du demandeur, ainsi que leur date d'échéance. Au bout de quatre ans en moyenne, la banque proposera à son client de devenir propriétaire de l'objet pour une somme de 0 à 6 %, par exemple, de la valeur du matériel. Le client peut refuser et se contenter de rendre ce qu'il aura simplement loué pour son usage.

La lettre de change, ou traite

La lettre de change est un effet de commerce qui circule entre trois personnes concernées : le tireur, le tiré, et le preneur ou bénéficiaire. Le tireur demande au tiré de verser une somme à un bénéficiaire, pour une date prévue.

La lettre de change porte plusieurs mentions :
– la dénomination de lettre de change,
– l'ordre de payer une somme inscrite en chiffres et en lettres,
– la date de création,
– la date d'échéance,
– le nom du tiré,
– le lieu de paiement,
– la signature du tireur.

Elle est ensuite présentée à l'acceptation du tiré, qui la signe au recto, à gauche, en portant généralement la mention « acceptée ». S'il refuse l'acceptation, le tireur peut recourir au protêt.

Le protêt

C'est un acte par lequel le porteur d'une lettre de change fait constater qu'elle n'a pas été acceptée par son tireur, ou, encore, que la date de règlement n'a pas été respectée.

Ce protêt est généralement établi par huissier.

L'usage de la traite est moins étendu que celui du chèque. Elle ne peut être tirée que par un commerçant sur un autre commerçant, et le tireur doit avoir fourni la marchandise. La traite peut circuler, comme un chèque, par endossement. Elle est le plus souvent domiciliée chez un banquier choisi par le débiteur.

La lettre de domiciliation est un ordre de paiement que le client adresse à son banquier pour lui demander de régler le montant de ses traites au bénéficiaire.

Le banquier doit en être tenu avisé impérativement quatre jours avant leur date d'échéance afin de donner son accord.

Les opérations boursières

Pourquoi se rend-on à la Bourse ? Pour se renseigner sur le cours des valeurs mobilières ou sur celui de marchandises, avant de prendre une décision à leur sujet. Mais cela peut être aussi dans le but d'acheter ou de vendre ces titres ou ces marchandises.

Pour réaliser ces opérations, le particulier peut s'adresser au guichet de sa banque. Si, pour gagner du temps, il préfère agir de chez lui, il lui suffit de téléphoner ses ordres à l'employé, mais il faudra dans ce cas qu'il confirme sa demande par écrit. La banque lui répondra par un avis d'exécution dans les jours qui suivent.

Bien sûr, il peut maintenant utiliser son Minitel s'il a pris un abonnement au service spécialisé.

En recevant les ordres de Bourse, les banques ne jouent que le rôle de mandataire du donneur d'ordre. Elles transmettent ces ordres aux mandataires agréés (courtiers, etc.). Aussi les lettres qui leur sont adressées en pareilles occasions doivent-elles être précises.

L'ordre passé « au mieux », ou aux conditions du marché, est un ordre passé sans que le client précise le cours auquel il souhaite vendre ou acheter. Son ordre est donc exécuté au cours du marché à l'heure de la transaction.

L'ordre à « cours limité » est l'ordre, donné par le client à sa banque, d'acheter ou de vendre à un cours fixé. Il faut distinguer l'ordre d'achat stop, qui signifie ne pas acheter au-dessus d'un certain cours, de l'ordre de vente stop, qui signifie, ne pas vendre au-dessous d'un certain cours.

Modèles de lettres

246. Demande de transfert de compte

Monsieur,

Venant d'ouvrir un compte à Trappes, à l'agence X... de votre banque (qui se trouve 5, rue Lebreton, 78190 Trappes), je désire solder le compte que je possède dans votre succursale, sous le n° 01 234 567 890.

Je vous demande donc de bien vouloir faire verser le solde de mon compte à l'agence de Trappes, lorsque toutes les opérations en cours auront été effectuées.

Vous trouverez ci-joint, à cet effet, un relevé d'identité bancaire de mon nouveau compte.

Je me tiens à votre entière disposition pour tout renseignement complémentaire.

Je tiens à vous remercier des services que vous m'avez apportés pendant cinq ans, et je vous prie de croire, Monsieur, à l'assurance de mes sentiments les meilleurs.

PJ : 1 R.I.B.

247. Réponse

Monsieur,

En réponse à votre lettre du ... courant, et qui concerne le transfert de votre compte à la caisse régionale de l'Île-de-France, nous vous serions obligés de bien vouloir nous faire parvenir, dans les meilleurs délais, s'il vous plaît, toutes les formules de chèques ou les chéquiers qui pourraient être en votre possession.

Dès réception de ceux-ci, nous effectuerons le solde et la clôture de votre compte.

Nous vous remercions pour la confiance que vous accordez à notre banque et, nous vous prions d'agréer, Monsieur, l'expression de nos sentiments distingués.

248. Ordre de virement

Monsieur,

Veuillez faire virer du crédit de mon compte n° 03425625 la somme de ... F (ou €) (somme inscrite en toutes lettres) au crédit du compte n° 145367/19 de M. Jean-François Riboud, à l'agence BA de votre société.

Agréez, Monsieur, mes salutations distinguées.

249. Pour déclarer la perte d'un chéquier

Cher Monsieur,

Comme je vous en ai informé hier soir par téléphone, j'ai le regret de vous signaler la disparition de mon chéquier au cours d'une excursion en bateau dans la journée.

Mes recherches étant restées sans effet, je vous confirme aujourd'hui ma demande d'opposition.

Les chèques en question portaient les n°s 8152021 à 8152026.

Je vous remercie d'avance et vous prie de croire, cher Monsieur, à l'assurance de mes sentiments les meilleurs.

250. Réclamation pour une erreur d'intitulé

Madame, Monsieur,

Nous avons reçu le ... un virement de ... F (ou €) à votre nom, émanant de la société Chatel, 3, rue de Honfleur, à Buc, 78530.

Nous regrettons de ne pouvoir effectuer cette opération, car le numéro de compte indiqué est erroné.

Veuillez vérifier auprès de l'organisme émetteur de ce virement qu'il possède bien l'intitulé exact de votre compte.

Pour faciliter vos démarches, nous vous prions de trouver ci-joint un relevé d'identité bancaire que vous voudrez bien lui communiquer.

Veuillez agréer, Madame, Monsieur, l'expression de nos sentiments distingués.

PJ : 1 R.I.B.

251. Réclamation du client

Monsieur,

Vous me faites savoir que le chèque n° 1177601, d'une valeur de ... F (ou €), ne peut être payé à la société Leroy, qui l'a présenté à l'encaissement le 22/11, faute de provision suffisante. J'en suis extrêmement surpris. Mon compte, à la date du 8/11, était fort proche du découvert, mais il aurait dû, depuis, être crédité de ... F (ou €), montant du chèque que la société Cadex m'a remis en règlement d'une facture et que je vous ai envoyé le 12/11.

Je doute que les délais postaux aient dépassé dix jours et je croirais plutôt à une erreur de vos services.

Je vous serai donc fort obligé de procéder aux recherches nécessaires et, en attendant, de payer le chèque que vous avez refusé, afin de ne pas porter atteinte à mon crédit auprès de la société Leroy.

D'avance, je vous remercie et vous prie de croire, Monsieur, à mes sincères sentiments.

252. Demande d'approvisionnement d'un compte

Madame, Monsieur,

Nous avons reçu le 10 novembre dernier un chèque de ... F (ou €).

Nous vous signalons que le solde de votre compte fait apparaître un débit dont le montant s'élève à ... F (ou €).

Nous vous rappelons que votre compte doit toujours être approvisionné de manière à nous permettre de payer les bénéficiaires.

Nous vous remercions de bien vouloir régulariser votre situation dans les plus brefs délais, et vous prions d'agréer, Madame, Monsieur, l'expression de nos sentiments distingués.

253. Demande de crédit

Messieurs,

Depuis quelques années déjà, nous avons étendu aux pays de l'Amérique du Sud, Brésil et Argentine en particulier, nos opérations, précédemment limitées à l'Amérique du Nord ; les résultats ont été jusqu'ici en tous points satisfaisants.

Notre clientèle est de premier ordre ; toutefois, la longueur des crédits est un obstacle au plus ample développement de notre chiffre d'affaires, car nous devons conserver beaucoup de papier en portefeuille.

Nous venons donc vous demander à quelles conditions vous nous consentiriez un découvert de ... à ... euros [sommes inscrites en toutes lettres] [... F (ou €) à ... F (ou €)], ainsi qu'un prêt sur deux ans d'un montant à négocier, mais qui ne devrait pas être inférieur à ... euros [somme inscrite en toutes lettres] [... F (ou €)]. En outre, vu le grand nombre de vos succursales en Amérique du Sud, nous serions heureux de vous confier, moyennant commission d'usage, nos enquêtes et domiciliations.

Nous sommes prêts à vous fournir nos bilans des trois dernières années et tous les renseignements et références que vous pourriez souhaiter.

Dans l'espoir d'une réponse favorable, nous vous prions d'agréer, Messieurs, l'assurance de nos sentiments distingués.

254. Réponse

Monsieur,

Comme suite à votre lettre du ... et à votre entretien d'hier avec l'un de nos directeurs, nous avons étudié avec soin votre proposition et avons le plaisir de vous informer que nous serions disposés à vous accorder une ouverture de crédits aux conditions ci-après.

Nous vous consentirons, à partir du ... – sous déduction préalable de notre commission de 1,5 % –, des avances mensuelles de ... euros [somme en toutes lettres] [... F (ou €)], somme que nous ne pourrons dépasser sous aucun prétexte et que vous réserverez à l'extension de vos affaires en Argentine et au Brésil exclusive-, ment.

Nous acceptons de faire pour vous les enquêtes ordinaires et de recevoir les domiciliations dans nos succursales.

Les garanties, la répartition des frais et les commissions seront discutées en détail lors de votre prochaine visite.

Nous espérons que cet arrangement recevra votre approbation et, en attendant confirmation, nous vous prions d'agréer, Monsieur, l'expression de nos meilleurs sentiments.

255. Accord pour un prêt

Monsieur,

Nous avons le plaisir de vous informer qu'à la suite de votre demande nous avons établi une offre préalable de prêt à votre intention.

Nous vous demandons de bien vouloir prendre rendez-vous avec votre agence dans le délai maximal de 10 jours à compter de la réception de la présente lettre, afin de retirer l'offre préalable qui vous est destinée.

S'il vous est impossible de respecter le délai demandé, vous voudrez bien le faire savoir très rapidement à votre agence indiquée ci-dessus.

Nous vous prions d'agréer, Monsieur, l'expression de nos sentiments distingués.

256. Demande de renseignements sur le leasing

Monsieur,

Dirigeant une entreprise de confection spécialisée dans les combinaisons et vêtements de travail, je souhaite acquérir une machine à découper le tissu.

Le prix d'un tel appareil s'élève à ... F (ou €), ce qui représente pour moi une somme importante et dont je n'ai pas la disponibilité immédiate.

Je désirerais savoir quelles sont les facilités que vous pourriez me consentir en matière de crédit ou de leasing. Cette dernière solution m'intéresse, car elle me permettrait de connaître les performances de cette machine et ses possibilités d'amortissement avant l'achat définitif.

Je vous prie de croire, Monsieur, à l'assurance de mes sentiments les meilleurs.

257. Domiciliation

Monsieur,

Veuillez payer et débiter mon compte des effets suivants, dès qu'ils vous seront présentés :

– Traite de ... F (ou €), acceptée, à l'ordre de la société Legay Frères, à échéance le 31/03.

– Traite de ... F (ou €), tirée par Juin S.A., sur Dintrans & Cie, avalisée le 12/01, échéance le 31/03.

Je tenais à vous en avertir dès aujourd'hui et vous éviter ainsi de me demander confirmation de l'ordre de paiement, car je serai à l'étranger dans huit jours.

Veuillez croire, Monsieur, à l'assurance de mes sentiments les meilleurs.

258. Confirmation d'achat de valeurs

Monsieur,

Voici, pour confirmation, les achats de valeurs que j'ai effectués le ... par téléphone :

20 actions Ciments français

2e tranche A.

À débiter sur mon compte n°...

Veuillez agréer, Monsieur, mes salutations distinguées.

259. Confirmation pour vente de valeurs

Monsieur,

Les ordres de vente de titres que j'ai passés ce matin par Minitel sont les suivants :

– 10 actions Saint-Gobain, au mieux,

– 15 actions Havas, au mieux,

– 30 actions Société générale, au mieux.

Veuillez m'adresser votre avis d'exécution, et croyez, Monsieur, à l'assurance de mes sentiments les meilleurs.

Les relations avec les assurances

es conséquences financières et économiques d'un incendie, d'un vol ou de dégâts des eaux peuvent entraîner des répercussions graves pour une entreprise. Il est donc indispensable de la protéger par une prévention efficace. Le rôle dissuasif contre le vol joué par les installations de sécurité n'est plus à prouver mais elles sont onéreuses, et les protections telles que grilles, rideaux métalliques, ou miroirs et caméras vidéo, sont utilisées avec succès. Pour les commerçants qui mettent leurs locaux à la disposition du public, la prévention consiste à s'entourer des meilleures conditions de sécurité afin d'éviter tout incident. Ces établissements sont soumis à une réglementation particulière. Pour les commerçants qui ont un stock en magasin, représentant une partie financière importante de l'entreprise, il est intéressant de le protéger par une assurance spéciale. Voici quelques-unes des possibilités offertes :
– assurance sur le fonds de commerce,
– assurance contre les pertes d'exploitation,
– assurance contre les grèves et les émeutes,
– assurance contre les attentats.
La souscription d'un contrat d'assurance motivée par ce souci de prévention est une décision importante. C'est le patron qui assumera cette responsabilité, choisira sa compagnie d'assurances. Mais la gestion ordinaire du contrat, c'est-à-dire les relations avec l'assureur ou les envois de documents nécessaires au règlement d'un sinistre, est souvent confiée à la secrétaire, surtout dans les petites et moyennes entreprises.

Pour écrire votre lettre, n'oubliez pas que :

Certaines indications sont indispensables : ce sont celles qui valident votre courrier et qui sont précieuses pour le suivi de votre dossier.

Il faut donc faire apparaître :

– vos coordonnées complètes ;

– les références dactylographiques ou de classement de la lettre que vous avez reçue ;

– la formule « À l'attention de M. ou Mme ... », pour que la lettre soit directement distribuée à la personne qui vous intéresse. Cela peut être le courtier, qui est un commerçant effectuant la transaction commerciale pour une société d'assurances. Il peut s'agir encore de l'assureur-conseil qui, lui, représente une société d'assurances, et engage sa responsabilité. On préfère parfois s'adresser directement à lui, notamment pour déclarer une aggravation du risque ;

– les références du dossier concerné ;

– le numéro du contrat.

Démarches concernant le contrat

Sans modification

Certains événements n'ont aucune influence sur votre contrat. Si vous changez d'état civil, si la raison sociale de votre magasin ou de votre société est remplacée par une autre, ou si vous déménagez et que vous ayez de nouvelles coordonnées, votre contrat reste inchangé.

Par contre, votre assureur doit être informé pour la mise à jour et le suivi de votre dossier. Il vous suffit de lui signaler ces faits avec précision.

Dans le cas d'un simple transfert, qui consiste par exemple à informer d'un changement d'ordre juridique, mais qui ne donne lieu à aucune modification de la prime, il suffit d'un courrier expédié en recommandé.

Avec modification

Si, en cours de contrat, le bien assuré subit des changements, ou si le risque vient à être modifié, il est nécessaire de rétablir l'équilibre en augmentant ou en diminuant le montant de la prime. Il faut donc en aviser au plus tôt la compagnie intéressée.

Il est recommandé d'avertir votre assureur si vous faites l'acquisition de machines ou de mobilier, car cela est de nature à augmenter la valeur du risque, ce qui modifie aussi la prime.

Lorsqu'il s'agit de l'assurance d'un véhicule, les modifications sont souvent signalées par téléphone pour gagner du temps. On confirme ensuite cette déclaration par écrit. Elle porte en général sur les caractéristiques du moyen de transport ou sur l'état civil et la profession du conducteur (à noter qu'il faut toujours signaler l'adjonction temporaire d'une remorque, même si celle-ci est déjà assurée). À la différence de ce qui se passe pour les immeubles, l'assurance ne suit pas le véhicule assuré. Le contrat est suspendu automatiquement le soir de la vente à minuit.

Afin d'être libéré des primes à échoir, le vendeur doit aviser sa compagnie d'assurances de la solution qu'il adoptera en ce qui concerne son bien.

Pour procéder à la modification d'une police d'assurance, on rédige ce que l'on appelle couramment un « avenant », paragraphe supplémentaire au contrat qui fait la description précise du changement prévu avec l'assureur.

La durée du contrat est fixée suivant le désir de l'assuré. Le droit de résiliation dépend de la date de souscription. Certains contrats se résilient tous les ans. D'autres peuvent être échus de trois ans en trois ans et, après la sixième année, annuellement. Mais beaucoup d'entre eux prévoient une clause de tacite reconduction. Pour rompre, il faut donc envoyer un préavis.

Le risque peut disparaître lorsque l'objet garanti est détruit par un événement autre que ceux prévus au contrat (incendie de récoltes assurées contre la grêle ou incendie d'une voiture assurée contre les accidents de la route, décès par maladie grave d'une personne assurée contre les accidents, etc.).

Démarches en cas de sinistre

Il y a toujours intérêt à déclarer le sinistre le plus tôt possible à la société d'assurances pour lui permettre de procéder rapidement à l'expertise et de prendre des mesures conservatoires. Il convient de lui transmettre aussi immédiatement toutes les lettres de réclamations ou citations en justice émanant des tiers lésés ou des victimes. Le délai légal est souvent fixé dans le contrat.

Ces déclarations doivent toujours être faites avec la plus grande précision, sans craindre d'entrer dans les détails. Comme la plupart des lettres relatives à l'assurance, elles doivent être envoyées en recommandé.

En cas d'accident avec un véhicule automobile, il existe des formulaires mis à la disposition des assurés et appelés « constats européens », qu'il suffit de remplir.

Lors d'un sinistre, on téléphone tout de suite à l'assureur qui prendra les dispositions nécessaires, puis on envoie (en recommandé) une déclaration détaillée tenant lieu de confirmation.

Modèles de lettres

260. Maintien du contrat d'assurance

Monsieur,

J'ai le regret de vous informer du décès de mon père, M. X..., dont je suis l'héritier. Comme je prends sa succession en qualité d'artisan maçon, je désire continuer les contrats d'assurance souscrits par lui au titre de sa profession sous les n[os] N... et N...

Je vous demande donc de faire le nécessaire pour le transfert de ces contrats à mon nom et pour leur mise à jour.

Je suis, bien entendu, à votre disposition pour tous renseignements nécessaires et vous prie d'agréer, Monsieur, mes sentiments distingués.

261. Modification du contrat d'assurance

Monsieur,

Locataire depuis 1994 du bâtiment à usage de bureaux sis 29-33 avenue du Général-de-Larminat, 78865 Saint-Nom-la-Bretèche Cedex, je tiens à vous informer que je suis devenu propriétaire de ces locaux à dater du 19 septembre 20...

Je vous signale que je ne me suis pas engagé à continuer les contrats d'assurance en cours. En conséquence je vous demande de modifier mon contrat n° M 654879.2, pour la couverture des risques suivants : incendie, dégâts des eaux, vol, bris de glace et catastrophes naturelles.

Veuillez croire, Monsieur, à l'assurance de mes sentiments les meilleurs.

262. Aggravation du risque

Monsieur,

La force motrice totale utilisée pour les besoins de ma profession sera désormais de 25 CV (au lieu de 10 CV). Je vous informe en effet que j'élargis mes activités et que je viens de procéder à l'acquisition d'une machine combinée, destinée au travail mécanique du bois.

Cette nouvelle installation sera vraisemblablement en fonctionnement à partir du 30 novembre 20...

Je vous serais donc obligé de m'envoyer un de vos représentants pour la modification de mon assurance incendie.

D'autre part, je solliciterais vos conseils concernant les modifications de mon assurance tous risques inhérentes à l'extension de mes activités.

Je vous prie de croire, Monsieur, à l'assurance de mes sentiments les meilleurs.

263. 1er exemple de modification du bien assuré

Cher Monsieur,

Comme convenu, je vous confirme notre entretien téléphonique d'hier.

Je déclare donc avoir vendu le 25 septembre 20.. mon camion, de la marque X..., immatriculé 7028 GEC 75, et qui fait l'objet du contrat n° P18.4594.

Notre entreprise dispose d'un parc d'une douzaine de véhicules qui sont tous assurés par la même police.

N'ayant pas l'intention de remplacer immédiatement celui qui fait l'objet de cette lettre, je vous demande de bien vouloir établir un avenant de réduction à mon contrat.

Je vous en remercie et vous prie de croire, cher Monsieur, à l'assurance de mes sentiments les meilleurs.

PJ : une photocopie de la carte grise.

264. 2e exemple

Cher Monsieur,

Comme convenu, je vous confirme notre entretien téléphonique d'hier.

Je déclare donc avoir vendu le 25 septembre 19.. mon camion, de la marque X..., immatriculé 7028 GEC 75 et qui fait l'objet du contrat n° P18.4594.

Je vous prie de bien vouloir reporter la garantie du contrat sur mon nouveau camion de marque X..., n° 67890. Je vous ferai connaître son numéro d'immatriculation dès que je serai en possession de la carte grise, ainsi que la date de mise en service, pour l'établissement de l'avenant de changement de véhicule et de l'attestation définitive.

Vous en remerciant, je vous prie de croire, cher Monsieur, à l'assurance de mes sentiments les meilleurs.

265. 3ᵉ exemple

Cher Monsieur,

Comme convenu, je vous confirme notre entretien téléphonique d'hier.

Je déclare donc avoir vendu le 25 septembre 20.. mon camion, de la marque X..., immatriculé 7028 GEC 75 et qui fait l'objet du contrat n° P18.4594.

Ne souhaitant pas remplacer ce véhicule pour l'instant, je vous prie de bien vouloir suspendre la garantie de mon contrat.

Vous en remerciant, je vous prie de croire, cher Monsieur, à l'assurance de mes sentiments les meilleurs.

266. 4ᵉ exemple

Cher Monsieur,

Comme convenu, je vous confirme notre entretien téléphonique d'hier.

Je déclare donc avoir vendu le 25 septembre 20.. mon camion, de la marque X..., immatriculé 7028 GEC 75 et qui fait l'objet du contrat n° P18.4594.

En conséquence, et en application de l'article ... du contrat, je vous demande de bien vouloir prendre acte de la résiliation de mon contrat d'assurance automobile, souscrit auprès de votre compagnie sous le numéro référencé ci-dessus.

Je vous prie de croire, cher Monsieur, à l'assurance de mes sentiments les meilleurs.

267. Extension de garantie

Monsieur,

Nous vous informons qu'à la demande du lycée technique de M… nous organisons un stage de trois mois pour cinq élèves.

Il s'agit de cinq jeunes âgés de 17 ans, qui seront surveillés par leur professeur. Ils relèvent de la législation sur les accidents du travail.

Voudriez-vous nous préciser si notre police responsabilité civile chef d'entreprise couvre :
– les accidents causés aux tiers par ces stagiaires ;
– les accidents survenus à ces stagiaires (notamment les recours que pourrait exercer contre nous l'État puisqu'il s'agit d'un établissement d'enseignement public).

Dans la négative, voudriez-vous nous établir, avant leur date d'arrivée, un avenant d'extension de garantie en ce sens.

Avec nos remerciements, veuillez agréer, Monsieur, nos salutations distinguées.

268. Extension de garantie

Monsieur,

Nous vous informons que MM. Henri et Devaux, cadres commerciaux, couverts par le contrat « individuelle » n° 3127468, vont être appelés dans les prochains mois à se rendre dans des pays d'Amérique latine pour y prospecter les marchés ; ces voyages seront suivis d'autres déplacements dans diverses parties du monde.

D'autre part, notre ingénieur, M. François, doit faire, à une date non précisée encore, un séjour d'au moins 3 mois au Pérou pour diriger le montage et les essais de nos machines à l'usine de production d'ammoniaque de Lima.

Nous vous serions reconnaissants d'établir un avenant d'extension de garantie au contrat précité, pour la couverture des risques décès et invalidité totale et permanente dans le monde entier, spécialement en cas de séjours à l'étranger.

Avec nos remerciements, nous vous prions de croire, Messieurs, à nos sentiments distingués.

269. Diminution de risque

Monsieur,

Je vous informe que je viens de faire installer le chauffage central au gaz dans mon atelier et de supprimer la cuve de fioul située dans la cave. De plus, le bain-marie à colle fonctionnant au fioul est remplacé par un bain-marie chauffant électriquement, ce qui a pour résultat de supprimer définitivement tous les foyers se trouvant dans mon atelier.

D'autre part, par suite de la restructuration des activités de notre groupe, nous venons de fermer notre usine de Saint-Michel pour regrouper toutes nos fabrications dans l'usine de Saint-Marc. L'usine de Saint-Michel est donc à l'heure actuelle au chômage. Bâtiments et matériel restent bien entendu assurés contre l'incendie.

Vous voudrez bien tenir compte de cette diminution des dangers d'incendie dans le calcul de ma prime.

Veuillez croire, Monsieur, à l'expression de mes sentiments distingués.

270. Résiliation du contrat d'assurance

Monsieur,

Conformément aux dispositions de l'article ... des conditions générales de mon contrat d'assurance n° 112812, je vous informe que je désire résilier ce dernier à l'expiration de la période triennale en cours, soit le ...

Merci de bien vouloir m'en donner acte et agréez, Monsieur, mes salutations distinguées.

271. Résiliation du contrat d'assurance

Monsieur,

Nous vous informons que notre dépôt de Sorgues, assuré contre l'incendie par la police n° ..., a été entièrement détruit par la crue du Rhône dans la nuit du ..., et que nos marchandises sont irrécupérables.

Nous n'avons pas l'intention de reconstruire un nouveau dépôt dans cette région, trop fréquemment inondée. En conséquence, nous vous prions de résilier notre contrat d'assurance incendie et de nous restituer le prorata de prime qui n'aurait pas été absorbé.

Veuillez agréer, Monsieur, l'assurance de nos meilleurs sentiments.

272. Résiliation du contrat d'assurance

Messieurs,

J'ai le regret de vous informer du décès de mon père, dont je suis l'héritier. Je ne désire pas continuer les contrats d'assurance qu'il avait souscrits sous les n^{os} N… et N…

Je vous demande de bien vouloir effectuer la résiliation des contrats correspondants. Vous en remerciant, je vous prie d'agréer, Messieurs, mes salutations distinguées.

273. Déclaration de sinistre

Monsieur,

Nous avons l'honneur de vous déclarer un commencement d'incendie, qui s'est produit le 19 juillet dans notre atelier d'emballages. Les ouvriers venaient de quitter le travail à 18 heures. Un contremaître, passant dans la cour, aperçut une épaisse fumée sortant d'une pile de caisses dans le coin gauche de l'atelier. Il donna l'alarme et se précipita sur place avec un extincteur, mais sans parvenir à éteindre les flammes. Les sapeurs-pompiers, arrivés très rapidement, ont pu éteindre ce commencement d'incendie avant qu'il prenne un très gros développement.

Les causes de l'incendie nous sont inconnues. Nous vous signalons, toutefois, qu'une réparation avait été récemment faite par l'entreprise Lechesne concernant notre installation électrique et précisément dans la partie du local où le feu s'est déclaré.

Les dommages globaux sont de l'ordre de … F (ou €), soit une perte de … F (ou €) sur marchandises et matériel nous appartenant, et peut-être … F (ou €) de dommages au bâtiment, abîmé par l'eau et la fumée.

Nous avons immédiatement fait connaître cet incendie à M. Durand, propriétaire de l'immeuble.

Nous vous signalons, par ailleurs, que nous avons reçu une réclamation de recours des Établissements Lemur, qui occupent, au-dessus de nos ateliers, un petit atelier de confection. Nous les avons priés de vous transmettre leur réclamation.

Nous vous serions obligés de faire le nécessaire d'urgence afin que nos ateliers soient immobilisés le moins longtemps possible.

Nous avons confié nos intérêts au cabinet La Défense, rue Jeanne-d'Arc, à Reims, qui nous représentera à l'expertise.

Agréez, Monsieur, nos salutations.

274. Déclaration de sinistre

Monsieur,

Nous vous informons qu'il a été débarqué du navire ..., affrété pour notre compte :

(description de la cargaison, avec marques et numéros, nature de la marchandise).

Les colis n^{os} ... à ... portent des traces d'effraction faisant présumer un vol en cours de trajet.

Nous vous prions donc de noter que nous avons fait les réserves d'usage lors de la réception de la marchandise. Nous considérons que la responsabilité du transporteur est engagée dans cette affaire.

Veuillez trouver ci-joint copie de la lettre de réclamation que nous lui avons adressée. Votre expert pourra venir constater les dégâts à partir du ..., dans nos entrepôts situés ...

Nous vous prions d'agréer, Monsieur, l'expression de nos sentiments distingués.

PJ : Copie lettre de réclamation.

275. Envoi du devis des réparations à l'assureur

Monsieur,

Par ma lettre du 20 juillet dernier, je déclarais avoir eu le 19 juillet un accident matériel au volant de ma voiture de la marque X..., immatriculée 9741 FC 69.

J'avais joint à ma lettre le constat contradictoire amiable rempli et signé par M. X..., conducteur de la voiture accidentée, et par moi-même.

Pour compléter cette déclaration, je vous adresse aujourd'hui un devis des réparations nécessaires pour la remise en état de mon véhicule, ainsi que les coordonnées du garage où celui-ci pourra être examiné par votre expert :

Établissement Z..., 3 rue Lebon, 69008 Lyon.

Veuillez agréer, Monsieur, l'expression de mes sentiments distingués.

PJ : 1 devis des réparations.

276. L'assureur envoie sa quittance

Monsieur,

Comme suite à l'accident survenu le 19 juillet dernier, nous avons l'honneur de vous remettre sous ce pli quittance de La Paternelle, d'un montant de ... F (ou €), réglant définitivement cette affaire.

Nous vous serions obligés de nous la retourner signée, afin de vous faire parvenir, dès réception, un chèque de cette somme.

Dans cette attente, nous vous prions d'agréer, Monsieur, nos salutations distinguées.

PJ : 1 quittance.

277. Demande d'attestation (recommandé)

Monsieur,

Bien que je vous aie adressé depuis plusieurs jours un chèque de virement de ... F (ou €), je n'ai pas encore reçu l'attestation d'assurance responsabilité civile pour ma camionnette.

Ma précédente attestation n'étant plus valable depuis dix jours, je crains d'avoir des ennuis si la gendarmerie me demande justification de mon assurance.

Je vous prie donc instamment de m'adresser cette attestation par retour du courrier.

Vous en remerciant d'avance, je vous prie d'agréer, Monsieur, mes salutations distinguées.

278. Réclamation contre un courtier

Monsieur,

Le … dernier, je me suis rendu au cabinet de M. Durand, situé … à Poitiers, pour contracter une assurance. J'ai le regret de vous signaler le fait suivant :

Venant d'acheter une … d'occasion, j'ai décidé de l'assurer immédiatement pour ma responsabilité à l'égard du tiers, comme la loi m'y oblige.

M. Durand m'a fait signer une demande de contrat et m'a réclamé, pour la prime annuelle, une somme de … F (ou €), que je lui ai versée en espèces. En contrepartie, il m'a remis une attestation d'assurance, qui porte le nom de votre société. Il m'a affirmé que vous m'enverriez prochainement votre contrat pour signature, et que je serai garanti à partir de cette date.

Or, je n'ai rien reçu depuis trois semaines et M. Durand est parti, semble-t-il, sans laisser d'adresse.

Craignant d'avoir été victime d'un abus de confiance, je vous prie de me faire savoir par retour du courrier si M. Durand vous a bien transmis ma demande d'assurance et la somme que je lui ai versée pour votre compagnie.

Je vous remercie de me tenir au courant, et vous prie d'agréer, Monsieur, l'expression de mes sentiments distingués.

Les principales démarches

Nous écrivons souvent à l'Administration ou à divers organismes pour demander des renseignements, obtenir une aide, parfois pour transmettre une réclamation. Compte tenu qu'il est impossible de donner des modèles pour tous les échanges éventuels, nous en avons choisi quelques-uns, parmi les plus représentatifs, dont vous pourrez vous inspirer, car il est vraisemblable que, si l'on sait rédiger une demande de prestation familiale, on saura du même coup rédiger celle qui concerne une ligne téléphonique.

Vos principaux interlocuteurs

Nous donnons dans ce chapitre quelques modèles de lettres adressées aux principaux interlocuteurs, ou consacrées aux sujets qui nous préoccupent le plus dans la vie courante.
– La mairie.
– La préfecture.
– Les organismes sociaux.
– Les services fiscaux.
– L'Éducation nationale.
– Le médiateur.
– La justice.
– Les spécialistes de l'immobilier.
– Les associations de consommateurs.

Les services de l'Administration reçoivent un courrier volumineux. Ils sont souvent pourvus d'un personnel nombreux, et c'est l'un des multiples employés qui ouvrira votre lettre et la dirigera vers le bureau concerné.

Aussi, pour éviter la lenteur de transmission, il est indispensable d'inscrire le maximum de références dont on dispose : initiales dactylographiques, numéro de classement du courrier, numéro du dossier en question, date de la lettre précédente, nom de la personne compétente quand on la connaît, objet de la lettre.

Mais n'oubliez pas non plus de conserver une photocopie de chacune de vos correspondances. Elle vous servira éventuellement de preuve par la suite. Il est prudent d'être précis. Cela ne signifie pas pour autant qu'il est nécessaire d'exposer des détails de votre vie privée qui n'auraient pas de rapport avec le sujet de votre lettre, et qu'un employé éloigné de votre situation personnelle risquerait fort de ne pas comprendre.

Veillez aussi au ton que vous emploierez. Mieux vaut une demande courtoise que trop exigeante.

Pour éviter des déplacements inutiles, téléphonez avant d'entreprendre une démarche. Expliquez votre but et demandez bien la liste de tous les documents que vous devez envoyer. Renseignez-vous aussi pour savoir le nom de la personne qui traitera votre dossier ou le nom de son service. Vous perdrez beaucoup de temps et d'énergie si vous écrivez pour recevoir par la suite un imprimé désignant toutes les pièces justificatives utiles pour aborder votre dossier. Il est préférable de faire une expédition groupée.

Les administrations locales

• **On s'adresse à la mairie pour :**
— accomplir toutes les démarches relatives à l'état civil : naissance, mariage, décès, carte d'identité, passeport, éventuellement certificat de résidence, etc. ;

– accomplir certaines formalités administratives : recensement, inscription sur les listes électorales, vote, légalisation de signature, inscription d'un enfant à l'école ;

– obtenir communication de documents, copie conforme d'un texte : *Journal officiel*, cadastre, plan d'occupation des sols, montant des impôts locaux, budget et délibérations du conseil municipal ;

– présenter des demandes de caractère social : allocation aux travailleurs salariés âgés, carte d'invalidité, de priorité, allocation supplémentaire du Fonds national de solidarité, secours aux indigents, etc. En général, un bureau d'aide sociale y a ses guichets et une assistante sociale y assure des heures de permanence ;

– obtenir les adresses des principaux services publics ou privés intéressant le travail, la culture, la santé, les loisirs, etc. ;

– bénéficier des services, le plus souvent gratuits, des organismes municipaux qui s'occupent des sports, des colonies de vacances, des crèches et garderies, des bibliothèques et discothèques, des conservatoires de musique et de danse, etc. ;

– soumettre les problèmes concernant voirie, logement, police municipale ; chemins vicinaux, foires, marchés, débits de boissons.

• **Rôle des services de la préfecture :**

– le *bureau du cabinet*, s'occupe du courrier, des décorations, des relations avec les services extérieurs, des études et recherches ;

– la *direction de l'administration générale*, gère le personnel, achète le matériel, organise les élections professionnelles et politiques ; c'est le plus souvent à elle que sont rattachés le service des affaires scolaires et celui de la formation professionnelle où sont traités les problèmes relatifs à l'instruction publique, l'enseignement privé, l'équipement sportif et culturel ;

– la *direction des finances et des affaires économiques*, établit le budget du département et contrôle la réglementation des prix, les foires et les salons, la chambre des métiers et la chambre de commerce ainsi que tout ce qui touche au tourisme. Ses services répondent aux questions soulevées par la construction d'immeubles, les établissements insalubres ou dangereux ;

– la *direction des affaires sanitaires et sociales*, où sont regroupés les services de l'aide sociale à l'enfance et aux vieillards, la santé publique, les hôpitaux psychiatriques, le marché du travail et la main-d'œuvre, les rapatriés et les étrangers ;

– la *direction de la réglementation*, s'occupe spécialement des problèmes de la police et des étrangers, tâche dévolue à Paris à la Préfecture de police. Y sont regroupés les services de la circulation, la police générale, les voies publiques (Ponts et Chaussées), les permis de conduire et passeports, les transports.

Les demandes adressées au préfet (permis de conduire, passeport, carte d'identité) doivent, dans les villes, être déposées au commissariat de police qui délivre les formulaires à remplir.

Les organismes sociaux

• **On s'adresse à la caisse primaire d'assurance maladie (C.P.A.M.) :**

– pour se faire rembourser les frais de maladie ou de maternité ou consécutifs à un accident du travail,

– pour se faire verser les indemnités journalières durant un arrêt de travail ainsi que les autres avantages auxquels on peut avoir droit.

• **On s'adresse à la caisse d'allocations familiales (C.A.F.) :**

– pour percevoir les allocations familiales et l'allocation pour jeune enfant ainsi que les autres allocations spécialisées,

– pour recevoir l'aide personnalisée au logement ou un prêt aux jeunes ménages,

– pour se faire rembourser le salaire payé à un employé qui a pris un congé à l'occasion de la naissance de son enfant.

• **On s'adresse à l'U.R.S.S.A.F. (voir Sigles, p. 379) :**

– pour se faire immatriculer comme employeur

– pour verser les cotisations sociales.

• **On s'adresse à la caisse régionale d'assurance maladie (C.R.A.M.) :**
– pour demander la liquidation d'une retraite.

Les prestations familiales

Versés aux foyers pour les aider à élever leurs enfants, ces apports financiers sont subdivisés en allocations diverses et accordés aux familles qui répondent à un certain nombre de conditions. Ce sont les caisses d'allocations familiales qui se chargent de ces affectations.

Le complément familial est une prestation qui remplace progressivement trois allocations : le salaire unique, la mère au foyer, les frais de garde. Elle est attribuée aux personnes résidant en France, ayant à charge un enfant d'âge inférieur à 3 ans, ou au moins trois enfants. Il faut également que le revenu net imposable après abattement soit inférieur à un plafond fixé par la loi.

L'allocation logement

Quand on bénéficie déjà du versement de prestations familiales, on a le droit, sous certaines conditions, de bénéficier de l'allocation logement. Dans les trois mois qui suivent le déménagement, les allocataires peuvent demander une prime de déménagement qui viendra s'ajouter à la somme précédente.

Les services fiscaux

Ils relèvent du ministère du Budget (Direction générale des douanes et droits indirects).
Le contribuable a rarement affaire à l'Administration centrale des

impôts, il a des rapports avec les nombreux représentants des services extérieurs du Trésor :

– les trésoriers principaux ou receveurs-percepteurs, pour le paiement de l'impôt, une demande de délai de paiement ou de certificat de non-imposition ;

– les comptables du Trésor ;

– les fonctionnaires des brigades de vérifications générales, pour les contrôles de comptabilité et de revenus ;

– les inspecteurs centraux, inspecteurs des contributions directes ou des contributions indirectes, pour discuter de l'assiette des impôts et leur envoyer la déclaration des revenus ;

– les receveurs et inspecteurs des douanes ;

– le directeur départemental des contributions indirectes, pour envoyer les déclarations prescrites par le Code des impôts pour les alcools et certains stocks ;

– le directeur de l'enregistrement, pour adresser les demandes de remise de droits indûment perçus ;

– le receveur de l'enregistrement, pour adresser les déclarations de successions et enregistrer les contrats ou actes sous seing privé.

La déclaration d'impôts est parfois complexe, et c'est un travail que l'on confie rarement à un tiers.

En cas d'hésitation, le contribuable se borne généralement à solliciter un rendez-vous pour discuter de ses affaires avec le fonctionnaire responsable.

On écrit cependant pour demander des informations.

Le médiateur

Le médiateur est une personne chargée de faire respecter les droits des administrés par les pouvoirs publics. Il n'intervient donc pas lorsqu'il s'agit d'un litige d'ordre privé. Il recueille toutes les demandes pour régler par la suite les conflits survenus entre l'Administration et un particulier, avant que l'action en justice ne soit engagée. Il ne traite pas les affaires qui concernent les personnes morales.

Il est nécessaire d'envoyer votre lettre à un député ou à un sénateur, car eux seuls peuvent la transmettre au médiateur.

L'éducation nationale et la justice

L'éducation nationale

Il suffit, le plus souvent, de faire une démarche personnelle pour obtenir une inscription. La correspondance se bornera donc à des demandes de renseignements, adressées le plus souvent au C.I.O. (Centre d'information et d'orientation) de votre secteur pour l'enseignement secondaire ou au S.C.U.I.O. (Service commun universitaire d'information et d'orientation) pour l'enseignement supérieur. Les demandes de bourses s'adressent au C.R.O.U.S. (Centre national des œuvres universitaires et scolaires) tandis que les dérogations s'obtiennent dans les rectorats.

La justice

En dehors des rapports de caractère délictuel, les justiciables peuvent avoir de nombreuses occasions d'entretenir des relations administratives avec les magistrats et auxiliaires de justice (avocats, huissiers, etc.).

Il est prudent de se renseigner pour adresser son courrier à la bonne juridiction.

• Les juridictions de droit commun sont :

– *au civil,* le tribunal d'instance, le tribunal de grande instance et la cour d'appel ;

– *au pénal,* le tribunal de police, le tribunal correctionnel et la cour d'assises.

Au civil, selon l'importance et la valeur estimée du préjudice subi, les procès sont jugés en instance ou en grande instance.

Au pénal, trois classes d'infractions sont retenues dans le droit français : les *contraventions,* qui relèvent du tribunal de police, les *délits,* qui relèvent du tribunal correctionnel, les *crimes,* qui relèvent de la cour d'assises.

• Le tribunal administratif est une juridiction administrative appelée à juger les conflits entre l'État et les collectivités publiques ou entre l'Administration et les citoyens dans les multiples domaines de la vie publique : le contentieux des élections, les contributions directes, les marchés de travaux publics, le domaine public et son occupation, la voirie, l'urbanisme et la construction, la responsabilité des fonctionnaires et de l'Administration...

Si ses décisions sont frappées d'appel, elles sont alors renvoyées devant le Conseil d'État.

• Le Conseil d'État est la juridiction la plus élevée de l'ordre administratif qui juge les litiges entre l'État et ses administrés.

Le Conseil est, en premier lieu, conseiller du gouvernement, et, en second lieu, il est juge d'appel et de cassation.

On s'adresse au commissariat de police pour :

– obtenir un certificat de domicile ou de résidence ;

– déposer les déclarations diverses (changement de domicile, emploi des travailleurs étrangers) ;

– demander les visas de registre ;

– déposer les déclarations de délits et de crimes, les déclarations d'accidents (survenus tant dans la vie privée que dans la vie professionnelle), de vol ou perte de papiers d'identité.

Après avoir porté plainte au commissariat, on peut s'adresser au procureur de la République quand on veut connaître le déroulement d'une enquête.

Il est du rôle d'un avocat de représenter ou d'assister un mandant devant toutes juridictions pénales et civiles, et d'intervenir auprès des autorités, auxiliaires de justice, experts, compagnies d'assurances, sociétés et services publics.

L'immobilier

Pour tous les problèmes concernant les opérations immobilières : construction, achat, bail, contestations, il est préférable de prendre conseil auprès d'un spécialiste.

On s'adressera donc à un notaire pour :
– régler une succession (formalités civiles, fiscales, hypothécaires), avec ou sans partage ;
– administrer les biens d'un mineur ;
– procéder à un partage amiable (après décès, divorce, dissolution d'une société…) ;
– contracter des emprunts en vue de faire construire un immeuble, ou pour d'autres causes ;
– constituer une société, ou un dossier pour une administration ;
– obtenir certains renseignements sur la fiscalité (surtout en matière immobilière) ;
– acheter ou vendre un immeuble ;
– placer des capitaux ;
– rédiger un contrat de mariage ou une modification du contrat, et toute autre convention importante.

Pour les affaires courantes ou faciles, on peut rédiger soi-même demandes de renseignements, réclamations ou avis de modifications de contrat.

En cas d'acquisition d'un bien immobilier, les contractants doivent signer un acte intitulé « promesse de vente », qui est fourni par l'intermédiaire, notaire ou agent immobilier. Il s'agit d'un formulaire tout imprimé, et cet épisode ne donne généralement pas lieu à un échange préalable de correspondances.

Il est par contre nécessaire de confirmer la promesse de vente par écrit, en des termes et dans un délai généralement suggérés dans l'acte lui-même.

Recours
du consommateur

À l'exemple des États-Unis, la défense des consommateurs a pris depuis une vingtaine d'années une grande importance dans notre pays.

Le gouvernement se préoccupe de faire respecter les règles de la concurrence, de veiller à la qualité des produits et au respect des normes de fabrication.

À côté de l'action de nombreuses associations, un organisme public, l'Institut national de la consommation (I.N.C.), relaie l'action gouvernementale en matière de surveillance et joue un rôle de conseiller auprès des consommateurs qui peuvent lui adresser des demandes de renseignements ou des réclamations.

Nombreuses sont les associations ayant pris en charge la défense de tel ou tel secteur de l'économie, auxquelles nous devons bien sûr ajouter le Service de la répression des fraudes, du contrôle de la concurrence et des prix, qui est un organisme de l'État.

Modèles de lettres

279. Demande de copie de l'acte de naissance

Monsieur le Maire,

Pour ouvrir un dossier, je vous serais obligée de me faire parvenir copie de mon acte de naissance.

Mon nom est Rongieras Célestine, Marthe, Alice, née le 21 mai 1950 à Mende (Lozère).

Vous voudrez bien trouver, ci-joint, une enveloppe timbrée au nom de Madame Da Silva Célestine, 3, rue de la Bonne Aventure, 92100 Boulogne.

Je vous en remercie par avance et vous prie d'agréer, Monsieur le Maire, l'expression de mes sentiments distingués.

PJ : 1 enveloppe timbrée.

280. Demande de copie de l'acte de mariage

Monsieur le Maire,

Voudriez-vous avoir l'obligeance de me faire parvenir assez rapidement une copie intégrale de mon acte de mariage.

Mon nom est Laborde André, Jean, Antoine. J'ai épousé dans votre commune, le 27 février 1973, Mademoiselle Duprince Émilie-Jeanne.

Vous voudrez bien trouver ci-inclus une enveloppe timbrée portant mon adresse actuelle.

Veuillez agréer, Monsieur le Maire, avec mes remerciements, l'expression de ma considération distinguée.

PJ : 1 enveloppe timbrée.

281. Demande de certificat de nationalité française

Monsieur,

Je désirerais obtenir un certificat de nationalité française au nom de Belgnaoui Mohammed ben Abderrazack.

Vous voudrez bien trouver ci-joint :

– un extrait de mon acte de naissance ;

– un extrait de l'acte de mariage de mes parents ;
– un chèque postal de ... F (ou €) à l'ordre de « Monsieur le greffier du tribunal d'instance de... » ;
– une enveloppe timbrée portant mon nom et mon adresse.

D'avance, je vous en remercie et vous prie d'agréer, Monsieur, mes salutations distinguées.

PJ : 2 documents légaux, chèque postal n°..., enveloppe timbrée.

282. Demande de copie de l'acte de décès

Monsieur le Maire,

J'aurais besoin d'obtenir copie de l'acte de décès de M. Bandinelli Luigi, Aldo, Calogero, décédé le 22 juin 1997 à Yzeure (Allier).

Je vous serais reconnaissant de me la faire parvenir au moyen de l'enveloppe timbrée ci-jointe, qui porte mon adresse :

Trevisano Robert, Jules, 17, avenue de la Porte-de-Champerret, 75017 Paris.

Veuillez agréer, Monsieur le Maire, l'expression de ma considération distinguée.

PJ : Enveloppe timbrée.

283. Demande d'extrait de casier judiciaire

Monsieur,

Voudriez-vous avoir l'obligeance de me faire parvenir dans les meilleurs délais un extrait de mon casier judiciaire.

Mon nom est Lombard Céline, Louise, Hélène, épouse de Bourgeois René, née le 16 septembre 1962 à Saint-Vallier (Saône-et-Loire), demeurant actuellement 2, place de la République, à Autun.

Je vous adresse ci-joint un mandat-lettre de ... F (ou €) à votre nom, ainsi qu'une enveloppe timbrée portant mon nom et mon adresse.

Veuillez agréer, Monsieur, avec mes remerciements, mes sentiments distingués.

PJ : Mandat, 1 enveloppe timbrée.

284. Demande d'immatriculation à la Sécurité sociale

Monsieur,

Ayant cessé mon activité professionnelle depuis le... 20.., je désirerais savoir jusqu'à quelle date je continuerai à être assurée en ce qui concerne les dépenses de santé et quelle solution interviendra après cette date.

Je vous en remercie et vous prie de croire, Monsieur, à l'assurance de mes sentiments les meilleurs.

285. Demande d'allocation jeune enfant

Madame,

Comme vous me l'avez conseillé par téléphone, je vous adresse dans cette lettre :

– copie de l'attestation de grossesse qui a été remise à mon employeur au début du 3ᵉ mois.

Je vous demande donc de bien vouloir me faire parvenir le versement qui correspond à l'allocation jeune enfant attribuée à compter du cinquième mois de grossesse jusqu'au troisième mois après la naissance.

Vous en remerciant, je vous prie de croire, Madame, à l'assurance de mes sentiments les meilleurs.

PJ : 1 photocopie.

286. Changement d'allocataire

Monsieur,

Veuillez trouver ci-joint copie de l'ordonnance du ... par laquelle le tribunal de grande instance de Paris a prononcé un jugement de divorce en ma faveur, et m'a confié la garde de mes quatre enfants.

Les prestations familiales devront désormais être versées à mon nom et je vous serais obligée, étant donné la difficulté de ma situation, de veiller à ce qu'elles me soient rapidement attribuées.

Je vous prie d'agréer, Monsieur, l'expression de mes sentiments distingués.

PJ : 1 attestation de mon employeur, 1 fiche familiale d'état civil.

287. Demande de complément familial

Monsieur,

Étranger, je réside en France depuis l'année 20.., avec ma femme et mes quatre enfants, dont le dernier est âgé de 3 mois.

J'ai travaillé jusqu'à la fin de 20.. à l'usine X... et me trouve maintenant au chômage.

Pourriez-vous m'indiquer si j'ai droit au complément familial ?

Vous trouverez ci-joint photocopie du dernier relevé de mes indemnités de chômage.

En attendant votre réponse, je vous prie d'agréer, Monsieur, l'expression de mes sentiments distingués.

PJ : Relevé d'indemnités de chômage.

288. Demande d'allocation logement

Monsieur,

Avec ma femme et mes deux enfants, nous avons récemment quitté un F2 d'un HLM de Grenoble pour emménager dans un appartement de type F3/F4.

Je bénéficie déjà du complément familial. Je désirerais savoir si j'ai droit à une allocation logement et à une prime de déménagement.

Vous trouverez ci-joint une fiche d'état civil ainsi que le justificatif de mes ressources.

En attendant votre réponse, je vous prie d'agréer, Monsieur, l'expression de mes sentiments distingués.

PJ : Fiche d'état civil, bulletins de salaire.

289. Renseignements pour établir une déclaration d'impôts

Madame, Monsieur,

Nous vous prions de trouver au verso les éléments vous permettant d'établir votre déclaration d'impôt sur le revenu de 20…

Seuls les copropriétaires louant leur appartement doivent remplir la feuille bleue, annexe 2044. Les tantièmes figurent sur tous les appels de fonds que vous recevez régulièrement.

Nous vous prions d'agréer, Madame, Monsieur, nos sentiments les meilleurs.

290. Envoi de pièces justificatives

Monsieur,

Lorsque je vous ai adressé la déclaration de mes revenus pour l'année 20.., je n'avais pas encore reçu de ma banque l'attestation donnant le montant annuel des intérêts de l'emprunt que j'ai contracté il y a cinq ans pour acheter ma maison.

Je vous la fais donc parvenir maintenant en vous demandant de prendre en compte cette dépense qui donne droit à une réduction d'impôt.

Veuillez agréer, Monsieur, l'expression de mes sentiments distingués.

PJ : 1 attestation.

291. Interruption du prélèvement mensuel

Monsieur,

Pour des raisons d'ordre pratique, je tiens à vous informer que je renonce au système de paiement mensuel de mon impôt sur le revenu.

J'ai pris bonne note qu'à partir du 1er janvier 20.., je ne paierai plus par prélèvement mensuel, mais par règlement aux échéances légales.

Vous voudrez bien trouver ci-joint le dernier avis d'échéance que j'ai reçu de vos services.

Agréez, Monsieur, l'expression de mes sentiments distingués.

PJ : 1 avis d'échéance.

292. Paiement d'acompte provisionnel

Monsieur,

Vous trouverez ci-joint un chèque n°…, de … F (ou €), en règlement de l'acompte provisionnel de l'impôt sur le revenu de 20…

En conformité avec le 1er paragraphe de la note n° 1 de votre avis, j'ai réduit cet acompte car l'impôt dont je serai redevable au titre de mes revenus de 20.. ne devrait pas dépasser la somme de … F (ou €).

Je vous prie d'agréer, Monsieur, l'expression de mes sentiments distingués.

PJ : 1 chèque.

293. Demande de dégrèvement d'impôt

Monsieur l'Inspecteur,

Dans la feuille d'impôts qui vient de me parvenir, je remarque que vous n'avez pas tenu compte, pour la détermination de mon revenu imposable, des travaux d'aménagement que j'ai effectués dans le local sis rue..., n°..., que je loue à la société Z...

Il me semble qu'il s'agit là cependant de travaux d'entretien qui doivent normalement venir en déduction du revenu que je tire de ce local.

Je vous demande de bien vouloir réviser votre appréciation et de me consentir un dégrèvement justifié.

Je me tiens, bien entendu, à votre disposition pour vous fournir, oralement ou par écrit, tous les éclaircissements que vous pourriez souhaiter. Le mieux, me semble-t-il, serait que vous acceptiez de me fixer un rendez-vous à votre convenance.

Veuillez croire, Monsieur l'Inspecteur, à mes sentiments distingués.

294. Demande de délais de paiement

Monsieur le Trésorier principal,

Par lettre en date du 12 avril 20.., vous m'avez invité à vous verser avant le 15 juin prochain au titre des impôts sur le revenu pour l'année 20.. la somme de ... F (ou €).

Cette somme, considérable par rapport à mes moyens, vient s'ajouter à tout ce que je vous ai déjà versé, depuis le début de l'année, au titre de redressements divers sur les années antérieures. Ma trésorerie est sérieusement obérée par ces prélèvements, et je ne vois pas comment m'acquitter de ma dette sans contracter un emprunt à des conditions très coûteuses.

Vous savez que j'ai toujours respecté mes engagements à votre égard. C'est pourquoi je me permets de solliciter de votre bienveillance quelques délais de paiement. Il me serait particulièrement commode de pouvoir régler ma dette en trois versements d'un tiers chacun, le 15 juin, le 15 juillet et le 15 octobre, car les vacances ne sont pas une période propice aux rentrées de fonds.

Je compte que vous voudrez bien prendre en considération et ma bonne foi et ma situation difficile, et ne pas m'appliquer lors de ces trois versements une pénalité de retard.

D'avance, je vous remercie de votre compréhension et je vous prie d'agréer, Monsieur le Trésorier principal, mes salutations distinguées.

295. Recours au médiateur

Monsieur le Médiateur,

En désaccord depuis 20.. avec la Direction générale des impôts quant au calcul de leur montant pour l'année 20.., j'ai entrepris toutes les démarches en mon pouvoir pour me faire entendre.

Celles-ci sont restées vaines en raison de nombreuses difficultés de transmission et d'une lenteur administrative certaine.

Je m'adresse donc à vous, sachant que vous seul aurez la possibilité de rétablir la vérité dans cette situation.

C'est pourquoi je me permets de vous adresser, avec ce courrier, un important dossier dans lequel vous trouverez en particulier tous les justificatifs de nature à vous prouver ma bonne foi.

Vous remerciant par avance de votre sollicitude, je vous prie d'agréer, Monsieur le Médiateur, l'expression de ma très haute considération.

PJ : 1 dossier.

296. Demande d'adresses d'écoles de commerce

Monsieur,

Mon fils, Alain Desnoyer, demeurant 23, rue des Corneilles, à Tarbes, vient d'échouer au baccalauréat. Il serait maintenant désireux de préparer une école de commerce.

Ne possédant pas de brochure à jour, je vous serais reconnaissant de m'indiquer quelles sont les écoles de commerce, dans notre département ou dans notre région, qui admettent les élèves en année préparatoire, à l'issue de laquelle ils peuvent se présenter à la fois au baccalauréat et à l'examen d'entrée des écoles de commerce. Cela lui permettrait de ne pas perdre une année.

En cas d'échec, faut-il songer à d'autres écoles de commerce? On m'a parlé d'instituts universitaires de technologie ainsi que d'instituts de préparation commerciale, qui, paraît-il, n'exigeraient pas de diplôme à l'entrée. Ces établissements sont-ils privés ou publics, gratuits ou payants?

Je vous remercie à l'avance des informations que vous voudrez bien me fournir et, dans cette attente, je vous prie de croire, Monsieur, à l'expression de mes sentiments distingués.

297. Demande de formation professionnelle

Monsieur,

Désirant me perfectionner dans toutes les disciplines qui relèvent du secrétariat et, si possible, obtenir un diplôme, je vous serais reconnaissante de me fournir des précisions dans ce domaine.

Je suis âgée de vingt ans et je n'ai que mon C.E.P.

J'ai suivi des cours... de secrétariat de 16 à 18 ans. Depuis deux ans, je travaille dans une entreprise de chauffage à... Je me permets d'ajouter que ces deux années d'expérience professionnelle ont été d'une grande utilité pour ma formation. Pouvez-vous me faire savoir ce qui existe :

– comme cours par correspondance ;
– comme cours du soir dans la ville de... ;
– comme stages intensifs de formation.

J'accepterais avec reconnaissance toute suggestion de votre part.

Je vous prie d'agréer, Monsieur, l'expression de mes sentiments distingués.

298. Demande d'attestation de diplôme

Monsieur,

J'ai obtenu en 20.. un DEUG de gestion à l'université de Lyon-III.

Pour pouvoir m'inscrire dans une université parisienne afin de poursuivre mes études, je vous serais reconnaissant de bien vouloir me faire parvenir une attestation de DEUG.

Je joins à ma lettre un enveloppe timbrée pour la réponse.

Veuillez agréer, Monsieur, l'expression de mes sentiments distingués.

PJ : 1 enveloppe timbrée.

299. Demande d'attribution de bourse

Monsieur,

Après avoir obtenu mon baccalauréat à la fin de cette année scolaire, je me suis inscrit pour la prochaine rentrée universitaire en I.U.T. de … afin de préparer un diplôme de … (durée de cycle d'études : … ans).

Je sollicite donc de votre haute bienveillance l'attribution d'une bourse pour pouvoir entreprendre ces études.

Je vous prie de bien vouloir trouver ci-joint une fiche d'état civil précisant ma situation familiale, ainsi que l'attestation de revenus de mes parents.

Vous trouverez également ci-joint une lettre du directeur du lycée X…, dans lequel j'ai suivi tout mon second cycle, et qui fait état de mes résultats scolaires, pour appuyer ma demande.

Vous remerciant vivement par avance de la suite que vous voudrez bien donner à cette lettre, je vous prie d'agréer, Monsieur, l'expression de ma haute considération.

PJ : P.C. Diplôme du baccalauréat

Fiche familiale d'état civil

Attestation de revenus

Lettre de M. Dupond.

300. Plainte pour vol

Monsieur le Procureur de la République,

Dans la journée du …, des inconnus se sont introduits pendant mon absence dans mon atelier et ont emporté plusieurs machines. J'en ai fait le soir même la déclaration au commissariat de police.

Je suis resté sans nouvelles de l'enquête et n'ai obtenu à ce jour ni réponse ni indication.

Pourriez-vous avoir l'obligeance de donner des instructions au commissaire de police afin qu'il procède à cette enquête le plus tôt possible et que je puisse avoir connaissance des résultats ?

Vous en remerciant par avance, je vous prie d'agréer, Monsieur le Procureur de la République, l'expression de mes sentiments respectueux.

301. Demande au tribunal correctionnel

Monsieur le Président,

Monsieur le Procureur m'a fait citer comme témoin pour votre audience du ... afin de déposer sur les faits reprochés à M. Alfang.

J'ai effectivement été victime de ses agissements, lors de circonstances que j'ai exposées devant le commissaire de police, puis confirmées au juge d'instruction. Il a bien emporté mon portefeuille contenant mes papiers et une somme de ... F (ou €), ainsi que mon carnet de chèques.

Je constate que cette affaire m'a déjà fait perdre plusieurs journées de travail, et que je n'ai aucun espoir de les récupérer. Ne pouvant vous apporter une précision supplémentaire, je vous demande de bien vouloir m'excuser si je ne me présente pas à votre tribunal.

Je vous prie d'agréer, Monsieur le Président, l'expression de mes sentiments distingués.

302. Demande de défense auprès d'un avocat

Maître,

Nous avons adressé de nombreux rappels de paiement à la Société X... qui avait recouru à nos services pour plusieurs installations de chauffage, il y a deux ans.

Le montant de notre facture s'élevait alors à cette date à ... F (ou €) T.T.C.

Rien ne nous laissant supposer que nous recevrons un jour le règlement de cette somme importante, nous souhaiterions entreprendre une action en justice.

Aussi aimerions-nous savoir si vous accepteriez de défendre notre cause dans cette affaire. Nous sollicitons donc un rendez-vous en votre compagnie, afin d'envisager ensemble son déroulement juridique.

Nous vous remercions par avance et vous prions d'agréer, Maître, l'assurance de notre considération distinguée.

303. Demande de réparations pour un logement

Monsieur,

Je vous signale que l'aggravation du mauvais état de la toiture de l'habitation que vous me louez rue … rend indispensables des réparations.

Je vous avais déjà dit l'an dernier qu'à chaque pluie un peu forte je trouvais des flaques d'eau sur le sol d'une des pièces de l'étage supérieur. Depuis quelques semaines, ce n'est plus dans la seule chambre où elles se produisaient l'an dernier, mais c'est dans les trois pièces mansardées que le parquet est littéralement inondé chaque fois qu'il pleut sérieusement.

Ces inondations importantes font apparaître de larges taches au plafond des pièces à l'étage au-dessous.

Cet état de fait déplorable nous interdit désormais une utilisation normale des pièces de l'étage supérieur. Sa prolongation ne manquerait pas, en outre, de nuire au gros œuvre de l'intérieur de votre immeuble, que les eaux de pluie dégradent.

Toute réparation du gros œuvre, notamment de la toiture, incombant au propriétaire, je viens vous prier de faire procéder à celles qui s'imposent.

Espérant que vous assumerez votre obligation à cet égard à bref délai et sans nouvel avis, et vous en remerciant à l'avance, je vous prie d'agréer, Monsieur, l'expression de mes sentiments distingués.

304. Demande pour imposer des réparations urgentes

Monsieur le Maire,

J'ai l'honneur de vous faire savoir que je suis locataire dans un immeuble sis à … appartenant à M. X…

Depuis plusieurs mois, des infiltrations d'eau régulières et importantes se produisent dans le plafond de notre salle à manger au point de causer une grave menace quant à la solidité de ce plafond, qui risque de s'effondrer par endroits en raison des larges fissures qu'il présente.

Les interventions multiples auprès de notre propriétaire étant demeurées vaines, je vous serais reconnaissant, notre sécurité étant menacée, de bien vouloir mettre en demeure ledit propriétaire de procéder aux réparations qui s'imposent.

Avec nos remerciements anticipés, veuillez agréer, Monsieur le Maire, mes sentiments respectueux.

305. Un propriétaire demande remboursement

Monsieur,

Mon courtier vient de m'aviser d'une forte augmentation de la prime d'assurance incendie pour l'immeuble situé à ..., dont je suis propriétaire, mais dont vous occupez une grande partie. Cette augmentation est due au fait que vous y avez entreposé des marchandises dont la valeur dépasse largement le taux habituel. Vous trouverez ci-joint le détail des sommes dont je vous serais obligé de me créditer dans les meilleurs délais.

Veuillez agréer, Monsieur, l'assurance de mes sentiments distingués.

PJ : 1 relevé.

306. Réclamation au sujet des charges

Monsieur,

J'ai bien reçu votre lettre du ..., dans laquelle vous m'invitez à verser au cours du prochain mois la somme de ... F (ou €) à titre de provision sur les charges.

J'attire votre attention sur le fait que, en vertu de la législation en vigueur, la provision ne peut excéder le quart du budget prévisionnel. La somme qui m'est demandée ne saurait donc être supérieure à ... F (ou €).

Dans l'attente de vous lire, je vous prie de croire, Monsieur, à mes sentiments distingués.

307. Avis de changement d'adresse

Messieurs,

Je vous prie de noter que j'habite désormais 17, place Saint-Pierre, et non plus 31, cours Thévenot, à Cahors 46000. C'est donc à cette nouvelle adresse que devra me parvenir votre journal. Vous trouverez ci-joint une bande d'abonnement pour vous permettre de régulariser la situation.

En vous remerciant à l'avance, je vous prie d'agréer, Messieurs, mes salutations distinguées.

PJ : 1 bande d'abonnement.

308. Demande d'acquisition de logement

Monsieur le Président,

J'ai l'honneur de porter à votre connaissance qu'en application des articles 257 à 268 du Code d'urbanisme je désire bénéficier des dispositions de la loi du 10 juillet 1965, afin d'acquérir le logement HLM que j'occupe.

Je vous saurais gré, en conséquence, de vouloir bien me faire connaître les conditions fixées par l'Administration des domaines et les possibilités d'un règlement fractionné.

Dans cette attente et avec mes remerciements anticipés, je vous prie de croire, Monsieur le Président, à mes sentiments distingués.

309. Résiliation de bail

Madame,   R.A.R.

Comme nous vous l'avons signalé le ... dernier par téléphone, nous vous confirmons notre décision de quitter l'appartement que nous occupons actuellement, 12, rue Delaneau, 75010 Paris.

Nous souhaitons vous donner notre congé pour le 30 juin prochain, ainsi seront bien effectués les trois mois de préavis prévus dans notre bail.

Comme vous nous le rappeliez, un état des lieux doit être fait avant notre départ. Ne serait-il pas possible, si vous en êtes d'accord, de l'établir le jour de la remise des clés ?

Nous vous prions d'agréer, Madame, l'expression de nos sentiments distingués.

310. Confirmation de promesse de vente

Monsieur,

Conformément au chapitre 2, « Durée de la promesse-Levée d'option », de la promesse de vente signée en votre cabinet le ..., je désire toujours acquérir de Monsieur et Madame Durand l'appartement sis :

5, rue Lebon, 44000 Nantes

dans l'état où il est décrit dans ce document.

Veuillez agréer, Monsieur, l'expression de mes sentiments distingués.

311. Convocation à une réunion du conseil syndical

Madame, Monsieur,

Nous vous informons qu'une réunion du conseil syndical aura lieu le :

jeudi 18 décembre 20.., à 19 h 30

au domicile de Monsieur Dupont, 3, rue de l'Abbé-Grégoire, 13000 Marseille, à l'effet de délibérer sur :

– travaux relatifs aux ascenseurs,

– réfection de l'antenne collective de télévision,

– reprise des différentes questions évoquées par le conseil syndical lors de la dernière réunion,

– choix de la date de la prochaine assemblée générale.

Nous vous prions d'agréer, Madame, Monsieur, l'expression de nos sentiments distingués.

312. Demande d'information à l'I.N.C.

Monsieur,

J'ai acheté il y a neuf mois, à la société X..., un radar volumétrique pour la surveillance de mon entrepôt de Bobigny. J'ai payé cet appareil entièrement à la commande ; il était garanti un an.

Or, depuis son installation, il est déjà tombé trois fois en panne. Une première fois, un employé du service après-vente de la société X…, venu vérifier, a changé les piles à mes frais. Il a fallu ensuite renvoyer l'appareil en atelier pour remise en état. Il vient à nouveau de cesser de fonctionner.

La société X… me réclame à présent le paiement d'une nouvelle réparation, arguant du fait que les conditions d'utilisation ont endommagé l'appareil et que les travaux ne peuvent être couverts par la garantie.

Pourriez-vous m'indiquer de quel recours je dispose contre le vendeur et notamment s'il est possible d'obtenir un remboursement pur et simple, au cas où je n'envisagerais pas une réparation.

Veuillez agréer, Monsieur, l'expression de mes sentiments distingués.

313. Réclamation à un vendeur

Monsieur, R.A.R.

J'ai acheté le … dans votre garage une voiture d'occasion de marque X…, pour la somme de 6 300 €.

Au bout d'un mois et demi, ayant eu des problèmes de boîte de vitesses, j'ai demandé à un réparateur de faire un constat de l'état de ce véhicule.

Vous pourrez noter dans son rapport, dont je vous adresse ci-joint copie, que la voiture que vous m'avez vendue nécessite des frais importants de remise en état. En outre, il apparaît que le compteur kilométrique a été trafiqué, ce qui constitue un délit.

J'attends donc vos explications, mais je vous signale mon intention de porter plainte. J'adresse copie de ce courrier à l'Institut national de la consommation.

Agréez, Monsieur, mes salutations.

Copie pour information à l'I.N.C.

PJ : 1 rapport d'expertise.

lettres
en allemand

1. Offre de services

Bordeaux, le 5 septembre 2000

Brüder Werner
Biberweg 3
D-2950 Leer
Mesdames, Messieurs,
À l'occasion d'une visite à notre stand, un de vos collaborateurs a manifesté un vif intérêt pour notre conception de la publicité. Nous nous permettons donc de vous faire parvenir quelques documents illustrant des campagnes que nous avons menées dans votre branche d'activité. Nous sommes une entreprise de dimension européenne, dynamique et pleine d'idées porteuses. C'est avec un plaisir tout particulier que nous vous compterions parmi nos partenaires.
Nous vous prions d'agréer l'expression de nos sentiments les meilleurs.
Joël Berry

2. Demande de documentation

Romans, le 8 juin 2000

Bea Beck
Porzellanmalerei
D-4190 Kleve
Madame,
À la Foire de Francfort, vos produits ont attiré notre attention. Nous aimerions en introduire quelques-uns dans notre assortiment et vous remercions de bien vouloir nous envoyer votre catalogue général ainsi que vos tarifs.
Veuillez agréer, Madame, l'expression de nos sentiments distingués.
Charles Anger

1. Angebot

Bordeaux, den 5.9.00

Brüder Werner
Biberweg 3
D-2950 Leer

Sehr geehrte Damen und Herren,

anläßlich eines Besuchs auf unserem Messestand hat einer Ihrer Mitarbeiter reges Interesse an unserer Konzeption von Werbung bekundet. Wir erlauben uns deshalb, Ihnen einige branchenspezifische Belege bereits geführter Kampagnen zukommen zu lassen. Wir sind eine dynamische, europaweit tätige Agentur mit zukunftsträchtigen Ideen und würden uns über eine Zusammenarbeit mit Ihnen ganz besonders freuen.

Mit vorzüglicher Hochachtung

Joël Berry

2. Anfrage

Romans, den 8.6.00

Bea Beck
Porzellanmalerei
D-4190 Kleve

Sehr geehrte Frau Beck,

an der Frankfurter Messe sind wir auf Ihre Produkte aufmerksam geworden und würden nun gerne einige von diesen in unser Sortiment aufnehmen. Für die baldige Zustellung Ihres Gesamtkatalogs mit Preisliste wären wir Ihnen dankbar.

Hochachtungsvoll

Charles Anger

3. Commande

Cachan, le 18 avril 2000

Firma Binder
Fabrikstr. 14
D-3500 Kassel
Messieurs,
Nous référant à votre catalogue, nous vous passons commande de 120 machines à café, numéro d'ordre 10013. Nous souhaitons être livrés le 3 mai à notre entrepôt. Nous partons du principe que vos prix s'entendent frais d'emballage et de livraison compris. Il nous serait agréable que vous nous accordiez un délai de paiement de 2 mois.
Veuillez recevoir nos salutations distinguées.
Paul Henry SA

4. Accusé de réception

Kassel, le 21 avril 2000

Binder KG
Fabrikstr. 14
D-3500 Kassel
Messieurs,
Nous vous accusons réception de votre commande du 18 avril concernant 120 machines à café et vous en remercions. Nous vous accordons volontiers un délai de paiement de 2 mois, tenant toutefois à vous préciser que, dans le cas d'un règlement comptant, vous pourriez déduire un escompte de 3 % en plus de la remise quantitative de 10 % dont notre facture tiendra compte de toute façon.
Veuillez accepter nos salutations distinguées.
Binder KG

3. Bestellung

Cachan, den 18.4.00

Firma Binder
Fabrikstr. 14
D-3500 Kassel
Sehr geehrte Herren,
bezugnehmend auf Ihren Katalog geben wir Ihnen 120 Kaffee-
maschinen, Bestellnummer 10013, in Auftrag. Wir erwarten Ihre
Lieferung am 3.5. in unserem Lager. Ihre Preise verstehen wir
inklusive Verpackungs und Versandkosten. Bitte räumen Sie uns
ein Zahlungsziel von 2 Monaten ein.
Mit freundlichen Grüßen
Paul Henry SA

4. Bestellannahme

Kassel, den 21.4.00

Binder KG
Fabrikstr. 14
D-3500 Kassel
Sehr geehrte Herren,
wir bestätigen Ihnen dankend Eingang und Annahme Ihres Auf-
trags vom 18.4. über 120 Kaffeemaschinen. Gerne gewähren wir
Ihnen eine Zahlungsfrist von 2 Monaten, machen Sie aber darauf
aufmerksam, daß Sie bei Barzahlung 3 % Skonto abziehen könn-
ten, dies zusätzlich zum Mengenrabatt von 10 %, den wir bei der
Rechnungsstellung auf jeden Fall berücksichtigen werden.
Mit vorzüglicher Hochachtung
K. Binder

5. Relance

Eragny, le 5 janvier 2000

Möbel Klenk
Unter den Linden 3
D-3250 Hameln
Monsieur,

Il y a six semaines, nous vous avons livré les fauteuils que vous nous aviez commandés le 3 novembre 1999. Nous osons espérer qu'ils se sont bien vendus depuis. Pour le cas où vous auriez égaré notre facture, vous en trouverez ci-joint une photocopie. Nous vous prions de virer le montant de 7 250 euros à notre compte CCP Paris n°…
Veuillez agréer, Monsieur, l'expression de nos sentiments distingués.
Yves Stein

6. Réclamation

Paris, le 22 mai 2000

Firma Birr
Birkenfeld
D-8036 Herrsching
Messieurs,

Je viens de recevoir votre facture concernant les articles que nous vous avions commandés le 15 mars et que vous nous avez livrés le 20 mai. Dans notre commande, que vous avez confirmée le 20 mars « conformément à l'ordre », nous avions demandé une livraison sous 5 semaines maximum. Le dépassement du délai de livraison a causé des difficultés à notre production au point que nous n'avons pas pu tenir certains engagements. Nous exigeons par conséquent une remise de 15 % sur le montant de la facture, que nous vous retournons pour rectification.
Recevez nos salutations distinguées.
Kurt Gasser

5. Mahnung

Eragny, den 5.1.00

Möbel Klenk
Unter den Linden 3
D-3250 Hameln
Sehr geehrter Herr Klenk,
vor sechs Wochen lieferten wir Ihnen die am 3.11.91 bestellten
Sessel. Wir hoffen, daß Sie diese in der Zwischenzeit mit gutem
Erfolg abgesetzt haben. Für den Fall, daß Sie die Rechnung ver-
legt haben sollten, senden wir Ihnen beiliegend eine Fotokopie.
Bitte überweisen Sie uns den Rechnungsbetrag von 7250 Euros
auf unser Postscheckkonto Paris Nr....
Mit freundlichen Grüßen
Yves Stein

6. Reklamation

Paris, den 22.5.00

Firma Birr
Birkenfeld
D-8036 Herrsching
Sehr geehrte Herren,
heute erhalte ich von Ihnen die Rechnung über die von uns am
15.3. bestellten und von Ihnen am 20.5. gelieferten Artikel. Wir
hatten in unserem Auftrag, den Sie am 20.3. «laut Bestellung»
bestätigt haben, um Lieferung innerhalb von höchstens 5
Wochen gebeten. Die Überschreitung der Lieferzeit hat zu
Schwierigkeiten für unsere Produktion geführt, und wir konnten
unsererseits gewissen Verpflichtungen nicht nachkommen.
Deshalb bestehen wir auf einem Nachlaß von 15 % auf Ihrem
Rechnungsbetrag. Die Rechnung senden wir Ihnen zur Berichti-
gung zurück.
Hochachtungsvoll
Kurt Gasser

7. Réservation d'hôtel

Mulhouse, le 31 août 2000

Hotel Degen
Parkweg 3
D-5400 Baden
Madame,
Nous avons l'intention d'organiser un séminaire dans votre établisse-ment et vous prions de nous soumettre une proposition globale com-prenant la pension complète et l'hébergement de 15 personnes dans 7 chambres individuelles et 4 chambres doubles du 3 au 7 octobre. Il nous faudra également chaque jour une salle de conférence de 20 per-sonnes.
Nous vous remercions de nous répondre rapidement.
Veuillez agréer, Madame, l'expression de nos sentiments distingués.
Responsable Informatique
L. Leblanc

8. Invitation

Lyon, le 22 janvier 2000

Bürozentrale
Talstraße 15
D-5300 Bonn 2
Mesdames, Messieurs,
Les fournitures et matériels de bureau feront l'objet d'une foire inter-nationale se déroulant du 2 au 8 mars à Paris, au parc des expositions de la Porte de Versailles. Nous y serons représentés par 2 stands et serions très heureux de votre visite. Nous sommes en effet convaincus qu'un bon nombre des produits que nous présenterons à cette manifes-tation connaîtront un grand succès auprès de vos clients. C'est pour-quoi nous joignons deux entrées gratuites à cette lettre.
Nous serons heureux de vous rencontrer bientôt.
G. Lenoir

7. Hotelreservation

Mulhouse, den 31.8.00

Hotel Degen
Parkweg 3
D-5400 Baden
Sehr geehrte Frau Degen,
wir beabsichtigen, in Ihrem Haus einen Fortbildungskurs zu veranstalten und bitten Sie um ein attraktives Pauschalangebot. Vom 3.10. bis zum 7.10. sollten 15 Personen in 7 Einzelzimmern und 4 Doppelzimmern bei Ihnen Unterkunft mit Vollpension finden. Wir benötigen zudem täglich einen Konferenzraum für 20 Personen.
Mit bestem Dank für Ihre baldige Antwort
Responsable Informatique
L. Leblanc

8. Einladung

Lyon, den 22.1.00

Bürozentrale
Talstraße 15
D-5300 Bonn 2
Sehr geehrte Damen und Herren,
in den Pariser Messehallen an der Porte de Versailles findet vom 2.3. bis zum 8.3. eine internationale Ausstellung zum Thema Bürobedarf statt. Wir sind dort mit zwei Ständen vertreten und würden uns über Ihren Besuch sehr freuen. Wir sind davon überzeugt, daß viele der von uns vorgestellten Produkte bei Ihren Kunden großen Anklang finden würden. So legen wir unserem Schreiben zwei Eintrittskarten bei und verbleiben.
Mit vorzüglicher Hochachtung
G. Lenoir

9. Remerciements

Paris, le 9 juin 2000

Urs Estor
Löwe GmbH
Dorfstraße 22
D-6455 Erlensee
Cher Monsieur,

Il me tient à cœur de vous remercier encore une fois, vous et vos colla-borateurs, de votre accueil si attentionné lors de mon voyage en Allemagne. Convaincu que les accords dont nous sommes convenus faciliteront désormais nos échanges, je suis également persuadé qu'il en résultera un nouvel essor pour nos deux entreprises.

Espérant avoir très bientôt le plaisir de vous accueillir chez nous, je vous prie d'accepter, cher Monsieur, l'expression de mes sentiments les meilleurs.

Serge Paulin

9. Dankschreiben

Paris, den 9.6.00

Urs Estor
Löwe GmbH
Dorfstraße 22
D-6455 Erlensee
Sehr geehrter Herr Estor,

für den aufmerksamen Empfang, den Sie mir anläßlich meiner Deutschlandreise bereitet haben, möchte ich Ihnen und Ihrer Belegschaft noch einmal ganz herzlich danken. Ich bin über-zeugt, daß die getroffenen Vereinbarungen unsere Zusammenar-beit in Zukunft erleichtern werden und daß unsere beiden Unternehmen einem neuen Aufschwung entgegengehen.

In der Hoffnung, Sie bald auch einmal als Gast bei uns begrüßen zu dürfen, verbleibe ich mit vorzüglicher Hochachtung
Serge Paulin

Comment commencer une lettre

In Antwort auf Ihr Schreiben vom…

En réponse à votre lettre du…

Bezugnehmend auf Ihre Anfrage…

Nous référant à votre demande de renseignements…

Auftragsgemäß übersenden wir Ihnen…

Conformément à votre commande, nous vous envoyons…

Nach Rücksprache mit Herrn P. darf ich Ihnen heute bestätigen, daß…

Après consultation de Monsieur P., j'ai le plaisir de vous confirmer que…

Hiermit wird bestätigt, daß…

Nous vous confirmons par la présente que…

Wir liefern im Auftrag und auf Rechnung von…

Nous livrons sur commande et pour le compte de…

Unsere deutsche Niederlassung wird demnächst mit Ihnen Kontakt aufnehmen.

Sous peu, notre agence allemande prendra contact avec vous.

Sie möchten uns bitte regelmäßig über… auf dem Laufenden halten.

Veuillez nous tenir régulièrement au courant de…

In Ihrem vom 3. Juni datierten Brief bemerken Sie, daß…

Dans votre lettre en date du 3 juin, vous remarquez que…

Wir machen gerne von Ihrem Angebot Gebrauch.

Nous donnons volontiers suite à votre offre.

Wenn wir nichts Gegenteiliges hören,…

Sauf avis contraire,…

Mit gleicher / getrennter Post erhalten Sie…

Nous vous faisons parvenir par le même courrier / par courrier séparé…

Wir bestätigen den Erhalt unserer Bestellung vom 4.5.

Nous vous accusons réception de notre commande du 4.5.

Comment terminer une lettre

Wir bitten um umgehenden Bescheid.

Veuillez nous répondre par retour.

In Erwartung Ihrer baldigen Antwort verbleiben wir mit freundlichen Grüßen...

Dans l'attente d'une réponse rapide de votre part, nous vous prions d'accepter nos salutations distinguées...

Sie werden in Kürze von uns hören.

Vous aurez de nos nouvelles sous peu.

Wir hoffen auf baldige Antwort.

Nous espérons vous lire bientôt.

Mit bestem Dank für Ihre Bemühungen...

En vous remerciant de vous occuper de cette affaire...

Offre de services

Gerne senden wir Ihnen unseren Katalog.

C'est avec plaisir que nous vous envoyons notre catalogue.

Auf Anfrage können wir Ihnen auch Warenmuster zukommen lassen.

Sur demande, nous pouvons également vous faire parvenir des échantillons de nos marchandises.

Wir freuen uns, Ihnen unsere Produkte vorstellen zu dürfen.

Nous serons heureux de vous présenter nos produits.

Unsere Firma hat ihr Angebot beträchtlich erweitert.

Notre société a considérablement élargi la gamme de ses produits.

Ich möchte Ihnen meine Dienste als Kundenberater anbieten.

Je me permets de vous proposer mes services de conseil à la clientèle.

Wir hoffen, Sie bald zu unseren zahlreichen Kunden zählen zu dürfen.

Nous espérons avoir bientôt le plaisir de vous compter parmi notre nombreuse clientèle.

Dank unseren ausgewiesenen Mitarbeitern sind wir in der Lage, Sie kompetent zu beraten.

Grâce à notre équipe de spécialistes, nous sommes en mesure de vous donner des conseils de la plus haute compétence.

Demande de renseignements

Geben Sie uns bitte umgehend Ihre Geschäftsbedingungen bekannt.

Veuillez nous faire connaître vos conditions par retour.

Teillieferungen sind nicht zuläßig.

Toute livraison partielle serait refusée.

Wir fertigen unsere Produkte nur serienmäßig.

Nous ne fabriquons nos produits qu'en série.

Wir können keine Spezialanfertigungen übernehmen.

Nous ne pouvons accepter la commande de fabrications spéciales.

Wir kaufen nur nach Muster.

Nous n'achetons que sur échantillons.

Wir verfügen über eine breitgefächerte Produktpalette.

Nous proposons un large éventail de produits.

Commande

Wir benötigen die Ware dringend.

Nous avons un besoin urgent de cette marchandise.

Wir werden Ihnen den Ort der Lieferung rechtzeitig bekannt geben.

Nous vous confirmerons l'adresse de livraison en temps utile.

Ihre Bestellung ist heute eingelaufen.

Votre commande nous est parvenue aujourd'hui.

Wir werden das Produkt auf seine Qualität hin prüfen.

Nous testerons la qualité du produit.

Wir brauchen Muster zur Vorführung.

Il nous faut des échantillons pour la démonstration.

Dieser Artikel ist zur Zeit nicht lieferbar.

Cet article n'est actuellement pas disponible.

Wir werden Ihren Auftrag mit größter Sorgfalt ausführen.

Nous exécuterons votre commande avec le plus grand soin.

Wir führen diesen Artikel leider nicht mehr.

Nous sommes au regret de vous annoncer que nous ne faisons plus cet article.

Infolge besonderer Umstände können wir die von Ihnen gewünschte Lieferfrist nicht einhalten.

Par suite de circonstances particulières, nous ne pouvons respecter le délai de livraison souhaité par vous.

Der Versand kann in wenigen Tagen erfolgen.

La marchandise sera expédiée sous quelques jours.

Wir machen die Ware heute noch versandfertig.

Nous préparons l'expédition des marchandises dès aujourd'hui.

Conditions de paiement

Wir bitten um Zahlung per Scheck/in bar ohne Abzug.

Veuillez régler le montant par chèque/au comptant sans escompte.

Wir bitten um Anweisung auf unser Konto Nr .

Veuillez virer le montant à notre compte n° .

Zur Begleichung der Rechnung finden Sie in der Anlage einen Verrechnungsscheck über 1 000 Euros.

En règlement de votre facture, veuillez trouver ci-joint un chèque de 1 000 euros.

Der Betrag ist bei Auftragserteilung zahlbar.

Le montant est payable à la commande.

Zahlung erfolgt bei Lieferung.

Le paiement sera effectué à la livraison.

Es käme uns gelegen, wenn Sie eine Anzahlung von 30 % leisten könnten.

Le versement de 30 % d'arrhes nous serait agréable.

Die Preiserhöhungen sind ab sofort gültig.

Les augmentations de prix sont applicables dès ce jour.

Der Preis versteht sich alle Kosten inbegriffen.

Le prix s'entend tous frais compris.

Die Zollgebühren gehen zu Ihren Lasten.

Les droits de douane sont à votre charge.

Aus Kostengründen können wir den Preis nicht weiter senken.

En raison de nos charges, nous ne pouvons baisser les prix davantage.

Infolge der gegenwärtigen allgemeinen Kostenexplosion sehen wir uns gezwungen, unsere Preise um 5 % anzuheben.
Étant donné l'actuelle montée en flèche des coûts, nous sommes obligés d'augmenter nos prix de 5 %.
Würden Sie uns bitte einen Kostenveranschlag unterbreiten.
Veuillez nous établir un devis.
Wir haben die Preise so knapp wie möglich kalkuliert.
Nous avons calculé les prix au plus juste.
Der Scheck ist unterwegs.
Le chèque est déjà parti.

Réclamation

Infolge unsachgemäßer Behandlung wurde die Ware beschädigt.
La marchandise a été endommagée à la suite d'une erreur de manipulation.
Es entstanden für uns zusätzliche Kosten.
Il en a résulté des frais supplémentaires pour nous.
Die erhaltene Ware können wir nicht gebrauchen.
Nous ne pouvons tirer aucun parti de la marchandise reçue.
Wir erinnern Sie an die Lieferbedingungen.
Nous vous rappelons les termes convenus pour la livraison.
Der Schaden ist auf die schlechte / unzulängliche Verpackung zurückzuführen.
Le dommage est imputable à la mauvaise qualité / l'insuffisance de l'emballage.
Wir bitten um Gutschrift des Rechnungsbetrags.
Veuillez nous faire un avoir du montant de la facture.
Im Hinblick auf die Langjährigkeit unserer Geschäftsbeziehungen wäre es bedauerlich, wenn...
Vu l'ancienneté de nos relations d'affaire, il serait regrettable que...
In diesem Punkt können wir mit Ihnen nicht übereinstimmen.
Nous ne pouvons pas nous entendre avec vous sur ce point.
Wenden Sie sich bitte direkt an unseren Spediteur.
Veuillez vous adresser directement à notre transporteur.

Relance

Unser Erinnerungsschreiben vom 5.6. ist leider unbeantwortet geblieben.

Notre lettre de rappel du 5 juin est malheureusement restée sans réponse.

Wir sehen uns gezwungen, die Angelegenheit unserem Inkasso-bevollmächtigten zu übergeben.

Nous nous voyons obligés de confier l'affaire à l'instance chargée du recouvrement.

Bitte überprüfen Sie Ihren Kontostand.

Veuillez vérifier la couverture de votre compte.

Wir rechnen mit Ihrer Bezahlung binnen 8 Tagen.

Nous comptons sur votre règlement sous huitaine.

Die Nachforschungen unserer Rechtsabteilung haben nichts ergeben.

Les recherches de notre service contentieux n'ont pas abouti.

Remerciements

Wir danken Ihnen für Ihren Einsatz in dieser Angelegenheit.

Nous vous remercions de la collaboration efficace dont vous avez fait preuve dans cette affaire.

lettres
en anglais

1. Offre de services

M. Arnaud Colifichet   Paris, le 10 janvier 2000
IXAC S.A.R.L.
Bougival
Cher Monsieur,

Notre école compte parmi les plus importantes écoles de langues de Paris et nous sommes un leader dans le domaine de l'enseignement des langues depuis dix ans. Récemment, nous avons lu dans la presse spécialisée que votre compagnie a pris une part grandissante sur le marché international. Vos dirigeants ainsi que votre personnel auront certainement besoin de parler couramment l'anglais pour relever ce nouveau défi.

Nous pouvons vous offrir des cours sur mesure qui correspondent parfaitement à vos besoins. Nous serions très heureux d'effectuer gracieusement une analyse de vos besoins dans votre compagnie à une date qui vous conviendrait.

N'hésitez pas à nous contacter pour tout renseignement complémentaire. Je vous prie de croire, Monsieur, à l'expression de mes sentiments les meilleurs.

Jennifer Marmaduke
Directrice

2. Demande de documentation

Furniture House   Croissy, le 19 février 2000
Saint-Étienne
Monsieur,

Je suis à la recherche d'étagères pour livres qui couvriraient tout un mur de mon salon. Pourriez-vous, s'il vous plaît, m'envoyer un catalogue, qui présenterait tous les modèles que vous avez en stock, ainsi que la liste des prix.

En vous remerciant d'avance, je vous prie de croire, Monsieur, à l'expression de mes sentiments les meilleurs.

Catherine Colorado

1. Offering services

Mr. Arnaud Colifichet   10th January 2000
IXAC S.A.R.L.
Bougival
Dear Mr. Colifichet;
We are one of the largest language schools in Paris, and have in the last ten years become the leader in the field of professional language courses.
Having seen in the business press recently that your company is going to be involved in the international market, perhaps we can be of assistance in the English language fluency of your managers an support staff?
We can provide tailor-made English courses, taught by our specialised teaching staff. We would be pleased to conduct a free study of your company's needs at a date convenient to you.
Do not hesitate to get in touch with us for any further information.
Yours faithfully;
Jennifer Marmaduke
Director

2. Asking for information

19th February 2000

Furniture House
Saint-Étienne
Dear Sir,
I am looking for fitted bookshelves to place on one wall of my living room. Could you please send me a catalogue showing all the systems available, as well as a current price list?
Thanking you in advance for your help,
Yours faithfully;
Ms. Catherine Colorado

LE PARFAIT SECRÉTAIRE

3. Commande

Bailey's Bookstore   Paris, le 9 septembre 2000
Hemel Hempstead
Herts HP2 4RG, Angleterre
Monsieur,

Nous souhaiterions commander vingt exemplaires de chacun des livres
suivants : « Case Studies in International Management » de Christopher Sawyer-Laucanno et « Case Studies in International Business » de
Christine Uber Grosse et Robert E. Grosse.

Nous vous prions de nous envoyer ces livres avant la rentrée, qui est
fixée au 5 octobre. Si vous ne disposez pas d'un nombre suffisant
d'exemplaires pour l'un de ces titres, veuillez nous le faire savoir par
retour de courrier afin que nous puissions trouver ces livres chez un
autre fournisseur avant le début des cours.

Veuillez croire, Monsieur, à l'expression de nos sentiments les meilleurs.
                    Rosemary Atkinson, Responsable du département d'anglais

4. Accusé de réception

Mme Rosemary Atkinson   Herts, le 13 septembre 2000
Responsable du département d'anglais
European Business School
Paris, France
Madame,

Je vous remercie de votre lettre du 9 septembre et de votre commande.
J'ai le regret de vous informer que nous avons seulement onze exemplaires du livre « Case Studies in International Business ». Cependant,
nous attendons la livraison d'une grosse commande de l'éditeur, dans
laquelle seront inclus 50 exemplaires de ce titre. Cet envoi devrait arriver vers la fin de cette semaine. Si vous pouvez attendre jusqu'à cette
date, nous pourrions vous envoyer toute votre commande dès la réception des livres, que vous auriez à temps pour la rentrée.

En attendant de recevoir vos instructions, je vous prie de croire,
Madame, à l'expression de mes sentiments distingués.

                              Peter Brook, Responsable du service clients

3. Placing an order

Bailey's Bookstore   9th September 2000
Hemel Hempstead
Herts HP2 4RG, England
Dear Sir ;

We would like to order 20 copies of each of the following titles :
« Case Studies in International Management » by Christopher
Sawyer-Laucanno,

« Case Studies in International Business » by Christine Uber
Grosse and Robert E. Grosse.

We need the books for the beginning of the Autumn term starting on the fifth of October this year.

If you are not able to supply all the copies required, please let us
know immediately, so that we may find an alternative supplier.

Thanking you in advance for your prompt attention to our order.

Yours faithfully ;

Rosemary Atkinson, Head of English Department

4. Acknowledging an order

Mrs. Rosemary Atkinson   13th September 2000
Head of English Department
European Business School
Paris, France
Dear Madam ;

Thank you for your letter of 9th September and for the order of
books. I regret to inform you that at present, we only have eleven
copies in stock of « Case Studies in International Business ».

However, we have placed a large order with the publisher which is
scheduled to arrive at the end of the week. If you are prepared to
wait until then, we could send out your entire order. Your books
will still arrive in time for the beginning of your Autumn term.

Please let me know if this is acceptable.

Yours faithfully ;

Peter Brook, Customer Service Manager

5. Relance

Acme Record Company   *Paris, le 15 mai 2000*
Londres, Angleterre

Monsieur,

Le 5 mars dernier, nous vous avons transmis une commande pour la Tétralogie de Richard Wagner, dirigé par Herbert von Karajan. Vous nous aviez promis que nous recevrions les disques trois semaines après l'arrivée de la commande. Plus de deux mois sont déjà passés et nous ne les avons toujours pas reçus.

Nous avons commandé ces disques à la demande d'un de nos meilleurs clients, qui est, à juste titre, très mécontent. Pourriez-vous nous expliquer exactement ce qui s'est passé?

Nous vous prions de nous répondre par retour de courrier.

Salutations distinguées,

Claude Richard

6. Réclamation

Andersen High Fidelity   *Paris, le 30 mars 2000*
Copenhague, Danemark

Monsieur,

Il y a à peu près un an et demi, j'ai acheté une chaîne stéréo Andersen dans un magasin spécialisé de Paris. J'ai le regret de vous informer que cette chaîne n'a jamais bien fonctionné. Je l'ai plusieurs fois rendue au magasin et, pourtant, je n'ai jamais pu obtenir satisfaction. Chaque fois que je l'ai récupérée, quelque chose d'autre ne fonctionnait plus. J'ai acheté cette chaîne parce que votre compagnie a la réputation de produire des systèmes de haute qualité. Vous pouvez imaginer ma déception et ma frustration quand j'ai compris que ma chaîne n'allait jamais fonctionner comme je le souhaitais, malgré ses fréquents séjours chez le dépanneur.

Je vous écris pour vous demander de me donner une nouvelle chaîne en échange de la mienne.

Dans l'attente de vous lire prochainement, je vous prie de croire, Monsieur, à l'expression de mes sentiments distingués.

Pierre Duval

5. Chasing a supplier

Acme Record Company   15th May 2000

London, England

Dear Sir ;

On the 5th of March, we sent you an order for Richard Wagner's « Ring Cycle » conducted by Herbert von Karajan. We were assured, at that time, that the records would be arriving within three weeks. However, more than two months have now elapsed and we have had no communication from your company.

The records were ordered for one of our best customers who is now, understandably, very upset. Would you please let us know immediately what has happened.

Yours faithfully ;

Claude Richard

6. Letter of complaint

Andersen High Fidelity   30th March 2000

Copenhagen, Denmark

Dear Sir ;

Approximately eighteen months ago, I purchased an Andersen Stereo System from a specialised shop in Paris.

Unfortunately for me, the system has never worked properly. Despite returning it several times to the shop for repair, there are continuing malfunctions.

Originally, I bought this system because of the excellent reputation that your company has for high quality equipment. You will imagine my disappointment and frustration when despite of several repairs, I am unable to get it to work properly.

Therefore, after all this personal inconvenience, I ask you to exchange this stereo system for a new one, to avoid any further problem.

Trusting to hear from you soon,

Yours faithfully ;

Pierre Duval

7. Réservation d'hôtel

Hôtel Exelsior   *Londres, le 15 juillet 2000*
Rome

Monsieur,

Je souhaiterais réserver une chambre double avec salle de bains pour le jeudi 25 juillet. Nous arriverons vers 15 heures et nous comptons rester trois ou quatre jours.

En vous remerciant d'avance, je vous prie de croire, Monsieur, à l'expression de mes sentiments les meilleurs.

Carlotta Cumberland

8. Invitation

Laboratoires Shiva   *Grenoble, le 25 octobre 2000*
10, place de l'Église
Rouen

Monsieur,

Vous êtes cordialement invité à un séminaire de trois jours qui aura lieu à notre siège de Grenoble les 5, 6 et 7 décembre. Le thème sera :
« Le marketing international des produits pharmaceutiques ».

Le nombre de places étant limité, la date limite d'inscription est fixée au 15 novembre.

J'espère que vous serez des nôtres pour cette occasion.

Je vous prie de croire, Monsieur, à l'expression de mes sentiments les meilleurs.

Jeanne de La Motte
Directrice du marketing

7. Booking a hotel room

The Exelsior Hotel   15th July 2000

Rome

Dear Sir ;

I would like to reserve a double room with bathroom from Thursday the 25th July next. We will be arriving at approximately 3 p.m., and plan to stay three or four days.

Thanking you in advance

Yours faithfully ;

Ms. Carlotta Cumberland

8. Invitation

Laboratoires Shiva   25th October 2000

10, place de l'Église

Rouen

Dear Sir ;

You are cordially invited to a special three-day seminar which will be held at our headquarters in Grenoble from the 5th to the 7th December next.

The theme will be : « International Marketing of Pharmaceutical Products ».

Attendance is obviously limited in number, so we must have your confirmation by the 15th November latest.

We sincerely hope you will be able to join us on this occasion.

Yours faithfully ;

Jeanne de La Motte

Marketing Director

9. Remerciements

M. Georges Durand   *Londres, le 16 juin 2000*
Serafin International
Paris

Cher Monsieur Durand,

Je vous écris ces quelques lignes pour vous remercier de votre accueil chaleureux lors de mon voyage à Paris la semaine dernière. Sans votre aide, je n'aurais jamais pu accomplir tout ce que je devais faire, surtout en raison de mes faibles connaissances de la langue française.

Je suis aussi très content de la soirée que nous avons passée ensemble à la Tour d'Argent. Je dois dire que la cuisine française justifie certainement la réputation qu'elle a acquise dans le monde entier.

Si vous venez un jour à Londres, je serai très heureux de vous rendre votre aimable hospitalité et de vous aider de quelque manière que je puisse.

Avec mes amitiés,
John Robertson

9. Letter of thanks

Mr Georges Durand   16th June 2000
Serafin International
Paris

Dear Mr Durand ;

A few lines to thank you for your kind welcome when I came to Paris last week. I would never have managed to do everything without your help, because my practice of the French language is rather limited.

I enjoyed very much the evening we had together at « La Tour d'Argent ». Having now tested « French Cuisine », I can say that it deserves its worldwide reputation.

If you ever come to London, I will be glad to return your gracious hospitality and help you find your way around.

Yours sincerely ;
John Robertson

Comment commencer une lettre

We are pleased to inform you that...

Nous avons le plaisir de vous informer que...

We regret to inform you that...

Nous avons le regret de vous informer que...

Further to you letter of the 22nd June...

Suite à votre lettre du 22 juin...

In reply to your request, we are sending you...

En réponse à votre demande, nous vous envoyons...

Since to this date, there is no reply to our letters, we...

Puisque nous n'avons pas reçu de réponse à nos lettres à ce jour, nous...

I would like to thank you for...

Je voudrais vous remercier pour...

Would you please send me...

Pourriez-vous m'envoyer, s'il vous plaît...

Enclosed you will find...

Ci-joint vous trouverez...

Our conditions are the following...

Nos conditions sont les suivantes...

Comment terminer une lettre

Looking forward to hearing from you soon, Yours faithfully ;

Dans l'attente de vous lire, je vous prie de croire, Monsieur,
à l'expression de mes sentiments dévoués.

Thank you once again for your help, Yours sincerely ;

Je vous remercie de nouveau pour votre aide. Cordialement,

I'll call you as soon as I arrive, Best regards,

Je vous téléphonerai dès mon arrivée. Cordialement,

I'll call your secretary on Monday to make an appointment.
Yours faithfully ;

Je téléphonerai à votre secrétaire lundi pour fixer un rendez-vous.
Je vous prie de croire...

With our best wishes for a Merry Christmas and a Happy New
Year.

Avec nos meilleurs vœux pour un joyeux Noël et une bonne année.

Offre de services

We will be happy to send you our catalogue.

Nous serons heureux de vous envoyer notre catalogue.

If you wish, we could send you some samples of our products.

Si vous le souhaitez, nous vous enverrons des échantillons de nos produits.

As you are a good customer, we will be giving you a discount of…

Puisque vous êtes un de nos bons clients, nous sommes heureux de vous accorder une ristourne de…

We would like to inform you of a new range of services that our company is now offering.

Nous tenons à vous informer que notre compagnie offre désormais de nouveaux services.

I would like to offer you my services as technical consultant on your construction site.

Je souhaiterais vous offrir mes services comme consultant technique sur votre chantier.

For further information you can contact Mr. X at our headquarters.

Pour toute information complémentaire, veuillez contacter M. X à notre siège.

Demande de renseignements

We would like to meet one of your salesmen without any prior obligation on our part.

Nous souhaiterions recevoir la visite d'un de vos représentants sans obligations de notre part.

Please, let me know if you require any information on hotels in London.

Je vous remercie par avance pour les informations que vous pourrez me communiquer sur les hôtels à Londres.

Would you please send us some samples of your new product?

Pouvez-vous nous envoyer des échantillons de votre nouveau produit?

Could you please send us an estimate of the cost for the repair work in our factory?

Pouvez-vous nous envoyer un devis estimatif des travaux de réfection de notre usine?

Commande

This is to confirm the order that we made by telephone yesterday.
Nous vous confirmons la commande que nous vous avons passée hier par téléphone.
Under the same conditions, please send us…
Pouvez-vous nous envoyer, suivant les mêmes conditions…
We would appreciate your shipping us the following articles immediately.
Nous vous serions reconnaissants de nous envoyer les articles suivants dans les plus brefs délais.
Following your representative's visit yesterday, we would like to place, on a trial basis, the following order…
Suite à la visite hier de votre représentant, nous souhaiterions passer la commande suivante à titre d'essai…

Conditions de paiement

Payment must be made 30 days after receipt of the invoice.
Le paiement doit être effectué 30 jours après la réception de la facture.
If you order more than 1 000 € worth of goods, we will give you a 5 % discount.
Si vous commandez pour plus de 1000 € de marchandises, nous vous accorderons une remise de 5 %.
Fifty per cent of the sum due must accompany the order. The remaining 50 % is to be paid upon receipt of the merchandise.
Cinquante pour cent de la somme due doit accompagner la commande. Les 50 % restants sont payables à la réception de la marchandise.

Réclamation

The goods received bear no resemblance to the sample which your representative gave us.
Les marchandises que vous nous avez envoyées ne correspondent pas à l'échantillon que vous nous avez donné.
Your last shipment arrived in our warehouse in a badly damaged state.
Votre dernière livraison est arrivée à notre magasin très endommagée.

We regret to inform you that several items were missing from your last shipment.

Nous avons le regret de vous informer que plusieurs articles manquent dans votre dernière livraison.

Relance

We would like to close our accounts by the end of the month, therefore we would appreciate your sending payment before then.

Nous souhaiterions clôturer nos comptes à la fin du mois, par conséquent nous vous saurions gré de nous envoyer votre paiement avant cette date.

Although we like to offer our customers as advantageous terms as possible, we can no longer wait for payment for goods which were sent 120 days ago.

Bien que nous aimions accorder à nos clients des conditions aussi avantageuses que possible, nous ne pouvons attendre plus longtemps le paiement des marchandises que nous vous avons envoyées il y a 120 jours.

If you wish your coverage to remain uninterrupted, you must renew your contract before the expiration date.

Si vous souhaitez que votre police d'assurance continue à vous couvrir, vous devez renouveler votre contrat avant sa date d'expiration.

Remerciements

We would like to thank you for the valuable help which you gave us in launching this project.

Nous souhaiterions vous remercier pour l'aide précieuse que vous nous avez apportée à la création du projet.

Thank you for the interest you have shown in our company.

Nous vous remercions pour l'intérêt que vous avez porté à notre société.

Many thanks for the warm welcome which you gave our students when they visited your country.

Tous nos remerciements pour l'aimable accueil que vous avez réservé à nos étudiants lors de leur visite de votre pays.

Thank you for calling.

Merci de votre appel.

lettres
en espagnol

1. Offre de services

Guadalajara, le 17 juillet 2000
QUÍMICOS JIMÉNEZ
Hermanos Machado, 111
46019 Valencia

Messieurs,

Notre entreprise, de création récente, se consacre à la fabrication d'emballages en plastique par extrusion-soufflage.

Connaissant vos activités dans le secteur chimique, nous avons le plaisir de mettre nos produits à votre disposition et de vous inviter à venir voir nos installations et nos méthodes de travail.

En espérant que cette première prise de contact donnera lieu à de fructueuses relations commerciales, et dans l'attente de vos nouvelles, nous vous prions de croire, Messieurs, à l'assurance de nos sentiments dévoués.

Tomás Guillén
Directeur commercial

2. Demande de documentation

Alicante, le 1er décembre 2000
PERFUMES PRIMAVERA
Pez Volador, 16
28007 Madrid

Messieurs,

Je vous serais très reconnaissante de bien vouloir m'adresser une documentation complète – catalogue illustré et tarifs – relative à la gamme de produits cosmétiques que vous proposez cette saison.

Étant intéressée par l'achat de ces articles, je vous serais obligée de m'envoyer également un choix d'échantillons.

Dans l'attente de vos nouvelles, je vous prie d'agréer, Messieurs, l'expression de mes sentiments les meilleurs.

Pía Toledo
Parfumerie MABEL

1. Oferta de servicio

QUÍMICOS JIMÉNEZ

Hermanos Machado, 111

46019 Valencia

Guadalajara, 17 de julio de 2000

Distinguidos Señores :

Somos una empresa de reciente creación, dedicada a la fabricación de envases de plástico por extrusión y soplado.

Conocedores de sus actividades en el sector químico, tenemos el placer de poner a su disposición nuestros productos, invitándoles a conocer nuestras instalaciones y métodos de trabajo.

Confiando en que esta primera toma de contacto dé lugar a unas fructíferas relaciones comerciales y, en espera de sus noticias, les saludamos muy atentamente.

Tomás Guillén

Dirección Comercial

2. Solicitud de documentación

PERFUMES PRIMAVERA

Pez Volador, 16

28007 Madrid

Alicante, 1 de diciembre de 2000

Senores :

Les ruego tengan a bien enviarme una documentación completa – catálogo ilustrado y lista de precios – acerca de la gama de productos cosméticos que proponen Uds. esta temporada.

Interesada en la compra de dichos artículos, les agradecería me remitieran, así mismo, una selección de muestras.

En espera de sus noticias, aprovecho la oportunidad para saludarles atentamente.

Pía Toledo

Perfumería MABEL

3. Commande

Cadix, le 22 mai 2000

Messieurs,

Nous vous prions de bien vouloir nous faire parvenir, le plus rapidement possible, les articles suivants :

– 140 cafetières électriques, réf. H/7656

– 130 grille-pain, réf. RA/33

– 140 mixeurs, réf. S/279.

Veuillez nous livrer cette commande n° 638-F à nos magasins de Cadix, avant le 10 juin 2000. Nous vous réglerons par traite à soixante jours. En vous remerciant de prendre bonne note des conditions sus-indiquées, et dans l'attente de vos nouvelles, nous vous prions d'agréer, Messieurs, l'expression de nos sentiments distingués.

Pablo Casas

Département Achats

4. Accusé de réception

Valence, le 20 janvier 2000

Monsieur,

Nous accusons réception de votre commande n° 622-E du 17 courant. Conformément à vos instructions, nous aurons le plaisir de vous expédier par chemin de fer les articles suivants :

– 22 paires de draps, réf. 983/3

– 12 couvre-lits, réf. 145/62

– 60 serviettes de toilette, réf. 541/25.

Nous vous signalons que vous serez livré sous huitaine et vous rappelons, en outre, que le règlement de la facture se fait habituellement par lettre de change domiciliée au « Banco Industrial » et payable sous 90 jours. Par ailleurs, nous vous informons que si vous souhaitez renouveler votre commande, le délai de livraison sera de vingt jours à dater de la réception de votre ordre.

En vous remerciant de la confiance que vous nous témoignez, nous vous prions de croire, Monsieur, à l'assurance de nos sentiments dévoués.

Daniel Fuentes

Service commercial

3. Carta de pedido

Cádiz, 22 de mayo de 2000

Señores :

Les rogamos se sirvan despacharnos, a la mayor brevedad posible, los artículos detallados a continuación :

– 140 cafeteras eléctricas, ref. H/7656
– 130 tostadores de pan, ref. RA/33
– 140 licuadoras, ref. S/279.

Les comunicamos que este pedido, n° 638-F, deberá ser entregado en nuestros almacenes de Cádiz antes del 10 de junio de 2000. El pago se efectuará por letra a 60 días fecha factura.

Agradeciéndoles tomen buena nota de las condiciones arriba indicadas y, en espera de sus noticias, les saludamos atentamente.

Pablo Casas

Departamento de Compras

4. Acuse de recibo

Valencia, 20 de enero de 2000

Distinguido Señor :

Acusamos recibo de su pedido n° 622-E, solicitado el 17 del corriente.

De acuerdo con sus instrucciones, nos será grato remitirle por vía férrea los artículos siguientes :

– 22 juegos de sábanas, ref. 983/3
– 12 colchas, ref. 145/62
– 60 toallas tocador, ref. 541/25.

Le participamos que el plazo de entrega es de ocho días a partir de esta fecha y le recordamos, así mismo, nuestra forma habitual de cobro, por letra, girada por vía del Banco Industrial, a 90 días fecha factura.

Por otra parte, ponemos en su conocimiento que si desea usted efectuar un pedido de reposición, el plazo de entrega será de veinte días a partir de la recepción del mismo.

Agradeciéndole la confianza que deposita en nosotros, aprovechamos esta ocasión para saludarle muy atentamente.

Daniel Fuentes

Departamento comercial

5. Relance

Madrid, le 7 mai 2000
Messieurs Ortega y Parra
Puerta Real, 6
41002 Sevilla

Messieurs,

Le 10 mars dernier, nous vous avons livré comme prévu les articles faisant l'objet de votre commande n° 853 du 28 février.

Dans l'hypothèse où vous auriez égaré la facture correspondant à cette livraison, nous vous en transmettons ci-joint une photocopie.

Nous vous serions obligés de verser le montant dû, soit 175 000 €, sur notre compte courant n° 1320/02 ouvert au B.P.E. de Madrid.

Veuillez agréer, Messieurs, nos salutations distinguées.

Manuel de Vera
Service commercial

6. Réclamation

Séville, le 15 novembre 2000
Monsieur Miguel Fuentes
General Yagüe, 27
03007 Alicante

Monsieur,

Nous sommes au regret de vous signaler que la marchandise correspondant à notre commande n° 541 vient de nous parvenir en très mauvais état.

En effet, les articles se sont détériorés pendant le transport en raison de la médiocre qualité des emballages.

Nous avons constaté par ailleurs que certains articles présentent des défauts de fabrication.

Ce déplorable incident va entraîner un sérieux manque à gagner, aussi nous attendons que vous nous proposiez une solution rapide et efficace par un prochain courrier.

Veuillez croire, Monsieur, à l'assurance de nos salutations distinguées.

Francisco López
Responsable des stocks

5. Recordatorio

Sres. Ortega y Parra
Puerta Real, 6
41002 Sevilla   Madrid, 7 de mayo de 2000
Muy Señores nuestros :

El pasado 10 de marzo, en la fecha prevista, les entregamos los artículos correspondientes a su pedido n° 853, solicitado el día 28 de febrero.

Considerando la posibilidad de que hayan extraviado Uds. la factura referente a dicha entrega, les adjuntamos por medio de la presente una fotocopia de la misma.

Les rogamos tengan a bien abonar el importe de esta factura, que asciende a 175 000 €, en nuestra cuenta corriente n° 1320/02 del B.P.E. de Madrid.

Sin otro particular por el momento, les saludamos atentamente.

Manuel de Vera
Departamento comercial

6. Carta de reclamaciones

Sr. D. Miguel Fuentes
General Yagüe, 27
03007 Alicante   Sevilla, 15 de noviembre de 2000
Señor :

Lamentamos comunicarle que acabamos de recibir la mercancía correspondiente a nuestro pedido n° 541 en pésimas condiciones. En efecto, los géneros se han deteriorado durante el transporte a causa de la mediocre calidad de los embalajes.

Por otra parte, hemos comprobado que diversos artículos presentan defectos de fabricación.

Este deplorable incidente va a ocasionarnos considerables pérdidas de beneficio y, por consiguiente, esperamos su respuesta con una solución rápida y eficaz.

Atentamente.

Francisco López
Jefe de aprovisionamiento

7. Réservation d'hôtel

Madrid, le 18 février 2000
Hôtel Montjuic
Avenida Corts Catalanes, 113
08014 Barcelona

Messieurs,

Nous vous prions de bien vouloir réserver au nom de la société Soplex trois chambres doubles et quatre singles pour la nuit du mardi 24 au mercredi 25 février.

L'arrivée à Barcelone de notre avion – vol AE 614 – est prévue à 21 heures 15 le 24. Nous vous serions donc obligés de maintenir la réservation jusqu'à 23 heures.

Dans l'attente de votre confirmation, nous vous adressons, Messieurs, nos meilleures salutations.

Ana Rivas
Secrétaire de Direction

8. Invitation

Madrid, le 29 août 2000
Sr. D. Eugenio Gómez
Avenida Amílcar Barca, 23
11008 Cádiz

Monsieur,

J'ai le plaisir de vous inviter au prochain séminaire organisé par notre entreprise, les 25 et 26 septembre, sur le thème : STRATÉGIES PUBLICITAIRES.

Ce séminaire se tiendra de 17 heures à 20 heures, à la Salle des réunions de la C.E.R., 63, rue de Tolède, Madrid.

Si vous souhaitez y participer, je vous serais très obligé de réserver votre place en me retournant avant le 10 septembre le bulletin d'inscription ci-joint, dûment complété.

En espérant vous compter parmi nous, je vous adresse, Monsieur, mes sincères salutations.

Le Directeur,
Pedro Campos

7. Reserva en un hotel

Hotel Montjuic
Avenida Corts Catalanes, 113
08014 Barcelona

Madrid, 18 de febrero de 2000

Muy Señores nuestros :

Rogamos tengan a bien reservar tres habitaciones dobles y cuatro individuales para la noche del martes 24 de febrero al miércoles 25, a nombre de la sociedad Soplex.

Nuestro avión – vuelo AE 614 – tiene prevista la llegada a Barcelona a las 21.15 del día 24 y, por consiguiente, les agradeceríamos mantuvieran la reserva hasta las 23 H.

En espera de su confirmación, reciban un atento saludo.

Ana Rivas
Secretaria de Dirección

8. Invitación

Sr. D. Eugenio Gómez
Avenida Amílcar Barca, 23
11008 Cádiz

Madrid, 29 de agosto de 2000

Muy Señor mío :

Me complace invitarle al próximo seminario que celebrará nuestra empresa los días 25 y 26 de septiembre sobre el tema ESTRATEGIAS PUBLICITARIAS.

Dicho seminario tendrá lugar en Madrid, en la Sala de juntas de la C.E.R., c/Toledo, n° 63, de 5 a 8 de la tarde.

Si está usted interesado en participar, le ruego efectúe su reserva de plaza remitiéndome, antes del 10 de septiembre, el boletín de inscripción adjunto debidamente cumplimentado.

Esperando recibir su grata visita, le saludo atentamente.

Pedro Campos
Director

9. Remerciements

Madrid, le 7 octobre 2000

Messieurs,

Par la présente, nous vous remercions sincèrement de l'intérêt que vous avez porté à notre projet : le guide INVESTIR EN ESPAGNE.

D'autre part, nous vous sommes très reconnaissants de l'aimable accueil réservé à notre représentant, M. Enrique Moreno, à l'occasion de l'entretien que vous avez bien voulu lui accorder à Paris, le 3 octobre dernier. Nous voulons croire qu'il vous aura fourni tous les renseignements nécessaires pour vous aider à prendre une décision, que nous espérons favorable.

Nous restons à votre entière disposition pour tout renseignement complémentaire que vous souhaiteriez obtenir.

Dans l'attente de vos nouvelles, nous vous adressons, Messieurs, nos cordiales salutations.

Vicente Salas
Direction

9. Agradecimiento

Madrid, 7 de octubre de 2000

Muy Señores nuestros :

Por medio de la presente, queremos expresarles nuestro agradecimiento por el interés que han prestado ustedes a nuestro proyecto : la guía INVERTIR EN ESPAÑA.

Les agradecemos, así mismo, la amable acogida dispensada a nuestro representante, Sr. D. Enrique Moreno, con motivo de la entrevista que tuvieron a bien concederle el pasado día 3 en París. Confiamos en que él les haya transmitido todos los datos necesarios para que puedan tomar ustedes una decisión, que esperamos sea positiva.

Estamos a su entera disposición para proporcionarles cualquier información complementaria que deseen.

En espera de sus noticias, reciban un cordial saludo.

Vicente Salas
Dirección

Comment commencer une lettre

En respuesta a su amable petición / a su atento escrito del...

En réponse à votre demande / à votre lettre du...

Confirmando la conversación telefónica mantenida con usted el...

Comme suite à notre conversation téléphonique du..., je vous confirme que...

Lamentamos / nos complace poner en su conocimiento que...

Nous avons le regret / le plaisir de vous informer que...

Obra en nuestro poder su télex / su carta del...

Nous avons bien reçu votre télex / votre courrier du...

Sin contestación a nuestro escrito del...

Notre lettre du... étant restée sans réponse...

Lamento sinceramente el contenido de su carta del...

J'ai pris connaissance avec un vif regret du contenu de votre lettre du...

Comment terminer une lettre

Agradeciéndole de antemano su pronta respuesta, reciba un atento saludo.

Avec nos remerciements anticipés et dans l'attente de votre prompte réponse, nous vous prions de croire, Monsieur, à l'assurance de nos salutations distinguées.

Esperando haberles complacido, les reiteramos nuestros más cordiales saludos.

En espérant vous avoir donné toute satisfaction, nous vous adressons, Messieurs, nos très cordiales salutations.

En espera de una grata entrevista / de una respuesta afirmativa / de sus ofertas...

Dans l'attente de votre visite / d'une réponse favorable / de vos offres...

Confiando reciban la presente en las mejores condiciones...

En vous souhaitant bonne réception de la présente...

Offre de services

Nos es grato presentarle nuestra gama de...

Nous avons l'honneur de vous présenter notre gamme de...

Garantizamos un servicio rápido y eficaz.

Nous vous garantissons un service rapide et efficace.

Nos complace adjuntar a la presente el catálogo de la temporada.

Nous avons le plaisir de joindre à la présente le catalogue de la saison.

En los impresos adjuntos encontrará Ud. detallada información sobre...

Veuillez trouver sur les imprimés ci-inclus des renseignements détaillés sur...

Nuestro representante está a su entera disposición para visitarles.

Notre représentant est à votre entière disposition pour vous rendre visite.

No duden en solicitarnos cualquier información complementaria que deseen.

N'hésitez pas à nous demander tout complément d'information que vous pourriez souhaiter.

Esperamos tener el placer de servirles próximamente.

Nous espérons avoir l'avantage de vous servir prochainement.

Demande de renseignements

Le agradeceríamos sumamente nos facilitara referencias bancarias sobre la sociedad...

Nous vous serions extrêmement reconnaissants de bien vouloir nous transmettre des références bancaires sur la société...

Puede contar con nuestra absoluta discreción.

Vous pouvez compter sur notre absolue discrétion.

Les rogamos se sirvan comunicarnos sus condiciones de pago.

Nous vous prions de nous faire savoir vos conditions de paiement.

Desearíamos recibir información sobre la exposición / el seminario de...

Nous souhaiterions recevoir des renseignements sur l'exposition / le séminaire de...

Les agradeceríamos nos enviaran a vuelta de correo…

Nous vous serions obligés de nous adresser par retour de courrier…

Les rogamos se sirvan informarnos acerca de los trámites que debemos seguir para…

Nous vous prions de nous indiquer les démarches à accomplir pour…

Commande

Nos complace adjuntar a la presente el pedido de prueba arriba indicado.

Nous avons le plaisir de joindre à la présente la commande d'essai spécifiée ci-dessus.

Confirmaremos el lugar de entrega a su debido tiempo.

Nous confirmerons en temps utile le lieu de livraison.

Sírvanse comunicarnos por télex si pueden ustedes aceptar nuestras condiciones.

Veuillez nous faire savoir par télex si nos conditions vous agréent.

Les rogamos nos remitan las muestras por paquete postal.

Nous vous prions de nous envoyer les échantillons par colis postal.

Confiamos en que las mercancías lleguen hasta nosotros en perfecto estado.

Nous espérons que les marchandises nous parviendront en parfait état.

Conditions de paiement

Sírvase abonar el importe mediante giro postal / cheque bancario.

Veuillez nous régler par virement postal / chèque bancaire.

El pago se efectuará por transferencia a la cuenta n°… del Banco…

Le paiement devra se faire par virement au compte n°… de la banque…

Nos es grato adjuntar a la presente talón nominativo n°… por el valor de… €, correspondiente al pago de la factura n°…

Nous avons l'honneur de vous adresser ci-inclus le chèque n°…, de… €, en règlement de la facture n°…

El pago se efectuará contra recibo de la mercancía.

Le paiement sera effectué à réception de la marchandise.

El importe de la factura deberá pagarse en una sola cuota.

La facture devra être réglée en un seul versement.

Rogamos nos faciliten un presupuesto.

Nous vous prions de nous envoyer un devis.

Esta tarifa es válida hasta el…

Ce tarif est valable jusqu'au…

Los gastos suplementarios de almacenaje corren de su cuenta.

Les frais supplémentaires de stockage sont à votre charge.

Nos será grato concederles un descuento del 3 % si pagan al contado.

Nous aurons le plaisir de vous accorder un abattement de 3 % si vous payez au comptant.

Nos vemos obligados a efectuar el cobro por la vía legal.

Nous sommes dans l'obligation de poursuivre le recouvrement de notre créance par voies de droit.

Esperamos que este percance se resuelva favorablemente lo antes posible.

Nous espérons qu'il sera remédié à ce contretemps le plus rapidement possible.

Si el coste de las materias primas se incrementa, nos veremos obligados a aumentar dichos precios.

En cas de hausse du coût des matières premières, nous serons dans l'obligation de majorer ces prix.

El precio nos parece excesivamente elevado.

Le prix nous semble excessivement élevé.

Réclamation

Les participamos que no quedamos satisfechos de su expedicíon del…

Nous vous informons que nous ne sommes pas satisfaits de votre envoi du…

Nuestra empresa se ve obligada a devolverles la mercancía que nos enviaron el día…

Notre entreprise se voit dans l'obligation de vous retourner la marchandise expédiée le…

Los artículos que hemos recibido no corresponden a nuestro pedido.

Les articles que nous avons reçus ne correspondent pas à notre commande.

Sírvanse participarnos sus propuestas de reembolso.

Veuillez nous faire connaître les modes de remboursement que vous proposez.

Nos sorprende no haber recibido las mercancías correspondientes a nuestro pedido n°... en la fecha prevista.

Nous nous étonnons de ne pas avoir reçu à la date prévue les marchandises correspondant à notre commande n°...

Nos vemos obligados a cancelar el pedido.

Nous nous voyons dans l'obligation d'annuler notre commande.

Nuestra reclamación está totalmente justificada.

Notre réclamation est totalement justifiée.

No podemos aceptar que los artículos lleguen con tanto retraso.

Nous ne pouvons accepter un tel retard dans la livraison des articles.

Relance

Nos sorprende no haber recibido ninguna respuesta a nuestra carta certificada del...

Nous sommes très surpris de n'avoir reçu aucune réponse à notre lettre recommandée du...

El plazo para abonar la deuda que tienen ustedes con nuestra casa venció el día...

Le délai de paiement de la dette que vous avez contractée auprès de notre établissement est arrivé à expiration le...

Sírvanse efectuar la liquidación de dicha suma en el plazo de ocho días a partir de esta fecha.

Veuillez vous acquitter de cette somme dans un délai de huit jours à compter d'aujourd'hui.

Remerciements

Queremos agradecerles su cooperación / su confianza.

Nous tenons à vous remercier de votre coopération / votre confiance.

Les agradezco la selección de muestras que han tenido a bien remitirme.

Je vous remercie pour le choix d'échantillons que vous avez bien voulu m'envoyer.

Quiero manifestarle mi agradecimiento por las oportunas referencias que me facilitó usted sobre la firma...

Je tiens à vous assurer de ma gratitude pour m'avoir fourni les références utiles concernant la firme...

Le estamos muy agradecidos por haberse hecho cargo de estos gastos.

Nous vous sommes très reconnaissants d'avoir bien voulu prendre ces frais à votre charge.

lettres
en italien

1. Offre de services

Paris, le 1er décembre 2000
Madame Silvia Savatta
Piazza Toselli, 25
24100 Bergamo

Chère Madame,

Étant donné nos bonnes relations commerciales, nous tenons à vous signaler la création au sein de notre société d'un nouveau service « cadeaux de Noël » très performant.

Nous sommes sûrs que, vous aussi, en raison de vos nombreuses relations, vous êtes confrontée chaque année au problème des cadeaux de Noël.

Nous vous proposons donc :

– une gamme étendue et bien étudiée, pouvant satisfaire toutes les exigences ;

– des conditions particulières qui vous permettront de réduire vos dépenses.

Afin d'avoir un premier aperçu de notre offre, vous trouverez ci-inclus notre catalogue illustré.

Nous vous remercions de l'attention que vous voudrez bien nous apporter et nous vous prions de croire, chère Madame, en l'assurance de nos sentiments les meilleurs.

2. Demande de documentation

Marseille, le 30 avril 2000
Ditta TECNICIS
Via Croce Rossa, 11
12100 Cuneo

Messieurs,

Nous envisageons d'acquérir du matériel et des machines chez vous, nous vous demandons à cet effet de bien vouloir nous faire parvenir votre catalogue illustré ainsi que vos tarifs.

Nous aimerions aussi savoir quelles conditions de paiement vous accordez.

Nous vous remercions d'avance et vous prions d'agréer, Messieurs, nos salutations distinguées.

1. Offerta di servizi

Parigi, 1° dicembre 2000

Gentile Signora
Silvia Savatta
Piazza Toselli, 25
24100 Bergamo

In quel clima di cordialità cui sono improntati i nostri rapporti riteniamo farLe cosa utile informandoLa che la nostra azienda dispone da quest'anno di un nuovo ed efficientissimo servizio di strenne natalizie.

Pensiamo che anche Lei, per la molteplicità delle Sue relazioni sociali, abbia ogni anno ad affrontare il problema delle strenne, e per una sua ottimale soluzione Le offriamo :

– un campionario ampio ed articolato, capace di rispondere alle più diverse esigenze ;

– delle condizioni particolarissime che si concreteranno per Lei in un consistente risparmio sulla spesa.

Al fine di consentirLe un primo esame della nostra offerta, Le inviamo in allegato un nostro catalogo illustrato.

Fiduciosi in una Sua adesione, La ringraziamo fin da ora e cordialmente La salutiamo.

2. Domanda di documentazione

Marsiglia, 30 aprile 2000

Spett. Ditta TECNICIS
Via Croce Rossa, 11
12100 Cuneo

Essendo interessati all'acquisto di materiali e macchinari di Vostra produzione, Vi saremmo oltremodo grati se voleste farci avere un Vostro catalogo illustrato con relativo listino prezzi.

Gradiremmo inoltre conoscere le condizioni che siete disposti a praticarci.

Lieti se vorrete tenere nella massima considerazione quanto forma oggetto della presente, Vi salutiamo distintamente.

3. Commande

Paris, le 3 juillet 2000
Ditta Marino
Via Aristotele, 25
33100 Udine

Messieurs,

Suite à votre offre du 21 courant, pouvez-vous nous faire parvenir dans les meilleurs délais la commande ci-dessous :

– 140 cafetières 2 tasses, réf. H/7656
– 80 cafetières électriques, réf. RA/33.

Ces articles devront nous être livrés dans un délai de 1 mois à réception de la commande.

Nous vous réglerons dans un délai de 60 jours à réception de la facture.

Dans l'attente d'une réponse rapide de votre part, nous vous prions d'agréer, Messieurs, nos salutations distinguées.

Flavio Giordano
Directeur commercial

4. Accusé de réception

Bordeaux, le 27 août 2000
Ditta Catalano & Figli
Via Plinio, 19
16100 Genova

Messieurs,

En réponse à votre lettre du 2 courant, nous vous informons que nous avons procédé aujourd'hui même à l'exécution de votre commande.

Vous trouverez ci-inclus la facture n° 334455 correspondant à votre commande.

Nous vous remercions de l'intérêt que vous portez à nos produits et, restant à votre disposition, nous vous prions d'agréer, Messieurs, nos salutations distinguées.

Diego Ventura
Direction des ventes

3. Lettera di ordine

Parigi, 3 luglio 2000

Spettabile Ditta Marino

Via Aristotele. 25

33100 Udine

In base alla Vostra offerta del 21 scorso ci pregiamo passarVi il seguente ordine con preghiera di evaderlo con la massima sollecitudine :

– n. 140 caffettiere da 2 tazze. rif. H/7656

– n. 80 caffettiere elettriche. rif. RA/33.

La fornitura deve essere eseguita entro 1 mese dalla data di ordinazione.

Il pagamento sarà effettuato a 60 giorni dalla data della fattura.

In attesa di un Vostro sollecito riscontro Vi porgiamo i nostri migliori saluti.

Il Direttore commerciale

Dott. Flavio Giordano

4. Avviso di accettazione di ordine

Bordeaux, 27 agosto 2000

Spett. Ditta Catalano & Figli

Via Plinio, 19

16100 Genova

Con riferimento alla pregiata Vostra del 2 corrente, Vi comunichiamo di avere in data odierna provveduto ad evadere l'ordine cortesemente conferitoci.

Ci permettiamo di allegare alla presente la relativa fattura numero 334455, e nel ringraziarVi per la preferenza confermataci, restiamo a Vostra disposizione per il futuro e distintamente Vi salutiamo.

La Direzione vendite

Diego Ventura

5. Relance

Rennes, le 6 octobre 2000
Ditta AURORA
Viale XX Settembre, 125
36100 Vicenza

Messieurs,

Certains qu'il s'agit seulement d'un oubli de votre part, nous nous per-mettons de vous rappeler que nos factures, venues à échéance depuis longtemps, n'ont toujours pas été réglées.

En effet, l'examen de votre compte fait ressortir que vous restez rede-vables de la somme de 670 € (six cent soixante-dix) – montant de la facture n° 001122 –, alors que la marchandise vous est parvenue il y a plus de six mois.

Ne pouvant attendre plus longtemps, nous vous serions obligés de bien vouloir procéder à ce règlement.

Dans l'attente d'une réponse rapide de votre part, nous vous prions d'agréer, Messieurs, nos salutations distinguées.

6. Réclamation

Lyon, le 8 janvier 2000
Ditta Romano
Corso della Repubblica, 312
84100 Salerno

Messieurs,

Nous venons de recevoir les articles correspondant à notre commande n° 826 et nous avons le regret de vous informer que la marchandise est arrivée en très mauvais état.

La détérioration des articles durant le transport est certainement due à la mauvaise qualité de l'emballage.

D'autre part, de nombreux articles présentent de graves défauts de fabrication.

En raison des pertes financières que nous a causées ce regrettable inci-dent, nous nous voyons obligés soit de vous réclamer un dédommage-ment, soit de tenir la marchandise en question à votre disposition.

Certains que vous ne songerez pas à contester le bien-fondé de notre récla-mation, nous vous prions d'agréer, Messieurs, nos salutations distinguées.

5. Lettera di sollecito di pagamento

Rennes, 6 ottobre 2000

Spett. Ditta AURORA

Viale XX Settembre. 125

36100 Vicenza

Certamente i Vostri impegni ed il Vostro lavoro Vi hanno fatto dimenticare di saldare le nostre fatture scadute già da molto tempo.

Ecco perché ci sentiamo costretti a scriverVi per farVi presente che dalle notre scritture contabili risulta che ci dovete la somma di 670 € (seicentosettanta) – importo della fattura numero 001122 – per merce fornitaVi da oltre sei mesi.

Non potendo attendere ulteriormente, ci permettiamo pertanto di invitarVi a voler provvedere al saldo.

Restiamo in attesa di Vostre comunicazioni e raccomandandoVi la massima cortese sollecitudine, Vi porgiamo distinti saluti.

6. Lettera di reclamo

Lione, 8 gennaio 2000

Spett. Ditta Romano

Corso della Repubblica, 312

84100 Salerno

Siamo costretti a comunicarVi che abbiamo appena ricevuto la merce corrispondente al nostro ordine n. 826 e che, con nostro vivo disappunto, l'abbiamo trovata in pessime condizioni.

In effetti, i generi si sono deteriorati durante il trasporto a causa della mediocre qualità dell'imballaggio.

Inoltre, molti articoli presentano gravi difetti di fabbricazione.

Questo deplorevole incidente ci causa considerevoli perdite finanziarie, siamo quindi obbligati a chiederVi un indennizzo o a mettere la merce stessa a vostra disposizione.

Certi di trovarVi con noi d'accordo, distintamente Vi salutiamo.

7. Réservation d'hôtel

Nice, le 3 mai 2000
Grand Hôtel Genova
Via Cavour, 33
00184 Roma

Messieurs,

Suite à votre lettre du 21.4.2000 où vous nous communiquez vos prix de pension, nous aimerions vous confirmer notre séjour du 1ᵉʳ au 3 septembre prochain.

Pourriez-vous donc retenir des chambres pour 12 personnes, à répartir de la façon suivante :
– 4 chambres individuelles,
– 2 chambres doubles (à grand lit),
– 2 chambres doubles (à 2 lits).

L'arrivée à Rome est prévue à 20 h 15 le 1ᵉʳ septembre (vol AZ 963).
Nous vous serions donc reconnaissants de maintenir la réservation jusqu'à 23 heures.
Nous vous ferons parvenir la liste des participants en temps voulu.
En espérant que ce premier séjour marquera le début d'une étroite collaboration, nous vous prions d'agréer, Messieurs, nos salutations distinguées.

8. Invitation

Nantes, le 15 novembre 2000
Monsieur Giovanni Franceschi
Via Capo di Lucca, 2
40100 Bologna

Cher Monsieur,

Nous avons le plaisir de vous annoncer que notre réunion de fin d'année se déroulera le 19 décembre 2000 à 10 heures dans nos locaux.

Les sujets abordés seront les suivants :
– Travail, méthodes de travail et résultats
– Nouveau catalogue (présentation et illustrations)
– Nouveautés pour 2001.

Nous vous prions de bien vouloir nous confirmer votre participation avant la fin du mois de novembre.

Dans cette attente, nous vous prions de croire, Cher Monsieur, à l'assurance de nos sentiments les meilleurs.

7. Prenotazione d'albergo

Nizza, 3 maggio 2000

Spett. Direzione
Grand Hôtel Genova
Via Cavour, 33
00184 Roma

In possesso della pregiata Vostra del 21.4.2000, contenente i prezzi di pensione, abbiamo il piacere di confermarVi l'effettuazione della gita dall'uno al 3 settembre prossimo.

Vogliate pertanto provvedere alla riserva di n° 12 posti letto così suddivisi :

n° 4 camere singole
n° 2 camere matrimoniali
n° 2 camere a due letti.

L'arrivo dell'aereo – volo AZ 963 – è previsto a Roma per le ore 20,15 dell'1 settembre, Vi saremo dunque grati di mantenere la prenotazione fino alle ore 23.

A suo tempo provvederemo ad inviarVi la rooming-list dei partecipanti. Mentre cogliamo l'occasione per ben distintamente salutarVi, ci auguriamo che questa prima gita ci dia l'opportunità di una proficua, scambievole collaborazione.

8. Invito

Nantes, 15 novembre 2000

Egregio Signor
Giovanni Franceschi
Via Capo di Lucca, 2
40100 Bologna

Abbiamo il piacere di annunciarLe che la nostra abituale riunione di fine anno si terrà alle ore 10 del giorno 19 dicembre 2000, presso i nostri stabilimenti.

Gli argomenti da trattare saranno i seguenti :

– Lavoro, metodi di lavoro e risultati
– Nuovo catalogo (presentazione e illustrazioni)
– Novità per l'anno 2001.

La preghiamo di darci conferma della Sua partecipazione entro la fine del corrente mese e cogliamo l'occasione per porgerLe i nostri più cordiali saluti.

9. Remerciements

Paris, le 15 février 2000
Monsieur Orazio Orlando
Via Europa, 49
50100 Firenze

Cher Monsieur,

Je tiens à vous remercier de l'accueil chaleureux qui m'a été réservé lors de mon dernier voyage à Florence.

J'aimerais vous exprimer à nouveau mon désir de consolider nos relations d'affaires. Je vous serais réellement reconnaissant s'il m'était possible de bénéficier de votre aide et de vos compétences pour mes projets industriels en Italie.

C'est avec grand plaisir que je vous recevrai à Paris, lorsque vous me ferez l'honneur de venir. Je reste bien sûr à votre disposition pour tout renseignement dont vous pourriez avoir besoin.

En vous renouvelant mes remerciements pour votre bon accueil, je vous prie de croire, cher Monsieur, en l'assurance de mes sentiments les meilleurs.

9. Ringraziamento

Parigi, 15 febbraio 2000

Egregio Dottor
Orazio Orlando
Via Europa, 49
50100 Firenze

La ringrazio caldamente dell'eccellente accoglienza riservatami durante la mia ultima visita a Firenze.

Come ho già avuto modo di dirLe, spero vivamente che avremo occasione di intensificare le nostre relazioni commerciali e mi sarebbe gradito poter beneficiare del Suo appoggio e delle Sue competenze nell'ambito dello sviluppo dei miei progetti industriali in Italia.

È con immenso piacere che La riceverò a Parigi, quando Lei vorrà farmi l'onore di venire, e rimango a Sua disposizione per qualsiasi informazione di cui Lei possa aver bisogno.

Ringraziandola ancora una volta per la calorosa accoglienza, La prego di gradire i miei cordiali saluti.

Comment commencer une lettre

Siamo lieti di informarVi che...

Nous avons le plaisir de vous informer que...

Ci dispiace doverVi informare che...

Nous avons le regret de vous informer que...

Abbiamo dinanzi a noi la favorita Vostra del... e prendiamo debita nota del suo contenuto.

Nous accusons réception de votre lettre du... et nous en prenons bonne note.

In risposta al Vostro odierno telegramma, ci affrettiamo a comunicarVi che...

En réponse à votre télégramme de ce jour, nous nous empressons de vous signaler que...

Aderendo alla richiesta fattaci con la pregiata Vostra...

Selon votre désir exprimé dans votre lettre du...

Siamo sorpresi di non aver ricevuto a tutt'oggi riscontro alcuno alle nostre...

A notre grand étonnement, nous n'avons à ce jour pas encore reçu de réponse à nos...

Desidero presentarLe i miei più sentiti ringraziamenti per la fiducia dimostratami con la Sua lettera del...

Je tiens à vous remercier de la confiance que vous me témoignez dans votre lettre du...

Pregiomi renderVi note le condizioni di vendita.

J'ai l'honneur de vous communiquer les conditions de vente.

Comment terminer une lettre

Una Vostra risposta ci sarà molto gradita e nel frattempo Vi preghiamo di accogliere i nostri migliori saluti.

Dans l'attente de votre réponse, nous vous prions de recevoir nos salutations distinguées.

Con tutta amicizia Le invio i migliori saluti.

Veuillez croire à mes sentiments les plus amicaux.

Siamo sempre a Vostre disposizione per ogni servizio di Vostra utilità e Vi preghiamo di gradire i nostri distinti saluti.

Nous restons à votre disposition pour tout renseignement dont vous pourriez avoir besoin, et nous vous prions d'agréer nos salutations distinguées.

Sperando che ci sarà offerta l'occasione di dimostrarVi il valore dei nostri servizi, Vi salutiamo distintamente.

En espérant avoir bientôt l'occasion de vous montrer l'efficacité de nos services, nous nous prions de recevoir nos salutations distinguées.

In attesa di Vostro cortese avviso…

Dans l'attente de vos instructions…

Nella speranza di un favorevole riscontro…

Dans l'espoir d'une réponse positive…

Confidando in una Vostra favorevole risposta…

En espérant que vous nous répondrez de manière favorable…

Con i nostri migliori auguri per il nuovo anno e sperando di leggerVi fra breve con ulteriori ordini…

Nous vous présentons nos meilleurs vœux pour la nouvelle année et nous espérons avoir bientôt le plaisir d'exécuter vos futures commandes…

Ricambiando i Vostri auguri per un prospero anno nuovo…

Nous vous présentons à notre tour nos vœux de prospérité pour la nouvelle année…

Offre de services

Vi offro i miei servizi quale Vostro rappresentante per la Francia.

Je vous offre mes services pour représenter vos produits en France.

A richiesta, Le faremo pervenire alcuni campioni dei nostri prodotti.

Si vous le désirez, nous vous ferons parvenir des échantillons de nos produits.

Portiamo a Vostra conoscenza che la nostra Ditta, specializzata in impianti elettrici, si trova oggi in condizione di effettuare impianti e riparazioni a condizioni di assoluta concorrenza.

Spécialiste de toutes les installations électriques, notre société est à même de réaliser toute installation ou réparation à des prix compétitifs.

In via del tutto eccezionale, Vi accorderemo uno sconto del 5 % sul prezzo fatturato.

À titre tout à fait exceptionnel, nous vous ferons bénéficier d'un escompte de 5 % sur le prix facturé.

Demande de renseignements

Gradiremmo ricevere, senza alcun impegno da parte nostra, la visita di un Vostro Agente.

Nous aimerions, sans engagement de notre part, recevoir la visite d'un de vos agents.

Vi preghiamo di volerci gentilmente inviare dei campioni dei prodotti con i Vostri ultimi prezzi.

Nous vous serions reconnaissants de bien vouloir nous faire parvenir des échantillons de vos produits ainsi que votre dernier tarif.

Vi sarò grato se vorrete inviarmi, a giro di posta, il Vostro ultimo catalogo.

Je vous serais reconnaissant de bien vouloir m'adresser, par retour du courrier, votre dernier catalogue.

Gradiremmo la Vostra quotazione per l'eventuale fornitura di…

Nous aimerions connaître vos conditions pour une éventuelle commande de…

Per tutte le Vostre occorrenze, vogliate interpellarci e chiederci dei preventivi che Vi saranno forniti senza impegni.

Pour tous vos travaux, n'hésitez pas à nous contacter et à nous demander un devis que nous vous fournirons sans engagement de votre part.

Qualora abbiate bisogno di ulteriori ragguagli o di conoscere le condizioni speciali che pratichiamo alle Ditte che si servono costantemente dei nostri servizi, Vi preghiamo di telefonare al…

Pour tout renseignement complémentaire ou pour connaître les conditions particulières dont bénéficient nos plus fidèles clients, vous pouvez téléphoner au…

Commande

In possesso della Vostra offerta, Vi preghiamo farci pervenire...

Comme suite à votre offre, pouvez-vous nous faire parvenir...

Confermo l'ordinazione che Vi ho data ieri telefonicamente...

Suite à notre conversation téléphonique du..., je vous confirme les termes de ma commande...

Vi trasmettiamo il seguente ordine a titolo di prova.

À titre d'essai, nous vous passons la commande suivante.

Vogliate inviarci, alle solite condizioni...

Pouvez-vous nous faire parvenir, aux conditions habituelles...

Contiamo sulla pronta esecuzione di questo ordine.

Nous comptons sur votre diligence pour exécuter cette commande dans les meilleurs délais.

Conditions de paiement

Pagamento a 30 giorni data fattura.

Règlement à 30 jours, à réception de la facture.

I prezzi sono quelli indicati nel listino, il pagamento deve essere anticipato oppure a mezzo tratta, a vista.

Les prix appliqués sont ceux indiqués dans le tarif, le règlement doit être effectué à l'avance ou par traite à vue.

Possiamo praticarVi, per i prezzi segnati in listino, lo sconto del 2 % purché acquistiate un quantitativo di almeno dieci quintali.

Nous sommes prêts à vous accorder une remise de 2 % sur les prix marqués si la quantité commandée dépasse une tonne.

In merito alle condizioni di pagamento, Vi comunichiamo che tutti i prezzi s'intendono per contanti, pagamento a 30 giorni, senza alcuna deduzione. Per pagamento a vista, sconto dell' 1 %.

En ce qui concerne les conditions de paiement, nous vous informons que tous les prix sont au comptant, paiement à 30 jours, sans déduction. En cas de paiement à vue, nous consentons un escompte de 1 %.

Réclamation

La merce non rassomiglia affatto al campione inviatoci.

La marchandise n'est absolument pas conforme aux échantillons que nous avions reçus.

Abbiamo già esposto le nostre lagnanze a chi di dovere.

Nous avons déjà fait part de notre plainte à qui de droit.

Abbiamo diritto al risarcimento dei danni.

Nous sommes en droit d'exiger un dédommagement.

Abbiamo riscontrato un errore nell'ultimo conteggio.

Lors des derniers comptes, nous avons constaté une erreur.

Vi facciamo cortesemente notare che, secondo le clausole del contratto, le spese spettano al cliente.

Nous vous rappelons que, d'après les clauses du contrat, les frais sont à la charge du client.

Relance

Desideriamo riscuotere i nostri crediti entro la fine del mese.

Nous aimerions recouvrer nos créances d'ici à la fin du mois.

Vi ricordiamo che il conto presenta un saldo a nostro favore di…

Nous vous rappelons que votre compte laisse apparaître un solde en notre faveur de…

Vi preghiamo di rinnovare il contratto prima della scadenza.

Nous vous prions de renouveler le contrat avant la date d'expiration.

Per quanto sia nostro desiderio concedere alla nostra affezionata clientela tutte le facilitazioni, non possiamo attendere più a lungo il pagamento di merce spedita e ricevuta circa tre mesi fa.

Malgré notre volonté d'accorder des facilités de paiement à nos fidèles clients, nous ne pouvons attendre plus longtemps le règlement des marchandises que vous avez reçues il y a trois mois environ.

Remerciements

Abbiamo ricevuto la gradita Sua del 10 corrente e La ringraziamo della cortesia usataci nel fornirci esaurienti ragguagli nei confronti della persona che ci interessa.

Nous avons bien reçu votre lettre du 10 courant et nous vous remercions d'avoir eu l'amabilité de nous fournir des renseignements détaillés sur la personne concernée.

Vi ringraziamo per il lavoro svolto e speriamo di poter sempre contare sulla Vostra viva ed intelligente collaborazione.

Nous vous remercions pour le travail effectué et nous espérons pouvoir toujours compter sur votre rapide et efficace collaboration.

Vi siamo molto obbligati per l'interesse dimostrato nei confronti della nostra proposta.

Nous vous remercions de l'intérêt que vous portez à notre proposition.

Vi ringraziamo sentitamente del gradito ordine passatoci colla pregiata Vostra odierna.

Nous vous remercions de votre commande que nous avons reçue aujourd'hui même.

annexes

Barbarismes
et solécismes à éviter

Le *barbarisme* est une faute de langage qui consiste à se servir de mots forgés ou déformés, ou employés dans un sens contraire au bon usage : *pantomine* pour *pantomime*, *achalandé* au sens d'«approvisionné».

Le *solécisme*, à l'inverse du barbarisme, qui porte sur un mot, est une faute contre les règles de la syntaxe et porte sur la construction de la phrase : *Il cherche à plaire et à se faire aimer de sa cousine* (pour *Il cherche à plaire à sa cousine et à s'en faire aimer*).

Forme incorrecte	Forme correcte
La voiture *à* mon patron.	La voiture *de* mon patron.
Pour deux *à* trois personnes.	Pour deux *ou* trois personnes.
Il *s'en est accaparé.*	Il *l'a accaparé.*
De manière, de façon *à ce que.*	De manière, de façon *que.*
S'attendre, consentir *à ce que.*	S'attendre, consentir *que.*
Un magasin bien *achalandé.*	Un magasin bien *approvisionné.*
Agoniser quelqu'un d'injures.	*Agonir* quelqu'un d'injures.
Aller au dentiste, au boulanger.	*Aller chez le* dentiste.
Je me *suis en allé.*	Je m'*en suis allé.*
Hésiter entre *deux alternatives.*	Hésiter entre *deux partis.*
Il *appréhende* sortir le soir.	Il *appréhende de* sortir le soir.
La clef est *après* la porte.	La clef est *sur* la porte.
Il est furieux *après* vous.	Il est furieux *contre* vous.
Il a demandé *après* vous.	*Il vous a demandé.*
Au jour d'aujourd'hui.	*Aujourd'hui.*
Aussi curieux que cela paraisse.	*Si* curieux que cela paraisse.
Aussitôt son retour.	*Aussitôt après* son retour.
La journée s'est passée sans *avatar.*	La journée s'est passée sans *aventure,* sans *accident.*
Cette nouvelle s'est *avérée* fausse.	Cette nouvelle s'est *révélée* fausse, a été *reconnue* fausse.
Se baser sur…	*Se fonder* sur…
Être peu *causant.*	Être peu *bavard, loquace.*

Forme incorrecte	Forme correcte
On vous cause.	*On vous parle.*
Faire des dépenses *somptuaires.*	Faire des dépenses *exagérées.*
Le combien es-tu ?	*Quelle place as-tu ?*
Commémorer un *anniversaire.*	Commémorer un *événement.*
Comparer ensemble.	*Comparer.*
Y comprises les gratifications.	*Y compris* les gratifications.
Une affaire *conséquente.*	Une affaire *importante.*
Nous *avions convenu* de…	Nous *étions convenus* de…
Faire des *coupes sombres.*	Faire des *coupes claires.*
D'ici *demain.*	D'ici *à* demain.
Il l'a *échappée* belle.	Il l'a *échappé* belle.
Un spectacle *émotionnant.*	Un spectacle *émouvant.*
Aller *en* bicyclette, *en* skis.	Aller *à* bicyclette, *à* skis.
Un espèce de fou.	*Une espèce* de fou.
Éviter un ennui à quelqu'un.	*Épargner* un ennui à quelqu'un.
Être *excessivement* adroit.	Être *extrêmement* adroit.
Demeurer *en face* la mairie.	Demeurer *en face de* la mairie.
Elle est *fâchée avec* lui.	Elle est *fâchée contre* lui.
De *façon à ce que…*	De *façon que…*
Ce n'est pas *de sa faute.*	Ce n'est pas *sa faute.*
Fixer quelqu'un.	*Regarder fixement* quelqu'un.
Elle se fait *forte* de…	Elle se fait *fort* de…
Faire *un frais.*	Faire *des frais,* se mettre *en frais.*
Il *s'en est guère* fallu.	Il *ne s'en est guère* fallu.
Gagner 2 F *de l'heure.*	Gagner 2 F *l'heure* (ou *par heure*).
D'ici lundi.	D'ici *à* lundi.
Vous n'êtes pas sans *ignorer.*	Vous n'êtes pas sans *savoir.*
Jouir d'une mauvaise santé.	*Avoir* une mauvaise santé.
C'est *là où* je vais ;	C'est *là que* je vais ;
c'est *là d'où* je viens.	c'est *de là que* je viens.
Malgré que je le lui aie interdit.	*Quoique* je le lui aie interdit.
De *manière à ce que…*	De *manière que…*
Les risques sont réduits au *maximum.*	Les risques sont réduits au *minimum.*
Au *grand maximum.*	Au *maximum.*
Messieurs dames.	*Mesdames et messieurs.*

Forme incorrecte	**Forme correcte**
Vers *les midi*, midi et *demie*.	Vers *midi*, midi et *demi*.
S'entraider mutuellement.	*S'entraider*.
En outre de cela.	*Outre* cela.
Pallier à un inconvénient.	*Pallier* un inconvénient.
À ce qu'il paraît que…	*Il paraît* que…
Pardonner quelqu'un.	*Pardonner à* quelqu'un.
Il a fait *pareil que* vous.	Il a fait *comme* vous.
Prendre quelqu'un à *parti*.	Prendre quelqu'un à *partie*.
Partir à Lyon, *en* Italie.	*Partir pour* Lyon, *pour* l'Italie.
Au point de vue *pécunier*.	Au point de vue *pécuniaire*.
Aller de mal en *pire* ; tant *pire* ; souffrir *pire* que jamais.	Aller de mal en *pis* ; tant *pis* ; souffrir *pis* que jamais.
Au point de vue congés.	*Du point de vue des* congés.
Je *préfère* rester à la maison *que* sortir.	Je *préfère* rester à la maison *plutôt que de* sortir.
Je vous *promets* qu'il est là.	Je vous *assure* qu'il est là.
Et puis ensuite.	*Et puis* (ou *Ensuite*).
La chose *que* j'ai besoin.	La chose *dont* j'ai besoin.
Quand même *que* ce serait vrai.	*Quand même ce serait vrai*.
Elle a quel âge ?	*Quel âge a-t-elle ?*
Il me *rabat* les oreilles.	Il me *rebat* les oreilles.
Je m'en rappelle.	*Je me le rappelle*.
Rapport à sa mauvaise santé.	*À cause de* sa mauvaise santé.
Cela *ressort* à sa compétence.	Cela *ressortit* à sa compétence.
Comme si *rien* n'était.	Comme si *de rien* n'était.
Il *risque* de gagner.	Il a *des chances* de gagner.
Il ne *semble* pas que *c'est* bien.	Il ne *semble* pas que ce *soit* bien.
Solutionner une question.	*Résoudre* une question.
À deux heures *sonnant*.	À deux heures *sonnantes*.
Cela l'a *stupéfaite*.	Cela l'a *stupéfiée*.
J'arrive *de suite*.	J'arrive *tout de suite*.
Lire *sur* le journal.	Lire *dans* le journal.
Tant qu'à faire.	*À tant faire que*.
Tant qu'à lui.	*Quant* à lui.
Je l'ai acheté *tel que*.	Je l'ai acheté *tel quel*.
Avez-vous faim ? – Oui, *très*.	Avez-vous faim ? – Oui, *beaucoup*.
Vitupérer contre quelqu'un.	*Vitupérer* quelqu'un.

Glossaire

Abattement : déduction faite sur une somme à payer. En matière fiscale, fraction du revenu qui n'est pas prise en compte pour le calcul de l'impôt.

Accréditif : lettre permettant au client d'une banque d'obtenir un crédit dans une banque d'une autre ville, souvent étrangère.

Accusé de réception : avis informant qu'une chose a été reçue par son destinataire.

Achat : acte par lequel on obtient contre une somme d'argent un droit de propriété sur un bien. Si l'achat est effectué dans l'intention de revendre le bien acquis, il a le caractère d'acte de commerce.

• *Centrale d'achats* : organisme accomplissant contre rétribution des activités de répartition de biens, de marchandises, d'organisation et de documentation pour le compte de ses adhérents.

• *Groupement d'achats* : association de commerçants, de producteurs ou de consommateurs qui s'unissent pour effectuer leurs achats en commun afin d'obtenir de meilleures conditions auprès des fournisseurs.

Acompte : paiement partiel à valoir sur la totalité d'une somme à payer. À la différence des arrhes, l'acompte équivaut à un engagement ferme du vendeur et de l'acheteur. En cas d'annulation du contrat de la part de l'acheteur, le vendeur pourrait réclamer la totalité du prix.

Acte : écrit authentifiant un fait ou une convention.

Actif : dans un bilan, ensemble des biens meubles et immeubles, engagés par l'entrepreneur dans son exploitation (voir passif).

Action : titre qui représente une part d'associé dans certaines sociétés. Les actions des grandes sociétés sont cotées en Bourse. L'action est une valeur mobilière.

Actuariel (taux) : taux de rendement produit par un capital dont les intérêts et le remboursement sont assurés par une série de versements échelonnés dans le temps.

Adjudication : vente de biens ou marché de fournitures, de travaux, faits avec publicité et concurrence.

Affiliation : lien entre une personne et un organisme, ex. : affiliation à la Sécurité sociale.

Affrètement : louage d'un navire, d'un avion.

Agio : intérêt que le banquier fait payer en cas de découvert, dont le taux est librement fixé par chaque banque.

Allocations familiales : prestations en argent accordées par l'État à toute personne mariée ou non, française ou résidant en France, qui a au moins deux enfants à élever, et dont les ressources ne dépassent pas un certain seuil. Elles entrent dans le cadre des prestations familiales qui, outre les allocations, comprennent aussi le complément familial, l'allocation de logement, les allocations prénatales et postnatales, etc.

Allopostexpress : acheminement par coursiers d'envois jusqu'à 5 kg, en 2 à 3 heures pour Paris et la Petite Couronne (92, 93, 94).

Amortissement : expression monétaire de l'amoindrissement de potentiel subi par les immobilisations en capital, soit par usure, soit par vieillissement, ou encore en raison du progrès technique.
• *Amortissement d'un matériel :* le fisc admet qu'un matériel s'use et perd chaque année de sa valeur ; cette perte annuelle peut être retirée du bénéfice imposable (amortissement).

Annonce : avis imprimé, parlé ou filmé portant à la connaissance du public un fait supposé ignoré jusque-là. Message publicitaire en faveur d'un produit. Dans les journaux, rubrique réservée aux insertions publicitaires.

Annuaire électronique : annuaire proposé par le Minitel, accessible en composant le 3611, qui permet de trouver les coordonnées téléphoniques d'un correspondant.

Appel (faire) : recours à un juge ou à un tribunal supérieur contre une décision rendue en première instance. Un jugement sans appel ne peut être susceptible de révision.

Appel d'offres : établissement d'un cahier des charges adressé à plusieurs concurrents en vue d'obtenir la meilleure offre possible.

Appointements : rémunération d'un montant fixe, à périodicité généralement mensuelle, payée à un employé.

Argumentaire : recueil d'arguments de vente à l'usage du vendeur, sélectionnés en fonction de la nature du bien ou du service et des clientèles. L'*argumentation* est la mise en œuvre rationnelle des arguments.

Arrérages : ce qui est dû d'une rente, d'un revenu quelconque par le détenteur du capital investi. Ne pas confondre avec *arriéré*, qui désigne un paiement en retard.

Arrhes : argent versé à l'avance pour assurer l'exécution d'un marché. Toutefois, à la différence de l'acompte, chacune des parties conserve la faculté de ne pas conclure définitivement le marché. Si l'acheteur se rétracte, il perd cette somme mais le vendeur ne pourra retenir d'autres pénalités. Si la vente ne peut se conclure du fait du commerçant, ce dernier devra remettre à l'acheteur le double de la somme versée.

Arrivage : arrivée sur le marché de marchandises ou de matériel par un moyen de transport quelconque.

Article : variante d'un modèle ou type de produit destiné à être commercialisé. Exemple : pour le gilet d'homme (produit), les différenciations par matière ou coupe correspondent à des modèles, tandis que les différenciations par taille ou couleur correspondent à des articles.
• *Gamme d'articles* : ensemble des articles distincts d'un même produit.

Assemblée générale : réunion des actionnaires d'une société, dans le but de prendre, sur proposition du conseil d'administration, des décisions ordinaires ou extraordinaires. L'assemblée générale ordinaire, qui doit se réunir au moins une fois par an, approuve les comptes et décide de l'affectation des résultats ; elle est souveraine et peut prendre toutes décisions, à l'exception de la modification des statuts qui est réservée à l'assemblée générale extraordinaire.

Assesseur : celui qui siège auprès d'un détenteur de l'autorité pour l'assister dans ses fonctions.

Assiette des impôts : base de calcul de la matière imposable.

Assistance judiciaire : aide accordée aux personnes de ressources modestes pour qu'elles puissent recourir à la justice ou aux services d'un avocat. L'aide peut être totale ou partielle. Elle doit être demandée au procureur de la République auprès du tribunal de grande instance dont dépend le domicile de l'intéressé.

Association : groupement de personnes librement réunies dans un intérêt commun, mais sans but lucratif.

Assortiment : ensemble des articles de même genre présentés et vendus dans un magasin de détail.

Assurance : convention par laquelle, moyennant une prime ou une cotisation, les assureurs s'engagent à indemniser d'un dommage éventuel. L'assurance peut être, dans certains cas, obligatoire (automobile, emprunt, etc.).

Attestation : affirmation verbale ou écrite de la véracité d'un fait.

Audit : examen critique d'une organisation existante ou d'une opération en cours, permettant d'en révéler les défauts ou lacunes de toute nature. Toujours sanctionné par un plan de recommandations ou d'actions correctives, appelé « rapport d'audit ».

Autofinancement : technique de financement des investissements d'une entreprise au moyen d'un prélèvement sur les bénéfices réalisés.

Aval : garantie donnée sur un effet de commerce ou lors de l'octroi d'un prêt par un tiers qui s'engage à payer si le signataire est défaillant.

Avarie : dommage survenu à un navire ou à sa cargaison. Par extension : détérioration, dégât.

Avenant : addition à un contrat, constatant une ou plusieurs modifications aux dispositions primitives de celui-ci.

Bail : contrat par lequel on cède la jouissance d'un bien meuble ou immeuble pour un prix et un temps déterminés.

• *Résiliation de bail* : annulation du bail par le simple accord de toutes les parties.

Balance : tableau dressé à intervalles réguliers, qui rassemble les masses et les soldes de tous les comptes inscrits au grand livre. C'est d'après la balance qu'on peut établir l'*inventaire*.

Barème : table ou répertoire des tarifs.

Base de données : description structurée d'un fonds documentaire, permettant son traitement par ordinateur.

Bergerie : comptoir de vente, de forme circulaire, à l'intérieur duquel se tient une vendeuse avec caisse enregistreuse.

Bilan : tableau représentant à un moment donné l'*actif* et le *passif* d'une entreprise.
• *Déposer son bilan :* se déclarer en état de cessation de paiements.

Billet de fonds : billet à ordre souscrit par l'acquéreur d'un fonds de commerce qui n'est pas payé comptant.

Billet à ordre : document portant l'engagement du souscripteur de payer une somme, à une date fixée, au bénéficiaire ou à son ordre, c'est-à-dire à toute personne à qui il aura transmis ce billet.

Blister : emballage constitué d'une coque de plastique transparent collée sur du carton, pour présenter des marchandises de petite taille.

Bon de caisse : bon à ordre ou au porteur émis par une entreprise en contrepartie d'un prêt, portant intérêts et remboursable à une échéance.

Bon de commande : ordre d'achat émis par le client et portant généralement son en-tête.

Boni (latin) : excédent par rapport à la dépense prévue ou à la norme salariale.

Bourse des valeurs mobilières : marché organisé et réglementé d'échanges de titres, d'actions, d'obligations ou de fonds d'État.
• *Bourse de commerce :* lieu où se déroulent les transactions qui déterminent le cours des matières premières, des marchandises, du fret, du transport, etc.
• *Bourse du travail :* lieu de réunion où les divers syndicats centralisent cours professionnels, bibliothèques et divers renseignements.

Boutique : local prévu pour recevoir la clientèle, dans lequel sont exposés les produits et articles à vendre, munis d'une étiquette affichant leur prix.

Brader : vendre certains articles à des prix anormalement bas, lorsqu'une autorisation spéciale en a été obtenue.

Brainstorming : méthode de réunion tendant à stimuler l'imagination créatrice des participants en leur permettant de s'exprimer spontanément, sans plan préétabli et sans avoir à subir la critique.

Brevet : titre délivré par le gouvernement à l'inventeur d'un produit ou d'un procédé susceptible d'applications industrielles.
• *Breveter une invention* : la protéger au moyen d'un brevet.

Brouillard de caisse : en comptabilité, livre dans lequel on inscrit toutes les opérations commerciales journalières.

Bulletin de commande : ordre d'achat à en-tête du fournisseur présenté par celui-ci au client pour qu'il le remplisse.

Bull pack (anglo-américain) : plastique à alvéoles qui sert à emballer les objets fragiles.

Bureautique : techniques informatiques et téléinformatiques visant à l'automatisation des tâches administratives et de secrétariat des travaux de bureau.

Bureau universitaire de statistique (B.U.S.) : service du ministère de l'Éducation nationale chargé de fournir des renseignements sur les établissements scolaires, et spécialement sur les débouchés qu'ils offrent.

Cadre : employé exerçant dans une entreprise une fonction de direction plus ou moins élevée, mais supérieure à la maîtrise et bénéficiant d'un statut particulier.

Cahier des charges : document regroupant les caractéristiques que doivent présenter un matériel, une réalisation technique à l'étude ou en cours de réalisation.

Caisse : organisme public doté de l'autonomie financière et de ressources propres (caisse d'allocations familiales, etc.).

Capital : totalité des actifs dont dispose une unité économique. Dans une entreprise, les capitaux peuvent être « propres » (investis par les propriétaires) ou empruntés. Le capital social représente ce que des associés s'engagent à investir dans la société dont ils font partie. La partie entièrement souscrite est le capital « libéré », le reste, le capital « appelé ».

Carte de crédit : document, doté d'un microprocesseur et d'une mémoire, fourni par une société commerciale ou une banque pour permettre à un particulier d'acquitter une facture sans faire de chèque ou de paiement en espèces.

Carte bleue : carte de crédit fournie par les banques. La carte n'est décryptable qu'à l'aide d'un appareil de transaction informatisé.

Cartel : entente entre entreprises d'une même branche d'industrie pour organiser la production et limiter la concurrence.

Cash and carry (anglo-américain) : méthode de vente selon laquelle le client doit payer comptant et emporter lui-même sa marchandise.

Cash-flow : pour une période considérée, montant des produits des ventes, diminué des charges d'exploitation donnant lieu à décaissement et à impôt, puis majoré des amortissements et provisions. Le résultat de ce calcul est disponible pour l'autofinancement.

Catalogue : recueil, généralement imprimé, énumérant les caractéristiques et les prix des produits offerts par une firme au choix de sa clientèle.

Caution : engagement par lequel une personne s'oblige envers un créancier à satisfaire aux obligations du débiteur principal si celui-ci n'y satisfait pas lui-même.

Centre de gestion agréé : organisme ayant pour objet de fournir à ses adhérents tous services en matière de gestion et de tenue de la comptabilité, ainsi que de les faire bénéficier d'avantages fiscaux.

Certificat : écrit officiel ou signé par une personne compétente pour attester un fait.

Cession : transmission à une autre personne de la chose ou du droit dont on est propriétaire ou titulaire.

Chaîne : ensemble d'établissements commerciaux appartenant à la même organisation.

Chaîne volontaire : groupement formé de grossistes et de détaillants en vue d'assurer la coordination des fonctions, d'organiser en commun l'achat et la vente et d'adapter en conséquence la gestion des entreprises associées, tout en respectant leur indépendance juridique et financière.

Chaland : acheteur habituel. La *chalandise* est la masse des acheteurs potentiels.

• *Zone de chalandise* : aire géographique sur laquelle s'exerce l'attraction d'un point de vente ou d'un ensemble commercial.

Chambre de commerce : organisme, composé de représentants élus des commerçants et de fonctionnaires d'exécution, chargé de défendre les intérêts du commerce dans tous les domaines. L'assistant technique du commerce y est responsable de l'aide aux commerçants.

Check-out (anglo-américain) : meuble-caisse placé à la sortie d'un magasin en libre-service.

Chèque : écrit par lequel une personne qui a des fonds déposés chez un banquier lui donne l'ordre de payer une certaine somme soit à elle-même (*chèque de retrait*), soit au porteur du chèque, soit à une personne dénommée ou à son ordre (*chèque à ordre*), soit exclusivement à une personne désignée (*chèque nominatif*).

Chiffre d'affaires : montant des ventes de biens et de services cumulées entre deux bilans.

Chronopost : expédition de documents ou de marchandises dans un délai minimal garanti accéléré, indiqué au moment de l'expédition, pour la France et pour les pays étrangers qui participent à cette opération. Le poids maximal est de 20 kg, la distribution peut se faire à domicile sur demande du client. Pour les trafics réguliers, une facturation mensuelle est prévue, et l'enlèvement des objets se fait à domicile.

Circonscription : division administrative du territoire.

Collissimo : formule d'acheminement et de distribution accélérés, en moins de 48 heures pour la France, et 24 heures pour le même département, pour un envoi inférieur à 25 kg.

Colporteur : marchand ambulant qui sollicite les clients à domicile ou dans la rue.

Commandite : société commerciale dans laquelle un ou plusieurs associés apportent leurs capitaux sans prendre part à la gestion.

Commettant : celui qui charge une autre personne, le commissionnaire, d'exécuter certains actes pour son compte.

Commissaire aux comptes : dans une société anonyme, personne désignée par l'assemblée générale pour vérifier les comptes et en faire un rapport annuel.

Commission : rémunération qu'on laisse à quelqu'un qui s'est entremis dans une affaire.

• *Commissionnaire* : personne qui achète ou vend pour le compte de son client, le commettant, moyennant une commission.

• *Commissionnaire en douane* : personne qui effectue, pour le compte de son client, toutes les formalités de douane concernant la déclaration en détail des marchandises.

Compte : état de ce qui est dû ou reçu. En comptabilité, tableau dans lequel sont groupées les opérations financières ayant un caractère commun.

• *Compte courant* : convention par laquelle deux parties s'engagent à compenser leurs dettes et créances réciproques de telle sorte que seul le solde, à la date de l'arrêté de compte, soit exigible.

• *Compte d'exploitation* : tableau mettant en évidence les mouvements de fonds qui intéressent l'exploitation d'une entreprise.

Concession : contrat par lequel un propriétaire cède à une personne le droit de disposer des biens qui lui sont propres, pour une utilisation déterminée et pour un temps généralement limité.

Concurrence : situation économique dans laquelle plusieurs entreprises se partagent un marché donné. Elle s'oppose à la situation de monopole, où une seule entreprise contrôle la totalité du marché.

Conditionnement : ensemble d'opérations assurant la protection d'un produit, article ou objet et facilitant sa vente, son emploi et son transport. Emballage.

Congé : autorisation temporaire de s'absenter ; autorisation écrite donnée par le fisc de transporter une marchandise soumise à un droit de circulation.

Connaissement : récépissé de chargement des marchandises transportées par un navire.

Conseil : personne qui donne des avis, notamment en matière technique et juridique ; assemblée de personnes délibérant sur certaines affaires.

• *Conseil d'administration* : organe d'administration d'une société anonyme.

• *Conseil de surveillance* : organe chargé de contrôler la gestion du directeur, mais sans pouvoir sur l'administration de la société.

Consignation : dépôt entre les mains d'un officier public ou d'un négociant.

• *Consignataire* : personne chargée de garder des marchandises en dépôt ou de les vendre.

Consulaire (**organisme** ou **compagnie**) : terme désignant des organismes, tels que les chambres de commerce ou des métiers, à l'origine gérés par des représentants élus appelés consuls.

Contentieux : ensemble de conflits qui peuvent être soumis aux tribunaux. Service d'une entreprise qui s'occupe de régler les conflits.

Contingent : quantité maximale des marchandises qui peuvent être importées ou exportées pendant une période donnée.

Contrat : acte qui enregistre une convention juridique entre deux ou plusieurs personnes.

Contrat de travail : convention par laquelle un individu met son activité au service d'un employeur en échange d'un salaire et qui établit leurs obligations réciproques.

• *Contrat à durée déterminée (C.D.D.)* : contrat de travail conclu pour une période limitée, auquel l'employeur ne peut recourir que dans des cas définis par la loi (remplacement d'un salarié en cas d'absence, accroissement temporaire de l'activité de l'entreprise, emplois à caractère saisonnier).

• *Contrat à durée indéterminée (C.D.I.)* : contrat de travail de droit commun conclu sans précision de terme.

Contrevenant : personne qui enfreint les lois ou les règlements.

Convention : accord verbal ou pacte écrit entre deux ou plusieurs parties.

• *Convention collective du travail* : accord relatif aux conditions du travail entre les organisations syndicales des travailleurs et les employeurs.

• *Convention d'établissement* : accord signé, dans le cadre de l'entreprise, par les syndicats les plus représentatifs et l'employeur, mais qui s'applique à tous les salariés, syndiqués ou non.

Coopérative : forme d'entreprise où tous les associés ont un droit égal à la gestion ; elle cherche non pas à réaliser un profit, mais à satisfaire au mieux les besoins de chacun des membres ; si, cependant, un profit se dégage, il est partagé entre les membres au prorata de leur activité.

Cotisation : quote-part de chacun dans une dépense commune.

Coupon : titre d'intérêt joint à une valeur mobilière, détaché à chaque échéance et donnant droit à un paiement. Aujourd'hui le coupon a matériellement disparu, mais le terme subsiste pour désigner le droit de paiement.

Courrier électronique (ou **e-mail**) : échange de messages (texte ou fichiers informatiques multimédias) entre un expéditeur et un destinataire équipés d'ordinateurs connectés au réseau Internet.

Courtage : rémunération généralement basée sur le montant des affaires, allouée à certains intermédiaires, les courtiers.

• *Courtier :* mandataire ayant le statut de commerçant, qui agit pour le compte d'un ou de plusieurs mandants ; il ne facture pas, il se borne à mettre les parties en rapport et à constater leur accord.

Couverture : ensemble des valeurs servant à la garantie financière d'une opération.

• *Zone de couverture* ou *couverture :* zone territoriale de la diffusion d'un support publicitaire.

Créance : droit d'exiger quelque chose de quelqu'un ; titre qui établit ce droit.

Crédit : opération par laquelle un prêteur remet une somme à un emprunteur qui s'engage à la rembourser à l'échéance fixée et, généralement, à payer un intérêt convenu. Le crédit est dit *à court terme* si l'échéance est inférieure à un an, *à long terme* si elle est supérieure à cinq ans.

• *Lettre de crédit :* document remis par un banquier à son client pour lui permettre de toucher de l'argent chez un banquier d'une autre ville.

Crédit-bail : forme de location assortie d'une promesse unilatérale de vente en fin de contrat, appliquée à des immeubles ou à de l'outillage professionnel ; les biens restent la propriété du bailleur jusqu'à la fin du bail, mais il est d'usage qu'il les remette alors à l'emprunteur pour une somme modique fixée dans le contrat.

Curriculum vitae ou CV (mots latins : carrière de la vie) : forme résumée de l'état civil, des études, de la carrière professionnelle du candidat à un emploi.

Découvert : prêt à court terme accordé par une banque au titulaire d'un compte courant au-delà de la valeur du compte.
• *Être à découvert* : avoir un compte débiteur.

Déflation : forte diminution générale des prix par des mesures monétaires ou financières.

Dégrèvement : diminution ou dispense d'une charge, surtout fiscale.

Démarchage : technique de distribution qui se caractérise par la recherche à domicile de clients éventuels.

Dépôt : local établi en dehors de l'établissement principal et destiné à assurer le stockage ou la livraison des marchandises.

Dépôt de bilan : v. bilan.

Dévaluation : modification en baisse du taux de change d'une monnaie.

Devis : état détaillé, descriptif et estimatif, de biens ou de services, établi par un fournisseur en réponse à une demande de travaux.

Diligo : envoi en collissimo utilisant un forfait emballage prêt à poster, dans les délais garantis par La Poste : J + 1 dans la région, J + 2 partout en France. Le tarif comprend le prix de l'emballage et celui de l'affranchissement jusqu'à 10 kg. Ce système prévoit aussi une formule adaptée au transport rapide des bouteilles, en toute sécurité (appréciée par exemple par les laboratoires, les services vétérinaires, etc.).

Discount : remise sur certains prix ; politique de vente à prix réduit.

Dispense : autorisation spéciale de ne pas faire ce qui est obligatoire. (V. Exemption.)

Distingo : envoi concernant les courriers particuliers que l'on veut à la fois signaler et protéger. Le destinataire doit pouvoir les repérer d'un coup d'œil avant d'avoir ouvert. Pour cela, on utilise une formule « prêt à poster », affranchissement compris. Le système peut être choisi pour les envois en nombre.

• *Minimum de commande sans personnalisation* : 10 en format 32,4 x 22,9 ou 22,9 x 16,2.

• *Minimum de commande avec personnalisation* : de 500 à plus de 100 000 pour les mêmes formats (système qui ne peut être appliqué pour les expéditions de films, ou de projets d'impression).

Dividende : portion du bénéfice général qui revient à chaque actionnaire d'une société.

Domiciliation : indication du domicile choisi pour le paiement d'un effet de commerce.

Dommages-intérêts : montant versé par le débiteur à son créancier quand il dépasse l'échéance d'un paiement ; indemnité versée au tiers lésé lors d'un préjudice par son auteur.

Douane : administration chargée de percevoir les droits sur les marchandises qui franchissent la frontière.

Ducroire : convention suivant laquelle un commissionnaire répond de la solvabilité de ses clients et reçoit en échange une prime de la part du vendeur.

Duplicata : double d'un acte ou d'un écrit.

Échantillon : petite quantité d'un produit permettant d'en apprécier les qualités.

Échéance : date de paiement d'une dette ou de l'exécution d'une obligation.

Effet de commerce : titre de crédit comportant de la part du débiteur l'engagement de paiement. Il y a quatre types d'effets de commerce : la lettre de change, le billet à ordre, le chèque et le warrant (v. ces mots).

Émission : mise en circulation.

Endosser : transmettre la propriété d'un titre de crédit par une formule ou une signature que l'on porte au dos.

Escompte : opération par laquelle un banquier paye un effet de commerce avant son échéance, en faisant subir à la valeur nominale une déduction qui représente l'intérêt jusqu'à échéance et une commission, l'ensemble constituant l'*agio*, ou taux ; réduction qu'un vendeur accorde à un acheteur en pourcentage de l'achat si le paiement est fait comptant ou avant l'échéance.

Étude de marché : étude prévisionnelle des débouchés d'un produit donné avant de le lancer sur le marché.

Exemption : privilège qui dispense d'une obligation. (V. Dispense.)

Exercice : période comprise entre deux inventaires comptables ou deux budgets.

Exonération : dispense d'une charge ou d'une taxe.

Facture : document établi par un commerçant à l'intention du client pour lui notifier les éléments constitutifs de sa dette.

• *Facture pro forma* : facture simulée remise à un acheteur étranger à l'appui d'une demande d'ouverture de crédit ou d'une licence d'importation.

Faillite : état du commerçant dont la cessation de paiements a été constatée par le tribunal de commerce et la bonne foi reconnue.

Fax (abréviation de fac-similé) ou télécopie : procédé de télécommunication associant la téléphonie et la numérisation d'image, qui permet de transmettre instantanément la photocopie d'un document à son destinataire. On inscrit généralement le numéro de fax à côté du numéro de téléphone de l'entreprise.

Fiscalité : système de perception des impôts.

Flash : information importante transmise en priorité et non développée.

Follow-up (terme anglo-américain qui peut se traduire par *relance*) : ensemble des moyens utilisés pour relancer la clientèle après une première approche commerciale.

Foncier : qui a rapport à la terre considérée comme un fonds.

Fondé de pouvoir : personne qui a reçu mission et pouvoir d'agir au nom d'une autre personne ou d'une société.

Forfait : clause d'un contrat fixant le prix d'une prestation à un montant invariable. En droit fiscal, évaluation par le fisc des revenus ou du chiffre d'affaires de certains contribuables.

Franchise : licence commerciale concédée par une entreprise à une autre pour l'exploitation d'une marque, de méthodes ou techniques particulières. L'entreprise concédante s'engage à fournir toute l'assistance commerciale nécessaire, ainsi qu'à verser des redevances au bénéficiaire de la licence.

- *Franchisé* : entreprise bénéficiaire d'une franchise.
- *Franchiseur* : entreprise qui accorde une franchise.

Franco de port : sans frais d'expédition pour le destinataire.

- *Franco à bord* (en angl. *free on board*) : livraison sans frais de la marchandise à bord du navire qui la transportera.

Fret : rémunération due par l'affréteur pour le transport de marchandises par navire ; cargaison d'un navire et, par extension, d'un véhicule quelconque.

Gérant : mandataire placé à la tête d'un établissement commercial ou d'une société.

Gré à gré : à l'amiable, par entente directe entre les parties, sans appel d'offres.

Greffe : bureau où se font les déclarations concernant la procédure de justice et où l'on garde les originaux des actes.

Gros : vente ou achat par grandes quantités.

Habilité : autorisé de façon légale à faire quelque chose.

Holding : société financière détenant des participations dans d'autres sociétés dont elle assure l'unité de direction et le contrôle des activités.

Huissier : officier ministériel chargé de signifier les actes de procédure et d'exécuter les jugements.

Hypothèque : droit réel détenu sur un bien immobilier, qui garantit le créancier sans déposséder le propriétaire.

Immatriculation : inscription sur un registre public.

Immobilisations : tous biens et valeurs non circulants de l'actif d'une entreprise destinés à rester durablement sous la même forme. On distingue les immobilisations corporelles, incorporelles ou financières.

Importation : introduction, dans un pays, de marchandises provenant de l'étranger.

Indemnité : somme allouée pour dédommager d'un préjudice ou pour augmenter un salaire sans être prise en compte pour le calcul de la retraite.

Inflation : déséquilibre économique caractérisé par un excédent des moyens de paiement, et facteur de hausse générale des prix.

Inspection du travail : corps de fonctionnaires chargés de veiller à l'application des règlements du travail et de la Sécurité sociale.

Intéressement : participation des salariés aux bénéfices d'une entreprise.

Intermédiaire : personne physique ou morale qui met en relation, moyennant rémunération, un vendeur et un acheteur, sans avoir à se rendre elle-même acquéreur de la marchandise.

Internet : interconnexion (*Inter*) de réseaux (*Networks*) informatiques à l'échelle mondiale. Espace de communication le plus moderne qui soit, il vous permet, une fois connecté, de vous informer, faire des achats sans vous déplacer et, surtout, de communiquer en temps réel avec les personnes connectées du monde entier, pour un coût inférieur à celui du téléphone ou du Minitel.

Intranet : réseau interne mis en place par une entreprise et utilisant les technologies d'Internet, qui permet à l'utilisateur d'avoir accès à des fonctions similaires à Internet : consulter des informations, télécharger des documents, échanger des messages par courrier électronique.

Inventaire : évaluation annuelle des marchandises en magasin.

Investissement : placement de fonds ou immobilisation de nouveaux moyens de production.

Langage : le langage informatique est l'ensemble des signes que l'on fournit à l'ordinateur pour lui permettre d'effectuer des échanges par la suite.

Leasing : voir crédit-bail.

Lettre de change : ordre écrit adressé par un « tireur » à un « tiré » (V. Tireur) de payer une somme déterminée à un bénéficiaire ; celui-ci peut être soit le tireur lui-même, soit le dernier porteur si l'effet est négocié après endossement.

Licence : droit d'exploiter un brevet ou d'importer et exporter divers produits.

Licencier : congédier des membres du personnel.

Liquidation : vente à bas prix de marchandises en vue d'un écoulement rapide.

• *Liquidation judiciaire* : mise en vente rapide après décision de justice.

Livraison : remise de la marchandise à l'acheteur. Quand elle a lieu directement, l'acheteur doit recevoir un *bon de livraison* ; quand elle est envoyée par un transporteur, un *bordereau d'expédition* l'informe de l'envoi.

Logiciel : ensemble de programmes destiné à assurer une fonction particulière dans un ordinateur ou, plus généralement, dans un système automatisé d'information. On distingue trois catégories de logiciel :
– le logiciel de base, nécessaire au fonctionnement physique de tout ordinateur ;
– le logiciel d'exploitation, qui optimise l'emploi des ressources de l'ordinateur ou du système ;
– le logiciel d'application, qui réalise chacune des fonctions demandées par l'utilisateur.

Magasin : lieu couvert où sont conservés les matières premières ainsi que l'outillage, etc. ; local où l'on reçoit les clients, où l'on stocke les marchandises et où se traitent les ventes. Divers regroupements s'étant organisés, on distingue les grands magasins, les chaînes, les franchises et les grandes surfaces (supérettes, supermarchés, hypermarchés).
• *Grand magasin* : entreprise commerciale de vente au détail disposant d'une surface de vente importante, librement accessible au public et offrant dans un même établissement la quasi-totalité des biens de consommation dans des rayons spécialisés.
• *Magasin d'usine* : grande surface où sont vendus, à des prix inférieurs à ceux du marché, des articles provenant directement d'usine.

Magistrat : fonctionnaire ou officier civil investi d'une autorité juridictionnelle, administrative ou politique.

Mailing : système de relance à domicile par envois postaux (synonyme de publipostage).

Mandat : pouvoir qu'une personne donne à une autre d'agir en son nom ; celui qui donne le pouvoir est le *mandant*, celui qui le reçoit est le *mandataire*.

Marketing : ensemble des actions coordonnées (dont études de marché, publicité) qui concourent au développement des ventes d'un produit ou d'un service.

Médias : supports publicitaires utilisés pour la diffusion d'un message.

• *Mass media* : ensemble des moyens de communication par lesquels une information atteint au même moment un très grand nombre de personnes.

Micro-ordinateur : ordinateur construit autour d'un microprocesseur auquel on adjoint l'environnement logiciel et le matériel nécessaire au traitement complet de l'information.

Minitel : service de France Télécom qui permet de consulter l'annuaire téléphonique, d'expédier et de recevoir des messages, d'envoyer des télégrammes et d'accéder à plusieurs milliers de serveurs.

Minute : écrit original d'un jugement ou d'un acte notarié qui reste en dépôt entre les mains d'un officier public, et dont il ne peut être délivré que des copies.

Montage financier : ensemble de procédés permettant à une entreprise de se procurer des ressources sur le marché des capitaux bancaires ou financiers.

Mutuelle : société mutualiste, c'est-à-dire association d'entraide qui ne vit que par les cotisations des adhérents.

Notifier : faire connaître une décision à une personne dans les formes légales.

Obligation : titre remis par une société contre des capitaux ; il représente une fraction du montant total d'un emprunt en coupures d'un même chiffre. L'obligation est une valeur mobilière.

Offre : sur un marché, expression des désirs et possibilités de vente de la part des producteurs et des marchands.

Offre publique d'achat (O.P.A.) : procédé par lequel une société fait connaître au public qu'elle a l'intention de prendre le contrôle d'une autre société en achetant la majorité de ses actions.

Ordre : mandat donné à un intermédiaire d'acheter ou de vendre des valeurs mobilières ou des marchandises.

Paiement à vue : paiement d'une lettre de change sur sa simple présentation.

Papier bulle : papier jaune de qualité inférieure, souvent utilisé pour l'emballage.

Papier kraft : papier d'emballage très résistant.

Partie civile : plaideur qui exerce devant une juridiction pénale une action civile pour obtenir réparation du dommage qu'il a subi du fait de l'infraction commise par l'accusé.

Passif : ensemble des soldes créditeurs des comptes de bilan. Il comprend les capitaux propres et les capitaux empruntés (voir actif).

Personne morale : groupement d'individus (société, syndicats, etc.) auquel la loi reconnaît une personnalité juridique distincte de celle de ses membres, par opposition à « personne physique », l'individu.

Personne physique : individu, homme ou femme.

Placier : représentant de commerce qui propose ses marchandises aux particuliers (voir représentant).

Planning : support permettant de visualiser et de programmer une activité de l'entreprise : déplacements de représentants, congés, etc. Il en existe plusieurs modèles, vendus comme maté riel de bureau.

Plus-value : accroissement d'une valeur entre deux évaluations successives.

Police : contrat d'assurance.

Portefeuille : ensemble des valeurs appartenant à une personne ou à une entreprise.

Postéclair (*) : transmission d'un document à partir du télécopieur d'un bureau de La Poste vers le télécopieur d'un autre bureau. Si vous êtes abonné à ce service, il suffit d'envoyer la totalité de vos messages à La Poste, qui se charge de les répartir entre les destinataires.

Post-scriptum (loc. lat. : *écrit après*) : quelques mots ou quelques lignes que l'on rajoute après la signature sur une lettre.

Poursuites : procédure mise en œuvre par un plaideur qui veut se faire rendre justice.

Pourvoi : voie de recours contre une décision administrative.

• *Pourvoi en cassation* : attaque d'une décision judiciaire devant le tribunal le plus élevé.

Pouvoir : mandat par lequel un associé donne à un autre la faculté de le représenter et de prendre une décision en son nom dans une assemblée.

Préjudice : dommage matériel, moral ou autre, contraire au droit et à la justice provoqué par un particulier ou un service public (chantier mal éclairé, rupture de canalisations publiques, incarcération par erreur, paralysie à la suite d'une opération mal faite).

Prestations : fourniture, service fourni.

• *Prestations sociales :* sommes allouées au titre d'une législation sociale.

Prêt : contrat par lequel une personne en autorise une autre à utiliser un bien qu'elle lui cède temporairement, à charge de restitution et, la plupart du temps, d'intérêts.

Prêt à poster* : envoi destiné au transport du courrier ordinaire par enveloppe pré-affranchie (jusqu'à 500 g), et qu'une société peut personnaliser avec son propre logo.
La validité du timbrage est permanente et mondiale. Des tarifs dégressifs sont proposés pour les achats en nombre. Il existe aussi du prêt à poster illustré en fonction d'événements fêtés, ou du lieu d'origine.

Prime : objet que l'on offre en cadeau à un client pour l'engager à acheter (la vente à prime est soigneusement réglementée).

Prix : valeur d'échange, en monnaie, d'un bien ou d'un service.

• *Prix de catalogue :* prix inscrit sur un document ou un tarif, à caractère indicatif.

• *Prix à l'exportation :* prix franco frontière, ou franco à bord (FOB), indiqué en monnaie nationale.

• *Prix à l'importation :* prix d'achat de la marchandise, en monnaie nationale, majoré des frais de transport jusqu'au lieu d'introduction sur le territoire de l'importateur.

• *Prix franco domicile :* prix comprenant la valeur de vente et les frais supportés pour le transport.

• *Prix à la production* (ou prix d'usine) : prix de vente à la sortie du magasin commercial du producteur.

---

* Services assurés par La Poste

Procuration : acte écrit signé par lequel une personne donne à une autre pouvoir d'agir en son nom et en fixe les limites.

Procureur : membre du parquet chargé de requérir l'exécution des lois.

Promesse de vente : avant-contrat de vente par lequel le vendeur s'engage formellement à vendre à l'acquérir à acheter après avoir versé un dépôt de garantie. Un délai de vente est fixé au terme duquel l'acquéreur doit acheter le bien ou renoncer à l'achat.

Proroger : reporter à une date ultérieure l'échéance d'un acte.

Prospect : client potentiel d'une entreprise.

Prospectus : imprimé publicitaire donnant un aperçu d'un produit et de ses conditions de vente.

Protêt : acte écrit par huissier ou notaire, par lequel le porteur d'un effet de commerce fait constater que cet effet n'a pas été accepté par son tireur, ou n'a pas été payé à la date prévue. Il permet des poursuites immédiates contre le débiteur.

Provision : somme déposée en banque et destinée à couvrir des paiements ultérieurs ; somme inscrite au passif d'un bilan pour parer à une perte probable.

Prud'hommes (conseil de) : tribunal traitant les litiges du travail (employeurs/salariés).

Publicité : ensemble des moyens employés pour faire connaître une entreprise ou un produit.

Publipostage : V. Mailing.

Quittance : attestation écrite par laquelle un créancier déclare que son débiteur s'est libéré de sa dette.

Quitus : acte par lequel une gestion est reconnue exacte et régulière.

Rabais : diminution de prix ou de valeur.

Radiation : action de rayer ou d'effacer.

Ratio : rapport exprimé en pourcentage entre deux grandeurs.
• *Les ratios de structure* indiquent si les proportions existant entre les principaux moyens d'exploitation sont rationnelles ou non.

• *Les ratios de fonctionnement* permettent d'analyser les conditions d'emploi des moyens d'exploitation.

• *Les ratios de synthèse* permettent d'étayer un diagnostic général sur la santé de l'entreprise.

Récépissé : écrit par lequel on reconnaît avoir reçu des papiers, de l'argent, une marchandise, etc.

Réception : accueil et enregistrement de marchandises livrées.

Réclamation : plainte adressée à une autorité pour faire respecter un droit.

Recours : procédé permettant le nouvel examen d'un conflit qui a déjà été tranché sans que la conclusion donne satisfaction.

Recouvrement : perception d'une somme due.

Réel simplifié : procédure d'évaluation des revenus moins détaillée que le régime du bénéfice réel.

Registre du commerce : livre public sur lequel tout nouveau commerçant doit se faire inscrire pour avoir le droit d'exercer, et qui centralise les informations concernant les commerçants et les sociétés. Ce livre est déposé au greffe du tribunal de commerce ou du tribunal civil de chaque localité.

Règlement : prescription de ce que l'on doit faire, mais aussi solde d'un compte.
• *Règlement judiciaire* : mise en vente rapide après décision de justice. (Syn. de liquidation judiciaire.)

Relevé (d'un compte) : détail d'un compte fourni par écrit.

Renouveler : conclure un contrat semblable à celui qui expire.
• *Par tacite reconduction* : prorogation du contrat parvenu à expiration dans les mêmes conditions que celles prévues au départ et avec l'accord non exprimé des parties.

Rente : revenu annuel.

Repiquer : ajouter à la main ou à la machine des mots dans l'espace qui leur a été réservé dans un texte imprimé.

Représentant : V. V.R.P.

Reprise : acceptation en retour de produits récemment livrés.

Reprographie : technique permettant de reproduire un document par des moyens mécaniques ou chimiques.

Requête : demande faite auprès d'une juridiction.

Résilier (un contrat) : mettre fin à un contrat en adressant aux parties en cause un courrier daté et signé avec accusé de réception, avant sa date d'échéance s'il y en a une.

Ressort : zone de compétence d'une juridiction ou d'une administration ; également, compétence d'une personne.

Retour : renvoi d'une marchandise à son envoyeur.

Retraite : pension allouée à un salarié ou à un fonctionnaire qui doit cesser son travail en raison de son âge.

Risque : inconvénient possible ou sinistre éventuel que les compagnies d'assurances garantissent moyennant le paiement d'une prime.

Ristourne : remboursement au client d'une partie de la somme payée par lui.

Saisie : mesure judiciaire retirant à une personne l'usage ou la possibilité de disposer d'un bien.

Sécurité sociale : ensemble des législations qui ont pour objet de garantir les individus et les familles contre certains risques sociaux.

Séminaire : groupe de travail où les participants, en petit nombre, étudient un problème, une question, d'une manière active sous la direction d'un animateur.

Signature : nom ou marque qu'une personne appose au bas d'une lettre pour s'en reconnaître l'auteur, ou au bas d'un acte pour attester la sincérité de son engagement.

Signifier : faire connaître d'une manière expresse.

Sinistre : dommage subi par l'assuré et qui met en jeu la responsabilité de l'assureur.

Société commerciale : groupement de plusieurs personnes ayant mis quelque chose en commun pour exécuter des actes de commerce.

Solde : reliquat d'une somme à payer et également marchandise vendue au rabais.

• *Pour solde de tout compte* : formule employée pour clôturer un compte, et enlevant toute possibilité de contestation ultérieure.

Solliciter : demander en attirant l'attention.

Soumission : déclaration écrite par laquelle on s'engage à fournir des produits ou des services à certaines conditions, énumérées au cahier des charges.

Spécimen : exemplaire type d'une publication.

Stage : période d'études pratiques, le plus souvent temporaire.

Stand : espace attribué au participant dans une exposition, un salon, une foire, etc., pour présenter sa marchandise, attirer les visiteurs, répondre à leurs demandes et leur remettre la documentation.

Stéréotype : formule banale, reproduisant sans modification un original.

Stock : ensemble des marchandises, matières, produits finis ou non, déchets et emballages qui sont la propriété de l'entreprise.

Substitut : personne chargée de remplir une fonction lorsque celle à qui elle est dévolue est empêchée ; magistrat chargé de remplacer le procureur.

Succursale : unité commerciale dépendant de la maison mère, dont elle est une simple émanation, sans individualité juridique, mais dotée d'une certaine autonomie de gestion.

Surestaries : somme payée par le chargeur ou le réceptionnaire en cas de retard, en compensation du temps pendant lequel il immobilise un bâtiment de navigation.

Sursis : ajournement, remise à une date postérieure.

Taxe sur la valeur ajoutée (T.V.A.) : impôt indirect prélevé aux différents stades de la production et de la commercialisation d'une marchandise.

Télécopieur : V. Fax.

Télématique : ensemble des services de nature ou d'origine informatique pouvant être fournis par un réseau de télécommunication, tels que : consultation de fichiers ou de bases de données, réservation, messagerie électronique, commande de marchandises…

Télétel : système français de vidéotex, permettant à un usager du réseau téléphonique de demander des informations ou de commander certaines opérations, par exemple retenir des places, et de recevoir les réponses.

Télétexte ou vidéographie diffusée : diffusion de messages vidéotex (textes et images) par les émetteurs de télévision.

Tempérament (vente à) : système de vente où l'acquéreur se libère par des versements échelonnés dans le temps.

Tireur : personne qui établit une lettre de change par laquelle elle donne à son débiteur, le *tiré*, l'ordre de payer à une date fixée une somme déterminée à une personne indiquée, le *preneur*.

Traite : autre nom de la lettre de change.

Traitement de texte : ensemble des techniques informatiques qui permettent la saisie, la mémorisation, la correction, l'actualisation, la mise en page et la diffusion de textes.

Transbordement : transfert de la cargaison d'un navire dans un autre.

Transitaire : commissionnaire en marchandises qui s'occupe de leur importation et leur exportation.

Tribunal administratif : tribunal qui juge les litiges entre les particuliers et l'Administration ou entre deux administrations.

Tribunal de commerce : juridiction qui traite les contestations relatives aux actes de commerce. Il est constitué par des juges dits *consulaires* élus par les commerçants remplissant certaines conditions.

Valeurs mobilières : créances, titres de rente, actions, obligations, effets publics, etc., qui constituent le patrimoine d'un individu ou d'une société. Elles sont cotées quotidiennement à la Bourse des valeurs.

Vente : transfert de la propriété d'un bien ou prestation d'un service, à titre onéreux. On distingue les ventes au comptant, à crédit, à terme, aux enchères, avec primes, à réméré, etc.
- *Vente au comptant* : moyennant paiement immédiat.
- *Vente à crédit* : avec paiement différé.
- *Vente à terme* : dans un délai plus ou moins long, mais à coup sûr.

• *Vente aux enchères* : vente publique d'un bien adjugé au plus offrant.

• *Vente avec prime* : vente avec cadeaux offerts au client pour l'attirer ou le retenir.

• *Vente à réméré* : vente avec clause par laquelle on se réserve le droit de racheter dans un certain délai la chose que l'on vend, en remboursant à l'acquéreur le prix de son acquisition et les frais.

Virement : opération par laquelle une somme est transférée d'un compte bancaire ou postal à un autre.

V.R.P. (abréviation de voyageur-représentant-placier) : intermédiaire du commerce qui prospecte la clientèle et reçoit les commandes pour le compte d'une ou de plusieurs entreprises.

Warrant : billet à ordre souscrit par une personne qui donne en garantie de sa signature des matières ou des marchandises déposées dans des magasins généraux (dans certains cas, elle peut les conserver dans son entreprise, par exemple un hôtel ou une raffinerie de pétrole).

Web ou WWW (abréviation de World Wide Web) : sous-réseau multimédia d'Internet qui regroupe des pages (les pages Web) contenant du texte, de l'image et du son, entre lesquelles on navigue grâce aux liens hypertextes.

Les sigles et abréviations

A et M : Arts et métiers

AFNOR : Association française de normalisation

AFP : Agence France-Presse

AFPA : Association pour la formation professionnelle des adultes

AM : *Ante meridiem* (latin), avant midi

ANPE : Agence nationale pour l'emploi

APEC : Association pour l'emploi des cadres

APECITA : Association pour l'emploi des cadres, ingénieurs et techniciens de l'agriculture

AR : Accusé de réception

ASSEDIC : Association pour l'emploi dans l'industrie et le commerce

BCC : *Blind carbon copy* (anglais), copie conforme aveugle

BEP : Brevet d'enseignement professionnel

BEPC : Brevet d'enseignement du premier cycle

BO : Bulletin officiel

BP : Boîte postale

BPF : Bon pour… francs

CA : Chiffre d'affaires

CAF : Coût, assurance, fret

CANCAVA : Caisse autonome de compensation de l'assurance vieillesse artisanale

CAP : Certificat d'aptitude professionnelle

cc : *Carbon copy* (anglais), copie conforme

CCI : Chambre de Commerce et de l'Industrie

CCP : Compte chèque postal

CDD : Contrat à durée déterminée

CDI : Contrat à durée indéterminée

CEDEX : Courrier d'entreprise à destination exceptionnelle

CEPME : Crédit d'équipement des PME

CFA : Centre de formation des apprentis

CFE : Centre de formalité des entreprises

Cie : Compagnie

CIF : *Cost, insurance, freight,* expression anglaise équivalente de coût, assurance, fret (CAF)

CNAF : Caisse nationale d'allocations familiales

CNAMTS : Caisse nationale d'assurance maladie des travailleurs salariés

c/o : *Care of* (anglais), aux bons soins de

Co. : *Company* (angl.), compagnie

COFACE : Compagnie française d'assurance pour le commerce extérieur

COTOREP : Commission technique d'orientation et de reclassement professionnel

CP : Colis postal

CPAM : Caisse primaire d'assurance maladie

cqfd : ce qu'il fallait démontrer

CRAM : Caisse régionale d'assurance maladie

CV : Curriculum vitae

379

DOM : Départements d'outre-mer
DPLG : Diplômé
par le gouvernement
DREE : Direction des relations
économiques extérieures
ESSEC : École supérieure
des sciences économiques
et commerciales
EURL : Entreprise unipersonnelle
à responsabilité limitée
EV : En ville
FOB : *Free on board* (anglais),
franco à bord
Gl : Grand livre (comptabilité)
HEC : École des hautes études
commerciales
ht : Hors taxe
ibid : *ibidem* (latin), au même endroit
id : *idem* (latin), le même
INC : Institut national
de la consommation
INPI : Institut national
de la propriété individuelle
INSEE : Institut national
de la statistique et des études
économiques
IPC : Institut de Promotion
Commerciale spécialisée
IUT : Institut Universitaire
de Technologie
JO : Journal Officiel
N.B. : *Nota bene* (latin), notez bien
OCIL : Office central
interprofessionnel du logement
OPA : Offre publique d'achat
OS : Ouvrier spécialisé
PA : Prix d'achat
pd : Port dû
PLV : Publicité sur lieu de vente
pm : Pour mémoire

PM : *Post meridiem* (latin), après
midi
PME : Petites et moyennes
entreprises
PNB : Produit national brut
po : par ordre
POS : Plan d'occupation des sols
PP : Pertes et profits
P.-S. : *Post-scriptum* (latin),
après avoir écrit
RAR : Recommandé avec accusé
de réception
RC : Registre du commerce
RIB : Relevé d'identité bancaire
RP : Réponse payée
rsvp : Répondre s'il vous plaît
SA : Société anonyme
SARL : Société à responsabilité
limitée
SERNAM : Service national
de messagerie
SICAV : Société d'investissement
à capital variable
SMIC : Salaire minimum
interprofessionnel de croissance
Sup de Co : École supérieure
de commerce
TCA : Taxe sur le chiffre d'affaires
tsvp : Tournez s'il vous plaît
TOM : Territoire d'outre-mer
TTC : Toutes taxes comprises
TVA : Taxe sur la valeur ajoutée
URSSAF : Union de recouvrement
des cotisations de sécurité sociale
et d'allocations familiales
VPC : Vente par correspondance
VRP : Voyageur représentant placier

Adresses utiles

Agence Pour la Création d'Entreprise
(APCE)
14, rue Delambre - 75014 Paris
Tél. 01.42.18.58.58

ANPE Internationale
48, boulevard de la Bastille - 75012 Paris
Tél. 01.53.02.25.50

Association nationale
pour la Formation Professionnelle
des Adultes (AFPA)
112, avenue Philippe-Auguste
75011 Paris
Tél. 01.55.25.18.00

Association Pour l'Emploi des Cadres
(APEC)
51, boulevard Brune - 75014 Paris
Tél. 01.40.52.20.00

Association Pour l'Emploi
des Cadres, Ingénieurs et Techniciens
de l'Agriculture (APECITA)
1, rue du Cardinal-Mercier
75009 Paris
Tél. 01.44.53.20.20

Caisse Autonome Nationale Assurance
Vieillesse Artisanale (CANCAVA)
28, boulevard de Grenelle - 75015 Paris
Tél. 01.44.37.51.00
3614 AVA
http ://www.cancava.fr.

Caisse de compensation
de l'organisation autonome nationale
de l'industrie et du commerce
(ORGANIC)
9, rue Jardin - 75017 Paris
Tél. 01.40.53.43.00

Caisse Nationale d'Assurance Maladie
des Travailleurs Salariés (CNAMTS)
66, avenue du Maine - 75014 Paris
Tél. 01.42.79.30.30

Caisse Nationale des Allocations
Familiales (CNAF)
23, rue Daviel - 75634 Paris cedex 13
Tél. 01.45.65.52.52
3615 CAF

Centre de Formalité des Entreprises
(CFE)
Chambre de Métiers de Paris
72, rue de Reuilly - 75012 Paris
Tél. 01.53.33.53.33

Centre de Formation des Apprentis
4 bis, rue des Rosiers - 75004 Paris
Tél. 01.44.54.31.80

Centre d'information du Crédit Foncier
19, rue des Capucines - 75001 Paris
Tél. 01.42.44.84.42

Chambre de Commerce
et d'Industrie de Paris (CCIP)
27, avenue de Friedland - 75008 Paris
Tél. 01.42.89.70.00

Direction de l'information
économique, service des prestations
27, avenue de Friedland
75008 Paris
Tél. 01.42.89.72.42

Centre de documentation
16, rue Chateaubriand - 75008 Paris
Tél. 01.42.89.78.36
3615 CCIP

Chambre de Métiers
72, rue de Reuilly - 75012 Paris
Tél. 01.53.33.53.33
3614 CMP
http ://www. cm-Paris

Commission Technique d'Orientation
et de Reclassement Professionnel
(COTOREP)
Direction Départementale du Travail
et de l'Emploi (DDTE)
Renseignement secrétariat COTOREP
210, quai de Jemmapes
Tél. 01.44.84.42.81

Compagnie Française d'Assurance
pour le Commerce Extérieur
(COFACE)
12, cours Michelet
92065 La Défense cedex
Tél. 01.49.02.20.00

Conseil de Prud'hommes
27, rue Louis-Blanc - 75010 Paris
Tél. 01.40.38.52.00

Crédit d'Équipement des PME
(CEPME)
62, rue de Richelieu - 75002 Paris
Tél. 01.42.98.80.02

Direction des Journaux officiels
26, rue Desaix - 75727 Paris cedex 15
Tél. 01.40.58.75.00
http ://www. journal-officiel gouv. fr

Direction Générale des Douanes
et Droits Indirects (DGDDI)
Hôtel de Cambacérès
23 bis, rue de l'Université
75007 Paris
Tél. 01.40.04.04.04

Fonds de solidarité
41-47, rue de la Grange-aux-Belles
75010 Paris
Tél. 01.53.72.80.00
3614 CONTRIFBDS

Institut National de la
Consommation (INC)
80, rue Lecourbe - 75732 Paris
cedex 15
Tél. 01.45.66.20.20

Institut National de la Propriété
Industrielle (INPI)
26 bis, rue de Saint-Pétersbourg
75800 Paris
Tél. 01.53.04.53.04
http ://www. Inpi. fr

Institut National des Statistiques et
des Études Économiques (INSEE)
18, boulevard Adolphe-Pinard
75675 Paris cedex 14
Tél. 01.41.17.50.50
http ://www. insee. fr

Ministère de l'Éducation nationale
101, rue de Grenelle - 75007 Paris
Adresse postale : 75357 Paris 07 SP
Tél. 01.55.55.10.10

Office Central Interprofessionnel du
Logement (OCIL)
141, rue de Saussure - 75017 Paris
Tél. 01.40.54.44.44
3614 OCIL

Union pour le Recouvrement des
Cotisations de Sécurité Sociale et
d'Allocations Familiales (URSSAF)
3, rue Franklin – BP 659
93104 Montreuil principal cedex
Tél. 01.48.51.75.75

DANS LA COLLECTION
LES GUIDES PRATIQUES LAROUSSE

BIEN COMMUNIQUER AUJOURD'HUI

Un guide pratique pour permettre
à chacun d'être à l'aise dans sa vie sociale
et professionnelle, en perfectionnant
ses techniques de communication :
- s'exprimer
- rédiger
- téléphoner
- faxer
- maîtriser Internet

85 F
12,96 e

LA CORRESPONDANCE

500 modèles de lettres à adapter
pour toutes les circonstances :
- vie familiale
- travail et emploi
- vie pratique
- argent et assurances

85 F
12,96 e

LE SAVOIR-VIVRE

Le guide des règles et des usages
d'aujourd'hui :
- le savoir-vivre quotidien
- les événements familiaux
- la vie dans le monde

85 F
12,96 e

Achevé d'imprimer sur les presses de Mame Imprimeurs à Tours
N° imprimeur : 99112002
N° éditeur :10070610
Dépôt légal : Décembre 1999